KLEINE SCHACHBÜCHEREI
Band 20
Herausgeber Manfred van Fondern

Vladimir Budde

Garri Kasparow

Joachim Beyer Verlag — 8607 Hollfeld/Ofr.

ISBN 3-88805-055-3

Umschlag: Dagmar Baumann, Aachen
Reihenlayout: H. G. Bergenthal, Fredeburg
Druck: Heinz Neubert GmbH, Schloßberglein 2, 8580 Bayreuth

Inhaltsverzeichnis

Vorwort

Garri Kasparow ist kein Zauberer. Ebensowenig ist dieses Buch ein Märchenbuch.
Der heute 21jährige Garri Kasparow zählt bereits zu den stärksten Angriffsspielern der Schachgeschichte. Nur Bobby Fischer und Michail Tal, Weltmeister des Jahres 1960, weisen vergleichbare Leistungen auf diesem Gebiet der Schachspielkunst auf.
Die Etappen der Laufbahn von Garri Kasparow sind in diesem Band der „Kleinen Schachbücherei“ recht eingehend unter die Lupe genommen. 41 kommentierte Partien geben einen aktuellen und repräsentativen Querschnitt seines Schaffens wieder. 24 Partien stammen aus den letzten 30 Monaten, einer Phase, in der noch der überwiegende Teil der kompetenten Fachleute in ihm den kommenden Weltmeister des ausklingenden Jahres 1984 sahen.
Der Verlauf des Weltmeisterschaftskampfes Karpow — Kasparow findet der Leser in der Einleitung behandelt. Was führte zu dem beinah hoffnungslosen Rückstand von 0:4? Die kritischen Stellungen, sowie die 6. Matchpartie, der zweiten Niederlage Kasparows, bilden den Auftakt dieses Buches. Sämtliche Partien der Weltmeisterschaft und der Qualifikationswettkämpfe 82 — 84 erscheinen im WM-Buch 84 des Beyer-Verlages.
Unabhängig vom Ergebnis des Wettkampfes mit Anatoli Karpow ist und bleibt Garri Kasparow das Schachphänomen der 80er Jahre.
„Heute schreibt ein jeder ‚Hans-Franz‘ ein Buch über Kasparow.“ Vlastimil Hort, tschechoslowakischer Großmeister und Spitzenspieler der erfolgreichen Bundesligamannschaft der SG Porz, beklagt sich über eine verbreitete Unsitte: Fachlich inkompetente Schachfreunde verfassen Schriften über die stärksten Schachspieler der Gegenwart. Nicht gerade einfallsreich verfahren sie bei ihren literarischen Versuchen. Der biographische Teil trieft vor Lobeshymnen auf ihren „Schachgiganten“; das faktische Material ist häufig lückenhaft. Stellungnahmen zu den schwachen Seiten des Schachmeisters, auftretende Unzulänglichkeiten im Spiel gegen gleichwertige Gegner, werden unterlassen.

Garri Kasparows Partien aus einer Zeitspanne von 1978 bis 1981 wurden auch teilweise in anderen Büchern veröffentlicht. Nur zu oft sind sie leider unzulänglich und manchmal auch unzulässig kommentiert bzw. analysiert. Die Varianten zu den kritischen Partiestellungen, von Kasparow im „Schachinformator angegeben, sind kaum überprüft, seine Meinung lediglich abgeschrieben, auch vor Druckfehlern ist selten Halt gemacht worden.
Für die Mitarbeit bei den Verlustpartien von Kasparow möchte ich Dieter Buchenthal herzlich danken. Nicht weniger herzlich Lothar Nikolaiczuk für die Kommentare zu den Partien 37 und 39, Hans Hubert Sonntag für die Erstellung manch kniffliger Variante und Thomas Bandholtz für seine redaktionelle Unterstützung.

Vladimir Budde
Aachen, im Frühwinter 1984

Einleitung

„Der Wettkampf Karpow — Kasparow wird ein Jahrhundert-Wettkampf." Die Prophezeiung von Großmeister Bagirow hat sich nicht bewahrheitet. Das außergewöhnliche Ringen um die Schachweltmeisterschaft blieb aus. Der rein sportliche Verlauf kann sich mit den „Jahrhundertwettkämpfen" Capablanca — Aljechin 1927 und Spasski — Fischer 1972 nicht messen.

Als Garri Kasparow im April 1984 kurz vor Vollendung seines 21. Lebensjahres, das Recht erwarb, Anatoli Karpow herauszufordern, erwartete die Schachwelt, daß im September die unbestritten stärksten Spieler der Welt sich einen schweren, ausgeglichenen Kampf liefern. Die Wettkampfbedingung, daß bis zu sechs Niederlagen eines Kontrahenten gespielt wird, wobei Remispartien nicht gewertet werden, ließ befürchten, daß die Entscheidung im ausklingenden Jahr 1984 ausbleibt. Überhaupt schwankten die Meinungen zu dem Weltmeisterschaftsmatch, das am 20. September in Moskau begann. Zunächst zeigte man sich über Garri Kasparow enttäuscht, später bewunderte man ihn wieder, daß er 17 Partien in Folge remisierte, was den 1927 in Buenos Aires aufgestellten Remisrekord bei weitem überbot.

Damals remisierten Capablanca 8 Wettkampfpartien hintereinander, bevor der Herausforderer Aljechin seinen Vorsprung zum 4:2 ausbaute. Nach weiteren 7 unentschiedenen Ausgängen verkürzte der Kubaner auf 3:4, doch als Aljechin in der 32. Partie den Zwei-Punkte-Vorsprung wieder herstellte ging es rasch zu Ende. 6:3 nach 34 Partien lautete der Endstand für den ersten russischen Weltmeister der Schachgeschichte.

Beim zweiten „Jahrhundert-Wettkampf" zwischen dem US-Amerikaner Bobby Fischer und dem Titelverteidiger Boris Spasski ging es in der Anfangsphase zur Sache. Spasski gewann die erste Partie regulär und die zweite kampflos. Doch in den Partien 3 bis 10 gewann Fischer 5 Begegnungen. Spasski zeigte sich im weiteren Verlauf im Kampf als ebenbürtig heraus, doch seinen Vorsprung behauptete Fischer: 12,5 zu 8,5 Punkten hieß es in dem von vornherein auf 24 Partien beschränktem Match.

Bobby Fischers Anderungsvorschläge und Bedingungen zum Wettkampfreglement wurden von der Weltschachorganisation FIDE nicht akzeptiert. Daraufhin weigerte sich Fischer, 1975 seinen Titel gegen seinen Herausforderer Anatoli Karpow zu verteidigen.
Karpow, 1951 in Slatoust (Ural) geboren, erhielt im April 1975 vom Präsidenten der FIDE Max Euwe den begehrten Weltmeisterschaftstitel verliehen.
Er ist der bisher jüngste Weltmeister der Schachgeschichte, Michail Tal zählte bei seinem Titelgewinn 1960 24 Jahre. Karpows Stil wurde oft mit der Spielweise von Capablanca verglichen. Solide in der Partielage, zäh in der Verteidigung und brillant im Endspiel. Kasparows Spiel ähnelt eher dem Stil Aljechins, der in seiner Glanzzeit zu Beginn der 30er Jahre im Angriffsschach seinen Großmeisterkollegen voraus war.
Anatoli Karpow zehrt von den Wettkampferfahrungen mit Viktor Kortschnoi, der bis zu seiner Emigration im Jahre 1976 als Aushängeschild der sowjetischen Schachschule galt.
Karpow hatte es 1974 und 1978 schwer, gegen seinen Erzrivalen Viktor Kortschnoi zu bestehen. Beim Wettkampf in Baguio-City (Philippinen) führte Karpow nach 27 Partien 5:2, doch Kortschnoi konnte in den nächsten Partien den Wettkampfstand überraschend ausgleichen. In dieser kritischen Situation zeigte Karpow seinen Biß, er überspielte den Exilrussen in der 32. Wettkampfpartie und behielt den Titel „Schachweltmeister".
Mit Mühe qualifizierte sich Kortschnoi für den Wettkampf im Jahre 1981. Die übrigen Kandidaten dieses Weltmeisterschaftszyklus 79/81 standen ihm an Spielstärke nicht nach. Robert Hübner verpaßte im Finale des Kandidatenturniers in der unglückseligen 7. Wettkampfpartie, sich einen beruhigenden Zwei-Punkte-Vorsprung zu sichern. Statt sich mit Remis zu begnügen, lief er mit seinem König in eine Springer-Gabel. Der Turmverlust kommentierte sein Sekundant Vlastimil Hort entsetzt „... ist wie ein Erdbeben!"
Kortschnoi konnte ausgleichen und auch die nächste Partie für sich entscheiden. Der entnervte Hübner reiste nach zwei weiteren Partien vom Ort des Geschehens ab.
Der 50jährige Viktor Kortschnoi vermochte im Weltmeisterschaftskampf 1981 nicht, Karpow ernstlich zu gefährden. Bereits nach vier Partien führte Karpow mit 3:0. Nach dem Sieg

Kortschnois in der 6. Partie kam Hoffnung auf, doch die anfängerhafte Behandlung der Isolani-Position in der 9. Partie zeigte, daß hier nicht der Kortschnoi von Baguio-City kämpft. In der 13. Partie konnte er zwar zum 2:4 verkürzen, doch mittlerweile war seine Verteidigung gegen die Spanische Eröffnung ausanalysiert. Karpow sicherte sich mit zwei überzeugenden Siegen in der 14. und 18. Partie die Titelverteidigung.
Als der wiedererstarkte Kortschnoi um die Jahreswende 1983/84 das Halbfinale des Kandidatenturnieres bestritt, galt der 20jährige Garri Kasparow bereits als hoher Favorit. Seine nicht abreißend wollende Erfolgsserie auf dem Wege zum Weltmeisterschaftsmatch mit Anatoli Karpow, der leicht herausgespielte Sieg im Finale des Kandidatenturnieres über Wassili Smyslow, dem Weltmeister des Jahres 1957, stempelten Kasparow sogar zum Favoriten für den bevorstehenden Wettstreit mit Karpow.
Am 20. September 1984 begann in Moskau der mit Spannung erwartete Wettkampf. Anatoli Karpow erloste in der ersten Partie die weißen Steine; zum Auftakt der Doppelzug des Königsbauern. Kasparow verteidigt sich Sizilianisch. Nach 2. Sf3 e6 3. d4 cd4: 4. Sd4: Sf6 5. Sc3 d6 erhielt der Weltmeister mit dem Keres-Angriff 6. g4 Druckspiel, das Kasparow durch umsichtige Verteidigung im Verlauf der Partie auffing. Remis im 36. Zuge vor der Zeitkontrolle lautete das Ergebnis einer Kampfpartie.
Welches Verteidigungskonzept offenbart Karpow in der 2. Partie gegen Kasparows Lieblingszug 1. d4! ? Im Wettkampf mit Kortschnoi bevorzugte Karpow die Tartakower-Variante des Damengambits, da er 1978 in Baguio-City gegen die phantasievolle Behandlung Kortschnois bei den „Indischen" Eröffnungssystemen keine gute Figur machte. Doch gegen Kasparow wagte er Damenindisch: 1. d4 Sf6 2. c4 e6 3. Sf3 b6. Der Herausforderer verzichtete auf seine bisher erfolgreiche Variante 4. Sc3 Lb7 5. a3, mit 4. g3 leitete er das Spiel in klassische Bahnen. Karpow entschied sich zu 4. ... Lb7, nach 5. Lg2 Le7 6. 0-0 0-0 verschärfte Kasparow das Spiel mit der 1980 von Polugajewski eingeführten Bauernopfer-Variante 7. d5!?, rasch entstand eine kritische Situation: 7. ... ed5: 8. Sh4! c6 9. cd5: Sd5: 10. Sf5 Sc7 11. Sc3 d5 12. e4 Lf6 13. Lf4 Lc8 14. g4! (Die Neuerung in diesem verwickelten Abspiel der Damenindischen Verteidigung! Eingehende Analysen zu diesem Stel-

lungstyp findet der Leser in Partie 10. Kasparow — Marjanowitsch, Malta 1980.) 14. ... Sba6 15. Tc1 Ld7 16. Dd2 Sc5

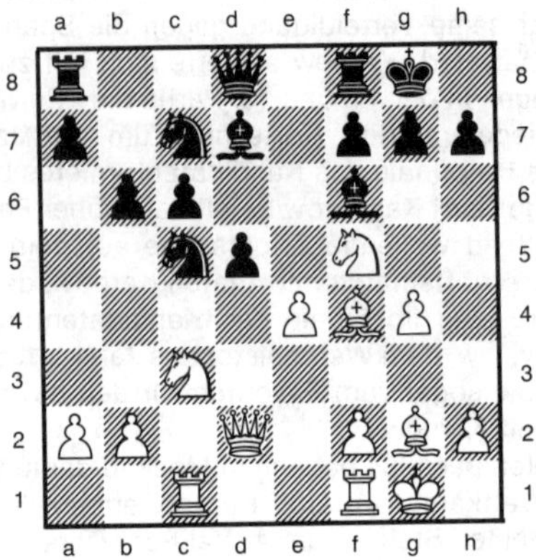

In dieser kritischen Stellung der 2. Wettkampfpartie ließ Kasparow 17. e5?! Le7 18. Se7: + De7: 19. Lg5 folgen. Karpow stand nach 19. ... De6 18. h3 Dg6 zufriedenstellend. Die taktische Gewitztheit von Karpow bekam Kasparow nach 19. f4? f6! 22. ef6: gf6: 23. Lh4 f5! 24. b4 fg4:! zu spüren. Seine Gewinnstellung konnte Karpow, dem die zu berechnenden Komplikationen viel Bedenkzeit gekostet haben, nicht verwerten. Mit dem letzten Zug vor der Zeitkontrolle schlug ihn die Schachblindheit. Der Herausforderer konnte eine Festung errichten; Remis das Ergebnis einer ungewöhnlichen Partie.
Kasparow nahm nach dieser Partie die erste Auszeit. Verärgert zeigte er sich über die ausgelassene Chance. In der Diagrammstellung versprach die Fortsetzung 17. Lc7: Dc7: 18. ed5: der weißen Partei Gewinnaussichten. Nach der Partie behauptete Garri Kasparow recht erregt, daß diese Abwicklung zur Gewinnstellung geführt hätte. Auch die Großmeistergarde im Pressezentrum war seiner Meinung. Doch bei eingehender Untersuchung ist das Bild doch nicht so klar. Jedenfalls ist es übertrieben, von einer schwarzen Verluststellung zu reden. Natürlich kann man auch den Spitzenkönnern des Schach-

spieles nachweisen, daß sie an dieser oder jener Stelle der Partie besser fortsetzen konnten. Doch ob die bessere Alternative auch tatsächlich das Gleichgewicht der Kräfte zu Gunsten einer Seite verschiebt, entscheidet nur eine eingehende Analyse. Die Varianten, die das Stellungsurteil untermauern sollen, finden sich erst nach Stunden, manchmal wochenlanger Analysearbeit.
Kasparow hegt eine Vorliebe dafür, das Urteil über eine kritische Position in seinen Partien an verborgenen taktischen Wendungen festzumachen. Treten diese Wendungen auf, so heißt das lange noch nicht, daß der Verteidiger die Drohungen nicht zufriedenstellend parieren kann. (zu diesem exemplarischen Gedankengang siehe Partienr. 12) Betrachten wir etwas eingehender die Diagrammstellung:

17.	**Lf4xc7**	**Dd8xc7**
18.	**e4xd5**	**Ld7xf5**
19.	**g4xf5**	**Ta8—d8!**
20.	**b2—b4!**	**Sb4—a6!**

Erheblich stärker als 20. . . . Sb7, was von den Kommentatoren „nachgebetet" wurde. Nach 21. Tc6: Dc6: 22. dc6: Td2: 23. Sd2: Sd6 24. Sb3 Sf5: 25. Td1 erhält Weiß vielversprechenden Perspektiven im Endspiel. Nach 20. . . . Sa6! scheint auch die weitere Abfolge erzwungen zu sein.

21.	**Sc3—e4**	**Lf6—e5**
22.	**f2—f4!**	**Td8xd5**
23.	**Se4—f6 + !**	**Le5xf6**
24.	**Lg2xd5**	**Tf8—d8**
25.	**Dd2—e2**	**Sa6xb4**
26.	**Ld5—b3**	

Für die gewonnene Qualität mußte Weiß zwei Bauern geben. Die ungleichfarbigen Läufer wirken sich nur dann vorteilhaft für Weiß aus, wenn es zum Turmtausch kommt. Lothar Nikolaiczuk und ich glauben nicht, daß Schwarz viel schlechter steht.
Die Auszeit nützte Kasparow wenig. In der 3. Partie ließ er einen weißen „Beton-Aufbau" gegen seinen „Sizilianer" zu. Die Neuerung im 12. Zuge war vom zweifelhaftem Wert. Statt sich

geduldig zu verteidigen, forcierte Kasparow mit einem Bauernopfer im 16. Zuge die Ereignisse. Karpow nimmt in diesem damenlosen Mittelspiel das Bauernopfer an, wehrt jegliches Gegenspiel ab und realisiert technisch einwandfrei den materiellen Vorteil.
In den beiden nächsten Partien vermied Karpow mit seiner Eröffnungswahl Verschärfungen des Spielverlaufes.
Als Schlüsselpartie des Wettkampfes entpuppte sich bereits die nächste Partie.
Die Kommentare der Partie möchten wir dem Leser nicht vorenthalten. Sämtliche Partien des Wettkampfes sind in „Schachweltmeisterschaft 84" des Beyer-Verlages untersucht.
In der 6. Partie wählte Karpow wieder die Damenindische Verteidigung mit 4. ... La6 (nach 1. d4 Sf6 2. c4 e6 3. Sf3 b6 4. g3). Dieses System wurde in 6 Partien angewendet, wobei sich auch Kasparow in der längsten Partie des Wettkampfes dieser Verteidigung bediente. (In der 15. Partie versuchte Karpow bis zu seinem 94. Zuge den Widerstand Kasparows zu brechen).
Kasparow opfert im Mittelspiel einen Bauern, setzt aber bei gegnerischer Zeitnot nicht effektiv genug fort. Nachträglich wurde behauptet, daß sogar ein Gewinn drinnen gewesen wäre. Statt 27. Sc6 soll 27. Sf5 mehr Chancen geboten haben.

Kasparow — Karpow
Damenindisch

1. d2—d4	Sg8—f6
2. c2—c4	e7—e6
3. Sg1—f3	b7—b6
4. g2—g3	Lc8—a6

Direkter Angriff statt Postierung auf der langen Diagonalen — dieser bizarr anmutende Zug ist in Mode gekommen. Karpow möchte sich nicht auf die ultrascharfe Bauernopfervariante der 2. Wettkampfpartie einlassen. Nach dem Läuferzug hat Weiß die Qual der Wahl 5. Da4, 5. Db3, 5. Dc2 oder 5 Sbd2!?. Es war aber zu erwarten, daß sich Kasparow für die ökonomische, jedoch etwas starre Fortsetzung entschließt.

5. b2-b3	Lf8—b4+
6. Lc1—d2	

Warum nicht 6. Sbd2? Antwort: 6. ... Lc3 7. Tb1 Lb7! 8. Lb2 Se4 und Schwarz steht überlegen — eine Demonstration des „indischen" Figurenspiels.

6. ...	Lb4—e7

Kein Tempoverlust, da dem weißen Damenläufer auf d2 wenig Perspektiven winken. Es ist nicht klar, ob Schwarz mit 6. ... Ld2:+ 7. Dd2: d5 8. Lg2 c6 9. Db2! ausgleicht, obwohl Robert Hübner im Turnier zu Bugojno gegen Kasparow in 17. Zügen Remis erreichte.

7. Lf1—g2	0—0

Karpow weicht von der 4. Partie ab, in der er 7. ... Lb7 spielte. Er spricht für die Flexibilität dieses Aufbaues, daß Schwarz die Wahl hat, welche Bauernkonstellation er einnimmt.

8. 0—0	d7—d5
9. Sf3—e5	c7—c6
10. Ld2—c3	

Die Entwicklung 10. Sc3? verbietet sich wegen 10. ... dc4:, eine Pointe des 6. Zuges von Schwarz.
An dieser Stelle bevorzugt der Weltmeister in Partien mit Torre und Gheorghiu aus dem Jahre 1982 die Aufstellung 10. ... Lb7 und 11. ... Sa6. Schwarz setzt c6-c5 durch, womit Spannungen im Zentralbereich erzeugt werden.

10. ... Sf6—d7
11. Se5xd7 Sb8xd7
12. Sb1—d2 Ta8—c8

Im Interzonenturnier 1982 in Toluca bereitete Schwarz in der Partie Torre — Seirawan mit dem weniger logischen 12. ... Tab8 eine analoge Flügelaktion wie in dieser Partie vor. Torre spielte nach 13. e4! b5 14. Te1 dc4: 15. bc4: Sb6 16. cb5: 17. Tc1 b4 18. La1 Tc8 19. Sb3 Lc4 mit 20. d5! im Zentrum seinen Trumpf auf und erlangte positionelles Übergewicht. Die Turmentwicklung 12. ... Tac8 ist keineswegs neu. Erstmalig kam sie im Kandidatenwettkampf Kortschnoi — Petrosjan 1971 zur Anwendung, dort folgte 13. Te1 f5!?. Der Holländer Timman zog 1983 im Tilburger Eliteturnier in den Partien mit Portisch und Petrosjan auf 13. Te1 c5, womit sich die schwarze Stellung ebenfalls zuverlässig verteidigen läßt.

13. e2—e4! b6—b5

Karpow möchte mit dem Gegenangriff am Damenflügel die Vorteile der Postierung seines La6 unterstreichen. Die Auflösung der Bauernspannung mit 14. cb5: 15. Lb2 dc4: 16. Se4: Sf6 führt zu einer Stellung, in der Weiß sogar um den Ausgleich kämpfen muß.

14. Tf1—e1 d5xc4
15. b3xc4 Sd7—b6

Nach 15. ... bc4:? 16. Da4! Lb5 17. Dc2 steht Weiß besser.

16. c4xb5?!

Danach kann Schwarz im Unterschied zur erwähnten Partie Torre — Seirawan sein Spiel im Damenflügel mit Tempogewinn entfalten. Sowohl Karpow als auch Kasparow kannten nicht eine bedeutende Partie zu diesem Stellungstyp, die kurze Zeit vor dem WM-Match in einem Mannschaftsturnier ausgetragen wurde. In der Begegnung Pantschenko — Dorfman setzte Weiß mit 16. c5! fort. Nach 16. ... Sa4 (16. ... Sd7 17. a4!) 17. Dc2 e5 18. Sf3! Sc3: 19. Dc3: ed4: 20. Sd4: g6 21. e5 Lb7 22. a4! erlangte Weiß deutlichen Vorteil, Pantschenko gewann auch die Partie. Spielt Schwarz nicht 17. ... e5, so stellt Weiß selbst seinen Bauern auf e5 und pflanzt den Springer auf d6 ein. Großmeister Dorfman zählt kurioserweise zum Beraterteam Kasparows. Offenbar konnte Dorfman (siehe Partie-Nr. 17) seine Erfahrung zu dieser Stellung Kasparow nicht mitteilen.

16.	**...**	**c6xb5**
17.	**Ta1—c1**	**Le7—a3**
18.	**Tc1—c2**	**Sb6—a4**
19.	**Lc3—a1**	**Tc8xc2**
20.	**Dd1xc2**	**Dd8—a5**
21.	**Dc2—d1**	

Trägt der fesselnden Wirkung der schwarzen Dame Rechnung. Möglich war aber auch der sofortige Zentrumsvorstoß 21. d5!?. Nach beispielsweise 21. ... Tc8 22. Dd3! (Interessant aber vermutlich unzureichend ist das Springeropfer 22. Dd1 Tc1 23. De2 Te1:+ 24. De1: Lb4 25. de6: fe6: 26. Lh3 Ld2: 27. Le6:+ Kh8 28. Dd1 Dd8!) 22. ... Sb2 23. De3! (23. Dd4? Tc2!) und Weiß verfügt über Konterchancen, so nach 22. ... Lb4? 23. Lb2: Ld2: 24. Dd4. Mit 23. ... Lc5 24. De2 Da2: gewinnt Schwarz zwar einen Bauern, doch das weiße Gegenspiel 25. Sf3 La3 26. de6: fe6: 27. Lh3 kann in Anbetracht der Abseits stehenden schwarzen Spielsteine bedrohlich werden.

21.	**...**	**Tf8—c8**

Schwach war 21. ... Sb2 wegen 22. Sb3 Sd1: 23. Sa5: Sb2 24. Sc6 mit überlegenem weißem Spiel. Nachträglich empfahl man das vorsichtige 21. ... Lb2. Karpow, der nach seinem 20. Zuge bereits 90 Minuten seiner Bedenkzeit verbrauchte, spielt aktiver. Das weiße Konterspiel konnte er kaum voraussehen.

22. Sd2—b3 Da5—b4
23. d4—d5 e6xd5
24. e4xd5 Sa4—c3
25. Dd1—d4!

Ein Zug, der die dynamische Schachauffassung Kasparows im besten Lichte zeigt. Er erzwingt Damentausch, opfert seinen Randbauern und setzt seinerseits auf den d-Freibauern. Es ist Karpow, der sich in der Folge umsichtig verteidigen muß. Statt 25. Dd4! war zwar 25. Lc3: Dc3: 26. Te3 (26. d6? Ld6:) 26. ... Dc7 möglich, doch Schwarz erhält die besseren Perspektiven.

25. ... Db4xd4
26. Sb3xd4 Sc3xa2
27. Sd4—c6?

Erstaunlicherweise läßt sich der gefürchtete Taktiker Kasparow eine ausgezeichnete Chance entgehen. Mit 27. Sf5! konnte er den Lauf seines Freibauern unterstützen wie die schwarze Verlustvariante nach 27. ... g6? 28. d6 gf5: 29. d7 erläutert. Auch im Endspiel nach 27. ... Tc1 28. Tc1: Sc1: 29. d6 Ld6: 30. Sd6: b4 31. Se4 wird sich Weiß durchsetzen können. Bliebe noch 27. ... Lb4 zu untersuchen. Doch mit 28. Te2! vermehrt Weiß die Drohungen — 28. ... Sc1 29. Te4 Lf8 30. d6 Sb3 31. d7! und Weiß gewinnt.

27. ... La3—c5
28. Lg2—h3?

Ist zwar stärker als 28. Td1 Ld6! 29. Sa7: Tc2 doch mit 28. Se7+! Le7: 29. Te7: konnte Kasparow den Weltmeister wieder vor schwer lösbaren Verteidigungsproblemen stellen. Der Gegenangriff 29. ... Tc1+ 30. Lf1 führt dann nicht zum gewünschten Erfolg:

a) 30. ... Kf8 31. Ta7: Ta1: (31. ... Lc8 32. Lb2 Tb1 33. Ta2: Lh3 34. Ta1!) 32. Ta6: b4 33. d6 Ke8 34. Kg2! mit Gewinn.
b) 30. ... h6 31. d6 Sb4 32. Lb2! Td1 33. Ta7: Td6: 34. La3 mit Gewinn.

Zieht Schwarz statt 29. ... Tc1+ 29. ... b4, so antwortet Weiß mit 30. Lb2! und die schwarzen Leichtfiguren stehen im Abseits, der weiße Freibauer droht das Spiel rasch zu beenden. Die schlechte Stellung des weißen Königs erleichtert die schwarze Aufgabe in diesem ansonst schwer zu handhabenden Endspiel.

28. ...	**Tc8—a8**
29. La1—d4!	**Lc5xd4**
30. Sc6xd4	**Kg8—f8**
31. d5—d6	

Kasparow spielt weiterhin auf Gewinn. Mit 31. Ta1 Sb4 32. Lf1 war das Remis leicht zu erzielen.

31. ... **Sa2—c3**

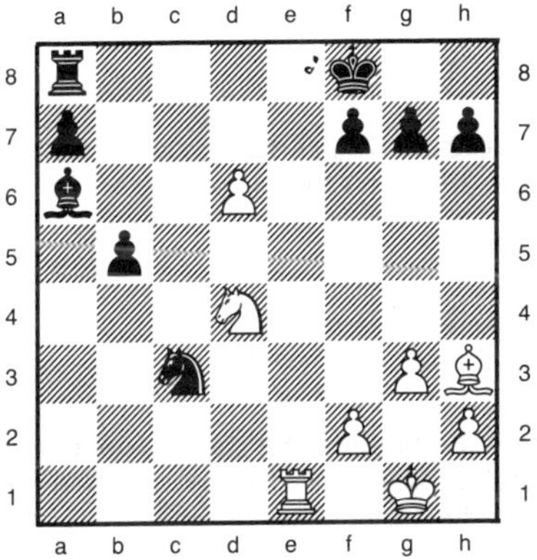

32. Sd4—c6?

Karpow befand sich in Zeitnot, ihm verblieb weniger als 5 Minuten für die restlichen 9 Züge. Der Herausforderer reagiert jedoch nicht „cool", sondern blitzt mit, in der Hoffnung, den Weltmeister zu groben Fehlern zu verleiten. An dieser Stelle sollte Kasparow sich mit 32. Ld7! zufrieden geben. Es droht 33. Lc6 nebst d7 und Te8+, so daß 32. ... Td8! erzwungen ist. Nach 33. Lc6 Lc8 34. Sb5: Sb5: 35. Lb5: Le6 36. Ta1 bleibt nicht mehr viel übrig — Remis ist das zu erwartende Ergebnis.

32. ...	**La6—b7**
33. Lh3—g2	**Ta8—e8**
34. Sc6—e5?	

Auf dem ersten Blick scheint damit das Ende für Schwarz besiegelt. Doch dieser impulsive Zug Kasparows verdirbt lediglich die weiße Stellung. Statt eine Falle zu stellen, sollte Weiß mit 34. Ta1! den Ausgleich suchen. Nach beispielsweise 34. ... Lc6: 35. Lc6: Td8 36 Te1 f5 37. d7 Se4 38. Lb5: Sf6 39. Ta1 erfolgt sicherlich ein Remisangebot.

34. ...	**f7—f6**
35. d6—d7	

Auch 35. Lb7: Te5: 36. Ta1 versprach keine Rettung. Schwarz kann sogar mit 36. ... b3 fortsetzen.

35. ...	**Te8—d8**
36. Lg2xb7	**f6xe5**
37. Lb7—c6	**Kf8—e7?!**

In hochgradiger Zeitnot möchte Karpow seinen König am Geschehen teilhaben lassen. So steht Weiß nach 38. Te5:+ Kd6 39. Te8 Kc7 hoffnungslos; die Freibauern am Damenflügel sind nicht aufzuhalten. Doch mit 37. ... e4! sichert sich Schwarz einen leichten Sieg. Nach 38. Ta1 Ke7! 39. Ta7: Kd6 40. Ta6 Kc7 ist Materialverlust nicht abwendbar: 41. Kf1 b4 42. La4 Kb7!. Auch 38. f3 hilft wegen 38. ... Ke7 nebst 39. ... Kd6 nicht.

38.	**Lc6xb5**	**Sc3xb5**
39.	**Te1xe5 +**	**Ke7xd7**
40.	**Te5xb5**	**Kd7—c6**
41.	**Tb5—h5**	**h7—h6**
42.	**Th5—e5**	

Die Abbruchstellung, Karpow gab seinen Zug ab.

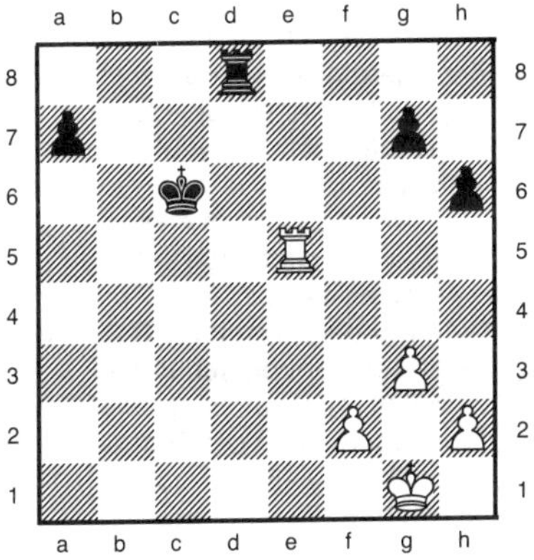

42. ... **Td8—a8**

Gewiß keine leicht gefallene Entscheidung! Karpow folgt der berühmten Tarrasch-Regel, die besagt, daß der Turm hinter den Freibauern (den eigenen wie den feindlichen) postiert werden soll. Kasparow befürchtete 42. ... Td5. Nach beispielsweise 43. Te7 a5 44. Tg7: a4 45. Ta7 Kb5 46. Tb7 + Kc4 47. Tb1 a3 48. f4 a2 49. Ta1 Kb3 wirkt sich auch die seitliche Postierung des Turmes günstig für Schwarz aus. Ob Weiß mit seinen Bauern am Königsflügel das Gleichgewicht wahren kann, scheint ebenfalls zweifelhaft (siehe folgende Anmerkung).

43. Te5—a5

Bei derartigen Endspielen stellt sich immer die Frage, ob Weiß es sich erlauben kann, noch einen Bauern zu erobern,

den Turm letzten Endes gegen den Freibauern zu opfern und seine eigenen Bauern vorzupreschen. Der Wettkampf artet mehr oder weniger zu einer arithmetischen Übung aus, das Resultat hängt häufig nur von einem Tempo ab.
Der jugoslawische Großmeister Velimirowitsch schlug 43. Te6+ Kb5 44. Tg6 vor und behauptet, daß Weiß sich halten sollte. Großmeister Mark Taimanow, bekannt durch seine 0:6-Niederlage im Kandidatenturnier 1971 gegen den späteren Weltmeister Bobby Fischer, äußerte sich vorsichtiger. Für eine erschöpfende Analyse braucht man entweder einen Supercomputer (der allerdings noch entwickelt werden müßte) oder eine Gruppe von Meistern, auf jeden Fall Tage, vielleicht Wochen an Zeit. Tatsächlich benötigte der Autor dieses Buches etwa eine Woche intensive Analysearbeit, um zum Ergebnis zu kommen, daß Schwarz in diesem Endspiel die Oberhand gewinnt. Betrachten wir einige exemplarische Varianten in diesem Turmendspiel: 44. ... a5 (Das Abspiel 44. ... Tg8?! 45. f4 a5 46. f5 Tf8!? gibt ebenfalls einige Rätsel auf.) 45. Tg7: a4 46. Tb7+. Schwarz setzt am besten mit 46. ... Ka5! fort, nach 47. f4 a3 48. Tb1 a2 49. Ta1 Kb4 50. g4 Kb3 entsteht die kritische Stellung, die sich auch in der Zugfolge 43. Te7 (statt 43. Te6+) 43. ... a5 44. Tg7: a4 45. Te7 a3 46. Te1 a2 47. Ta1 Kc5 48. f4 Kb4 49. g4 Kb3 ergeben konnte.

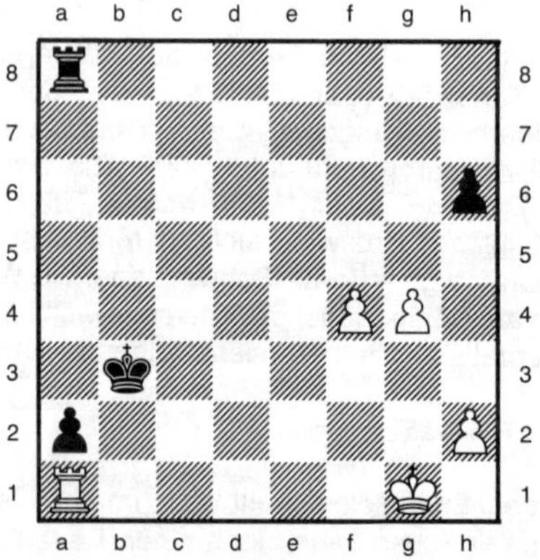

Nach 50. Kf2 Kb2 51. Te1 a1D 52. Ta1: Ta1: stellt 53. h4?! keine großen Probleme: 53. ... Kc3+ 54. Ke3 Te1+. Bessere Chancen erhält Weiß hier falls er nicht 51. Te1 a1D einschaltet, also 51. Ta2:+ Ta2: 52. h4 Kc3+ 53. Ke3 Kc4 54. Ke4 Kc5 55. Ke5 Kc6 und Weiß kann nicht verhindern, daß der schwarze König doch noch zum entscheidenden Einsatz kommt, nach dem er „zu Hause" angelangt ist — 56. Kf6 Ta4.

Komplizierter liegt der Fall nach 50. Kf2 Kb2 51. Ta2:+ (51. Te1? a1D 52. Ta1: Ta1: 53. g5 Kc3 54. Ke3 Te1+) 51. ... Ta2: 52. g5! Nach 52. ... Kc3+ 53. Ke3 verfügt Schwarz über zwei Gewinnwege:

a) 53. ... hg5:! 54. fg5: Kc4 55. Ke4 Te2+ 56. Kf5 Kd5 57. Kf6 Kd6 58. h4 Tf2+ 59. Kg7 Ke7 60. h5 Tf5! 61. Kg6 Ta5 62. h6 Kf8 63. h7 Ta6+ und Schwarz gewinnt.
b) 53. ... Th2:!?
   - b1) 54. g6? Tg2 55. f5 h5 und Schwarz führt seinen Freibauern einen Zug eher zur Dame, wonach der weiße König dem Matttreiben der Schwerfiguren hilflos ausgesetzt ist.
   - b2) 54. gh6:? Th6: 55. Ke4 Kc4 56. f5 Kc5 57. Ke5 Kc6 58. f6 Kd7 und der weiße Bauer fällt.
   - b3) 54. Ke4! Te2+! 55. Kf3 Te1!! 56. gh6: Kd4 57. Kg4 Kd5! 58. Kf5 Kd6 59. h7 Th1 60. Kg6 Ke7 61. Kg7 Tg1+ 62. Kh6 Kf7 63. h8S+ Kf6 64. Kh7 Tg7+! 65. Kh6 Tg4 66. Kh7 Tf4: 67. Sg6 Tg4 68. Sf8 (68. Sh8 Tg3) 68. ... Kf7 und gewinnt! Eine lehrreiche Variation zu dem Thema „Springer im Eckbereich" (siehe dazu „Zur Praxis der Turmendspiele", Kleine Schachbücherei — Band 19).

Die Varianten belegen, daß Karpows Abgabezug den Gewinn nicht aus der Hand gab.

43.	**...**	**Kc6—b6**
44.	**Ta5—a2**	**a7—a5**
45.	**Kg1—f1**	**a5—a4**
46.	**Kf1—e2**	**Kb6—c5**
47.	**Ke2—d2**	**a4—a3**
48.	**Kd2—c1**	

48. Kc3 hätte man eher erwartet, doch dann führt 48. ... Tf8! 49. f4 (Das Bauernendspiel 49. Ta3:? Tf3+ usw. ist, wie leicht

ersichtlich, hoffnungslos für Weiß) 49. ... Ta8 zu einem analogen Partieverlauf.

48. ... **Kc8—d4**
49. f2—f4

49. ... Ke4 nebst 50. ... Kf3 darf Weiß nicht zulassen.

49. ... **Kd4—e4**
50. Kc1—b1

Kommt Kasparow noch zu 51. Ka1 und 52. Tc2, so könnte er beruhigt sein.

50. ... **Ta8—b8+!**
51. Kb1—a1 **Tb8—b2**
52. Ta2xa3 **Tb2xh2**
53. Ka1—b1

Es kostete dem weißen König viel Zeit, zum entfernten Freibauern zu gelangen. Dort endlich angelangt befindet er sich nach dem plötzlichen Szenenwechsel wieder auf dem falschen Flügel. Was Karpow in diesem Turmendspiel leistet, verdient Bewunderung.

53. ... **Th2—d2!**
54. Ta3—a6

54. Ta7 g5! 55. Th7 g4 führt zum Partieverlauf.

54. ... **Ke4—f5**

Hier führen schon mehrere Wege nach Rom. Es gewann 54. ... g5 55. fg5: hg5: 56. Tf6 (Unzureichend ist ebenfalls 56. Kc1 Td3! 57. Ta4+ Kf3 58. g4 Td6 59. Tb4 Tf6 60. Kd2 Tf4 61. Tb1 Tg4:) 56. ... Tg2 57. Kc1 Tg3: 58. Kd2 Tf3 59. Tg6 Kf4! Schwarz erreicht die sogenannte Lucena-Position, die am Ende dieses Endspiels erläutert wird.

55. Ta6—a7 **g7—g5**
56. Ta6—a6 **g5—g4!**
57. Ta6xh6

Hartnäckiger erscheint 57. Ta5+ Ke4 58. Ta4+ Kf3 59. Ta3+. Schwarz erzwingt dann mit 59. ... Ke2!! (59. ... Kg2? 60. Ta2!) den Übergang in ein gewonnenes Damenspiel: 60. Ta2 h5 61. f5 h4 62. f6 hg3: 63. f7 g2 64. Td2:+ Kd2: 65. f8 D g1 D+ 66. Ka2 Dd4 67. Dg8 Ke3 und die schlechte Position des weißen Königs erleichert die schwarze Aufgabe in diesem ansonsten schwer zu handhabenden Endspiel.

57.	**...**	**Td2—g2**
58.	**Th6—h5+**	**Kf5—e4**
59.	**f4—f5**	**Tg2—f2**
60.	**Kb1—c1**	**Ke4—f3**
61.	**Kc1—d1**	**Kf3xg3**
62.	**Kd1—e2**	**Kg3—g2**
63.	**Th5—g5**	**g4—g3**
64.	**Tg5—h5**	**Tf2—f4**
65.	**Ke1—e2**	**Tf4—e4+**
66.	**Ke2—d3**	**Kg2—f3**
67.	**Th5—h1**	**g3—g2**
68.	**Th1—h3+**	**Kf3—g4**
69.	**Th3—h8**	**Te4—f4**
70.	**Kd3—e2**	**Tf4xf5**

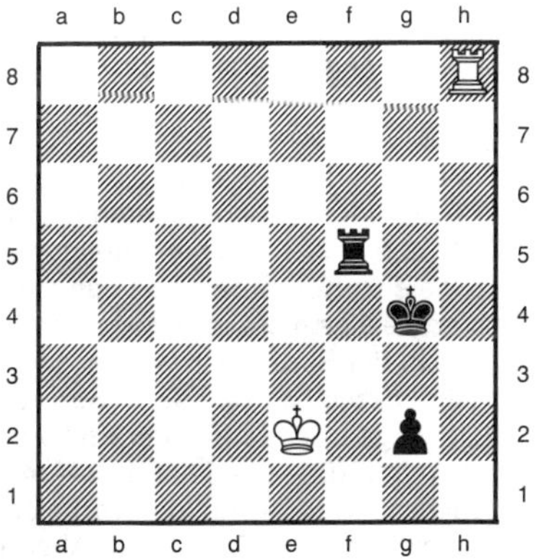

Kasparow gab auf — Die Gewinnführung ist in der Schachwelt seit der Abhandlung des Spaniers Lucenas aus dem Jahre 1497 bekannt. Nach Schachgeboten versteckt sich der König zunächst nach g1, dann folgt Te5+ und der König läuft über f2—g3—f3—g4 wieder zurück. Der auf der 5. Reihe postierte schwarze Turm vollendet nach dem letzten weißen Schachgebot (Tg8+) mit Tg5 das als Brückenbau bezeichnete Verfahren. Unzählige Turmendspiele mündeten schon in einer analogen Situation wie in dieser WM-Partie.
Die Partie spielte die Schlüsselrolle in dem 29. offiziellen Wettkampf um die Schachkrone. Offensichtlich verlor Garri Kasparow nach der zweiten Niederlage sein seelisches Gleichgewicht. Er, der in den 46 Partien zur Qualifikation lediglich zweimal verlor, mußte während einer Zeitspanne von einer Woche gleich zwei Verlustpartien einstecken.
Doch es sollte noch ärger kommen.
Karpow wechselte geschickt seine Eröffnungsstrategie; er konfrontierte Kasparow mit 1. d4.
Wie erwartet erwiderte Kasparow mit der Tarrasch-Verteidigung (siehe Partienr. 15). Im 27. Zuge setzt Karpow nach der Rückgabe eines Bauern auf seine zentralisierte Figuren, die den Angriff Kasparows am Königsflügel entkräften sollen. Schon in Zeitnot geraten startet Kasparow mit seinen 35. Zuge einen unmotivierten Angriff auf die weiße Stellung. Nach dem Konter 36. De3!, läßt Kasparow schockiert über seinen Fehlgriff gleich einen weiteren folgen. Die hoffnungslose Abbruchstellung gab er ohne Wiederaufnahme verloren.
In der 8. Partie konnte er mit Katalanisch wenig ausrichten — Remis im 20. Zuge. Die Vorentscheidung fiel endgültig in der 9. Partie.
In der Abbruchstellung, der 9. Partie, die man aufgrund der symmetrischen Materialverteilung spontan mit Remis bewertet, verfügt Weiß über einen kleinen Stellungsvorteil. Sein Läufer ist nicht wie sein Kontrahent von den eigenen Bauern behindert. Doch sollte dies nicht ins Gewicht fallen, falls sich Schwarz nicht wie in der Partie aktivistisch, sondern vorsichtig verhält. Als Abgabezug bot sich 42. ... Se7 oder 42. ... Sg7 an, womit 43. Ld3 wegen 43. ... Lf5 entkräftet wird. 42. ... Sg7 verhindert den Plan mit Kf2—e3—f4 und g3—g4 aktiv am Königsflügel vorzugehen. 42. ... Se7 hat den Vorteil, einen weißen Springerzug mit Sc6 begegnen zu können. Aber auch Kaspa-

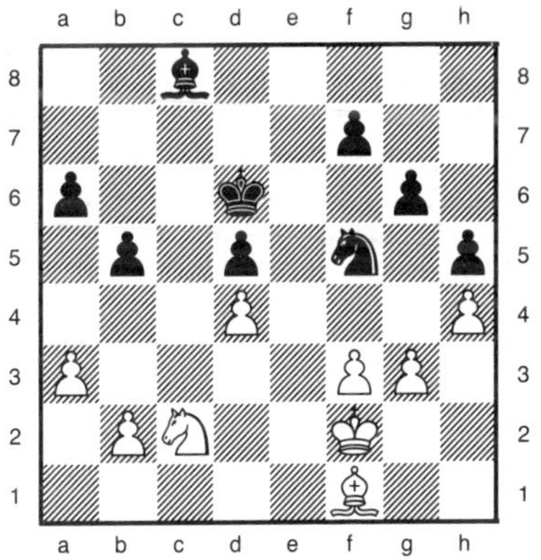

rows Wahl sollte nicht zum Verlust führen, immerhin geht er mit dem Bauernzug eine Verpflichtung ein. Vielleicht hat er sich schon den „Remisplan“ zurecht gelegt, durch Reduzierung von Material seinen Gegner von der Sinnlosigkeit eines Weiterspielens zu überzeugen. Auch in der Analyse fiel seinen Teamkollegen nicht auf, daß seine Aktion einen gewaltigen Haken birgt. Kaum zu glauben, daß der Herausforderer nach 5 Zügen des Weltmeisters auf Verlust steht.

42. ...	**f7—f6?!**
43. Lf1—d3	**g7—g5?**

Erst danach kann Weiß damit rechnen, sich Einbruchspunkte am Königsflügel zu verschaffen. Prinzipiell ist es verfehlt, sich auf ein Endspiel mit dem schlechten Läufer gegen den Springer einzulassen. Doch die brachiale Maßnahme gehört eben zum Plan Kasparows. Erforderlich war 43. ... Se7 und Wartezüge wie Lc8—d7—c8. Stellt Weiß seinen König nach f4 und setzt g3—g4 durch, so hält sich Schwarz mit hg4:, g5+! und Sg6+. Auf Ld3 folgt stets Lf5, nach dem Tausch der Läufer wird Weiß im Springerendspiel wenig ausrichten können.

44. Ld3xf5	**Lc8xf5**
45. Sc2—e3	**Lf5—b1**

46. b2—b4

Fixiert die Schwäche Ba6, doch so ohne Weiteres kommt der Springer nicht nach c5. Schwarz sollte sich gegen die weiße Drohung, Einbruchsfelder am Königsflügel zu erringen, zur Wehr setzen — 46. ... Ke6. Stellt Weiß seinen König nach h3 und spielt hg5:, fg5:, f4, so verteidigt sich Schwarz mit Lf5+ nebst g4. Gefährlicher ist ein weißer Plan mit g3—g4, wonach ähnliche Stellungen wie in der Partie resultieren können. Kasparows Antwort erleichtert die weiße Aufgabe.

46. ... g5xh4?

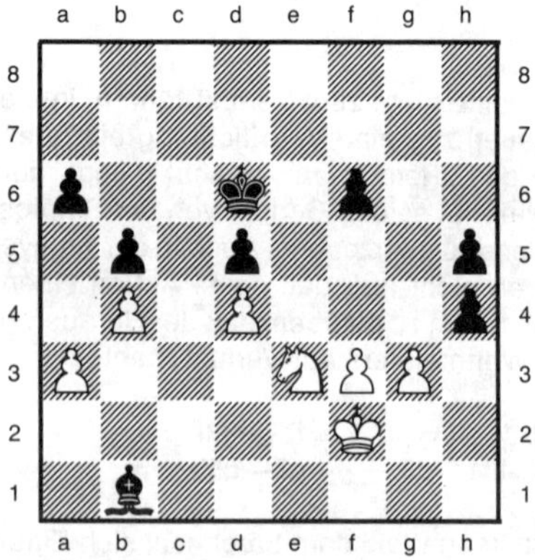

47. Se3—g2!!

„Der stärkste Zug dieser Weltmeisterschaft!" hieß es von Seiten der Anhänger Karpows.
An sich ein logischer Zug, denn nach 47. gh4:? hätte Schwarz das Remisziel erreicht, da der Pfad des weißen Königs durch seinen Randbauern versperrt bleibt. Nun verliert Schwarz nach 47. ... h3 48. Sf4 beide Randbauern.

47. . . .　　　h4xg3+
48. Kf2xg3

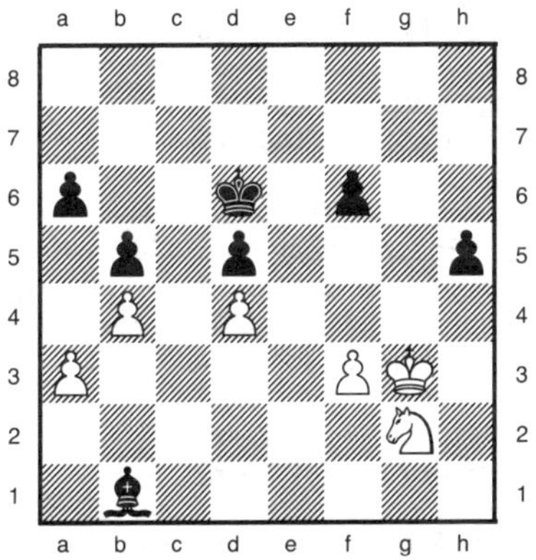

48. . . .　　　Kd6—e6?

Verrät die panikartige Verfassung von Garri Kasparow. Allgemein wurde das Endspiel auch nach dem zäheren 48. . . . Lg6! als gewonnen für Weiß bewertet. Nach beispielsweise 49. Sf4 Le8 50. Kh4 Lf7 51. Sh5: Ke6 52. Sg7+ Kd6 53. Kg4 kann Weiß das Umgehungsmanöver erfolgreich durchführen: 53. . . . Lg6 54. Sh5 Ke7 55. Sf4 Lf7 56. Kf5 Lg8 57. Kg6 Lf7+ 58. Kg7 mit leichtem Gewinn. Besser ist die Zugfolge 49. Sf4 Lf7! 50. Kh4 Ke7 51. Sh5: Ke6!. Nach 52. Sg7+ Ke7 53. Kg4 folgt 53. . . . Kf8! und 54. Sh5? führt zu einem Remis im Bauernendspiel — 54. . . . Lh5:+ 55. Kh5: Kg7. Aber auch nach 55. Sf5 Le6 56. Kf4 Ld7! muß Weiß einiges zeigen, um die schwarze Festung zu brechen.

49. Sg2—f4+　　　Ke6—f5
50. Sf4xh5

Gewisse Schwindelchancen erhält Schwarz auch 50. Sd5: Kg5 51. Sc7 h4+ 52. Kf2 Kf4. Karpow läßt sich einmal mehr auf

Verwicklungen nicht ein, zumal er eine klare strategische Leitlinie verfolgen kann.

50.	**...**	**Kf5—e6**
51.	**Sh5—f4+**	**Ke6—d6**
52.	**Kg3—g4**	**Lb3—c2**
53.	**Kg4—h5**	**Lc2—d1**
54.	**Kh5—g6!**	**Kd6—e7**

Kasparow gibt lieber den Zentralbauern auf, als sich in einem hoffnungslosen Endspiel nach 54. ... Lf3: 55. Kf6: abquälen zu müssen. Der weiße König erzwingt den Zugang auf e5, der Springer wird auf c5 postiert und die resultierende Zugzwangstellung führt rasch zu entscheidendem Materialverlust.

55.	**Sf4xd5+**	**Ke7—e6**
56.	**Sd5—c7+**	**Ke6—d7**

Kasparow hofft nach dem Opfer von zwei Bauern eine Blockadeposition errichten zu können. So hartnäckig seine Verteidigung auch ist, sie erweist sich letztlich und logischerweise als unzureichend. Auch 56. ... Kd6 verlor wegen 57. Se8+ Ke7 58. Sf6: Lf3: 59. Kf5 — Weiß stellt seinen König nach e3 und seinen Springer nach c5, was zu einem ähnlichen Verlauf wie in der Partie führt. Aussichtslos war ebenfalls 56. ... Kd6 57. Se8+ Kd5 58. f4 Kd4: 59. Kf6: Kc3 60. Ke5 Kb3 61. Sc7.
Es folgte noch:
57. Sa6: Lf3: 58. Kf6: Kd6 59. Kf5 Kd5 60. Kf4 Lh1 61. Ke3 Kc4 62. Sc5 Lc6 63. Sd3! Lg2 (Warum nicht 63. ... Kb3? — 64. Sf4 Ka3:? 65. d5 Ld7 66. Sd3 Kb3 67. Kd4 und Weiß gewinnt mühelos. Doch Schwarz spielt besser 64. ... Kc4!. Richtig ist 64. Se5! Lg2 65. Kd3 und die Drohung Sg4—Se3 entscheidet, so nach 65. ... Lf1+ 66. Kd2 Lg2 67. Sg4.) 64. Se5+ Kc3 65. Sg6 Kc4 66. Se7 Lb7 67. Sf5 (Durchbricht die Blockade. Nach 67. ... Kd5 68. Kd3 Ke6 69. Se3 Kd6 70. Sd1 Lc6 71. Sc3 Le8 kann Weiß den Gewinn mit 72. d5? Ke5 noch verspielen. Doch zunächst überführt er seinen König nach f4 bevor er diesen Bauernzug ausführt.) 67. ... Lg2 68. Sd6+ Kb3 69. Sb5: Ka4 70. Sd6 — und Kasparow gab die Partie auf!
Die Vorentscheidung war gefallen! Karpow bestrafte die nachlässige Analysearbeit des Herausforderers. Kasparow,

dem in seiner Laufbahn nicht wenige beeindruckende Leistungen auf dem Gebiet des Endspiels gelangen, mußte erneut eine unnötige Niederlage verdauen.
Während bereits nach dem 0:3 die Situation für Kasparow als aussichtslos betrachtet wurde, rechnete man nach dem vierten Gewinnpunkt für Karpow mit einem raschen Ende dieses Weltmeisterschaftskampfes.
Doch so ohne Weiteres wollte sich Garri Kasparow nicht geschlagen geben. Während er in der ersten Phase des Wettkampfes von einem unbändigen Siegeswillen ergriffen war, wobei er das Gefühl für die ihm drohenden Gefahren vermissen ließ, begnügte er sich in den nächsten Partien um solides Spiel. 17 Partien in Folge wurden remisiert; in der 11. Partie verpaßte Karpow, in der 16. Partie Kasparow eine ausgezeichnete Gewinnchance.
Irgendwann mußte die Remisserie abbrechen (wenn nicht im Jahre 1984 so zumindest 1985). Die Anhänger Kasparows hofften, daß ihm der erste Anschlußtreffer gelingt, womit der Wettkampf vielleicht noch eine Wende nehmen könnte.
Mit der 27. Wettkampfpartie endete die Remisserie. Anatoli Karpow wählt gegen die Tartakower-Variante des Damengambits ein Abspiel, das Kasparow selbst im Wettkampf UDSSR gegen „Rest der Welt", den im Mai an 10 Brettern ausgefochtenen Prestigewettstreit zwischen Ost und West, in der Partie gegen den Holländer Jan Timman anwandte. Kasparow ging mit seinem 9. Zuge in der Partie mit Karpow den Komplikationen nach 9. ... Da5 10. cd5: ed5: 11. 0—0—0! aus dem Wege. Er verspürte wenig Lust gegen seine eigene Neuerung anzukämpfen. Bereits im 12. Zug werden die Damen getauscht. Die symmetrische Stellung nach dem 14. Zuge ließ ein rasches Remis erwarten. Kasparow läßt sich einige Ungenauigkeiten zu Schulden kommen und schon übernimmt der Weltmeister die Initiative. Der Verlust eines Bauern im 28. Zuge kann die schwarze Stellung nicht verkraften. Nach verbitterter Gegenwehr war es dann soweit, Kasparow kapitulierte nach dem 59. Zuge Karpows. Die Entscheidung war gefallen. Ein Anschlußtreffer Kasparows käme nach dem 0:5 zu spät.
1. Sf3 d5 2. d4 Sf6 3. c4 e6 4. Sc3 Le7 5. Lg5 h6 6. Lf6: Lf6: 7. e3 0—0 8, Dc2 c5 9. dc5: dc4: 10. Lc4: Da5 11. 0—0 Lc3: 12. Dc3: Dc3: 13. bc3: Sd7 14. c6 bc6: 15. Tab1 Sb6 16. Le2 c5 17. Tfc1 Lb7 18. Kf1 Ld5 19. Tb5 Sd7 20. Ta5 Tfb8 21. c4! Lc6 22. Se1

Tb4 23. Ld1! Tb7 24. f3 Td8 25. Sd3 g5 26. Lb3 Kf8 27. Sc5: Sc5: 28. Tc5: Td6 29. Ke1 Ke7 30. Td1 Td1: + 31. Ld1: Kd6 32. Ta5 f5 33. Ke2 h5 34. e4! fe4: 35. fe4: Le4: 36. Tg5: Lf5 37. Ke3 h4 38. Kd4 e5 + 39. Kc3 Lb1 40. a3 Te7 (Die Abbruchstellung, Karpow gab seinen Zug ab.) 41. Tg4 h3 42. g3 Te8 43. Tg7 Tf8 44. Ta7: Tf2 45. Kb4 Th2: 46. c5 + Kc6 47. La4 + Kd5 48. Td7 + Ke4 49. c6 Tb2 + 50. Ka5 Tb8 51. c7 Tc8 52. Kb6 Ke3 53. Lc6 h2 54. g4 Th8 55. Td1 La2 56. Te1 + Kf4 57. Te4 + Kg3 58. Te5: Kg4: 60. Te2 — Kasparow gab auf.

Die Hoffnung mancher unverbesserlichen Optimisten, zu denen auch der Autor dieses Buches zählt, daß Garri Kasparow trotz des 0:4 Rückstandes im Verlauf des nächsten Frühjahres (!) den Weltmeisterthron besteigt, erwies sich als Seifenblase. Karpow spielte den Wettkampf einfach zu stark, mit seiner bisher besten schöpferischen Leistung auf dem Gebiet der Eröffnungstheorie, die wirklich wohl überlegt und „schlackenfrei" war, konnte er den ersten Ansturm des jungen Schachgenies abwehren.

Die Endspieltechnik beherrschte Karpow besser als sein Kontrahent, zehnjährige Erfahrungen, hauptsächlich mit den harten Wettkämpfen gegen Viktor Kortschnoi erworben, (bei der Untersuchung von Hängepartien) gaben den Ausschlag für den klaren Erfolg Karpows über Kasparow.

Der Herausforderer hatte es schwer mit seiner Wahl der Eröffnungssysteme, dem Weltmeister ein komplikationsreiches Spiel aufzunötigen. „Denken heißt Informationsverarbeitung", lautet ein Motto der Systemtheorie. Die Frage, wie Garri Kasparow die wohl bitteren Erfahrungen bei seinem ersten Anlauf, Weltmeister des Schachspieles zu werden, verarbeitet, entscheidet über den Verlauf des nächsten „Jahrhundert-Wettkampfes" Karpow — Kasparow.

Denn darüber sind sich die Fachleute auch 1985 einig, daß Garri Kasparow unbestritten die Nummer Zwei der Schachwelt bleibt. Der Holländer Timman als bester Spieler des Westens konnte sich bei den Qualifikationswettkämpfen bisher nicht durchsetzen.

Der Ausgang des Kandidatenturnieres 1986 hängt maßgeblich vom gewählten Turniermodus ab. Man wird davon abkommen müssen, Zweikämpfe durchzuführen. Ein vierrundiges Turnier mit den zehn stärksten Meistern der Welt (meinethal-

ben eine Art Weltcup), entsprächen den Erwartungen des Schachpublikums.
Vielleicht lernt Garri Kasparow in der Zwischenzeit, seine Emotionen, Antipathien gegen Karpow, wirkungsvoller zu zügeln.
Bleibt abzuwarten wie sich seine Spielweise entwickelt. Doch ein Geheimnis möchte der Autor zum Abschluß dieser Einleitung dem Leser anvertrauen...
Der nächste Weltmeister der Schachgeschichte wird Garri Kasparow sein!

I. Auf dem Wege zum Großmeister

Am 13. April 1963 wurde Garri als Sohn eines jüdischen Vaters und einer armenischen Mutter in Baku geboren. Baku, Hauptstadt der Sowjetrepublik Aserbaidschan, liegt am Kaspischen Meer unweit der iranischen Grenze.
Es wird angenommen, daß durch diese Gegend die Verbreitung der persisch-arabischen Spielweise des Schachs im 8. Jahrhundert ihren Weg in nördlicher Richtung nach Rußland nahm.
Vielleicht trug die Nähe zum Orient zu der Geschichte bei, die von Garris erster Bekanntschaft mit dem Schachspiel kursiert.
Seine Eltern, die Ingenieure Kim Weinstein und Clara Schagenowna geb. Kasparian, bauten eines Abends die Stellung einer in der Tageszeitung veröffentlichten Schachaufgabe auf ihr Schachbrett. Der sechsjährige Garri soll eine geraume Zeit seinen Blick von der Schachposition nicht abgewandt haben. Am nächsten Morgen zeigte er den verblüfften Eltern den Lösungszug. Sie haben ihm zuvor die Spielregeln nicht beigebracht.
Ähnliches erzählte man von dem vierjährigen José Raoul Capablanca, Schachweltmeister in den Jahren 1921 bis 1927, er habe das Schachspiel durch bloßes Zuschauen einer Partie seines Vaters mit einem Gast erlernt. Capablanca, bereits mit 12 Jahren kubanischer Meister, nahm später von dieser Version seines schachlichen Werdeganges Abstand.
Auch die sogenannten Wunderkinder des Schachspieles benötigen Zeit bis sich ihre Frühbegabung zu einer beachtenswerten Spielstärke verdichtet. Die Laufbahn von Garri Weinstein weist Parallelen zu den Entwicklungen der Schachweltmeister Michail Tal, Boris Spasski und Bobby Fischer auf. Auch sie erlernten die Spielregeln des Schachspieles in vergleichbar frühen Kinderjahren. Konstante Betätigung und eine fördernde Umgebung führten meist im Pubertätsalter zum Durchbruch in die Meisterklasse.
Garri verlor im Alter von sieben Jahren seinen Vater. In jener Zeit wird er im Pionierschachclub von Baku aufgenommen. Vermutlich erfüllte die ablenkende Wirkung des Spieles eine wichtige Funktion den Tod seines Vater zu verwinden.

In den Schachkreisen Bakus wird das Talent des 7jährigen rasch wahrgenommen. Sein außergewöhnliches Erinnerungsvermögen verhalf ihm zu stetigen Fortschritten. Im Pionierclub lernt er den Trainer Schakharow kennen, der ihn auf seinen weiteren Weg begleiten sollte.
Bei überregionalen Jugendmannschaftskämpfen in Wilnus, Lettland, erweckt das Spiel des 10jährigen Aufmerksamkeit. Alexander Nikitin verschafft ihm eine Einladung zum Schachunterricht bei Botwinnik.
Michail Botwinnik, Weltmeister in den Jahren 1948-1957, 1958-1960 und 1961-1963, kümmerte sich nach seinem Rückzug vom aktiven Schach im Jahre 1970 verstärkt um die Förderung sowjetischer Schachtalente. Viele, später renommierte Meister, waren bei ihm in der Lehre, unter ihnen Anatoli Karpow.
„Auf meine heutige Unterrichtsmethode", erklärte Botwinnik, „kam ich bereits im Jahre 1939. Im Schachclub des Leningrader Pionierpalastes versammelten sich äußerst begabte junge Schachtalente, zum Beispiel Mark Taimanow. Ich erkannte, daß sie mir in der Theorie nicht im geringsten nachstanden. Deshalb beschloß ich, jeden individuell zu behandeln. Aber immer in der Gegenwart der anderen. Jeder Schüler erhielt seine Hausaufgabe. Die Analyse der Hausaufgaben wurde dann gemeinsam durchgeführt. Diese Unterrichtsmethode hat sich bewährt und darf sich durchaus guter Ergebnisse rühmen."
Die Arbeit mit Garri schien Botwinnik schon relativ früh sehr vielversprechend. Nach seiner beachtlichen Plazierung bei der UDSSR-Jugendmeisterschaft 1975 erntete Garri sogar in England Vorschußlorbeeren. Leonard Barden in The Guardian: „... wer wird der nächste Weltmeister nach Karpow? ... meiner Meinung nach gibt es einen klaren Favoriten für 1990. Es ist der 11jährige Garri Weinstein aus Baku..."
Ein Jahr später äußerte sich Botwinnik begeistert: In ihm liegt die Zukunft des Schachs."
Die Betreuung von Botwinnik aber auch die Unterstützung der Trainer Nikitin und Schakharow zeigte rasch fruchtbare Auswirkungen auf die Spielweise Garris.
Mi 12 Jahren gewinnt er die Stadtmeisterschaft von Baku. Das Turnier mit 128 Teilnehmern wurde im K.O.-System mit jeweils 2-Partien-Wettkämpfen durchgeführt. Beim 1:1 Gleich-

stand entschieden Blitzpartien über das Erreichen der nächsten Runde.
Im November 1975 trifft er, anläßlich von Simultanveranstaltungen gestandener Großmeister gegen die Schachpioniere der UDSSR, erstmalig auf Anatoli Karpow, der in jenem Jahr von der Weltschachorganisation F.I.D.E. den Titel des Schachweltmeisters zuerkannt bekam. (Sein Vorgänger Bobby Fischer stellte vor dem erwartendem Titelkampf mit Karpow unerfüllbare Forderungen hinsichtlich des Reglements.)
Garri, der mittlerweile die russische Form des Familiennamen seiner Mutter — Kasparow — trägt, unterliegt in dieser Partie, nachdem er eine gute Chance im Mittelspiel nicht wahrnahm. Ihm gelangen dafür bei den Uhrensimultanspiele — der Meister spielt gegen sieben Pioniere gleichzeitig, wobei er seine insgesamt 2,5 Stunden Bedenkzeit ökonomisch aufteilen muß — Remispartien gegen Kortschnoi, Kusmin und Polugajewski. Letztere Partie, von Botwinnik kommentiert, wurde in westlichen Schachzeitschriften veröffentlicht — die Kunde von einem aussichtsreichen Talent war verbreitet.
Zu Beginn des Jahres 1976 siegt Garri bei der Jugendmeisterschaft der UDSSR. Schon zu jener Zeit kristallisieren sich zwei Stärken heraus. Ein dynamisches Eröffnungskonzept, gespickt von vornehmlich kombinationsreichen Varianten und umfangreiche technische Kenntnisse sowie analytischer Verstand auf dem Gebiet des Endspieles. Sicherlich wirkten sich die Erfahrungen Botwinniks verknüpft mit seiner Unterrichtsmethode besonders förderlich auf die Entwicklung der schachtechnischen Fähigkeiten aus. Nicht ohne Stolz berichtet Botwinnik anläßlich der umfangreichen Partieanalyse Botwinnik — Fischer über eine gelungene Zusammenarbeit mit dem Jungstar Garri Kasparow.
Der Prestigekampf mit Bobby Fischer wurde auf der Schacholympiade zu Warna im Jahre 1962 ausgetragen. Botwinnik verliert wie Fischer tags zuvor prophezeite(!) im Mittelspiel einen Bauern. Fischer wählt kurz vor Partieabbruch nicht die zwingendste Fortsetzung, doch die Hängepartiestellung scheint immer noch für den Amerikaner, der einen Mehrbauern im Turmendspiel besaß, gewonnen. Botwinnik grub jedoch während der mitternächtlichen Analyse mit seinem Teamkameraden Geller eine versteckte Verteidigungsidee

aus. Fischer fällt bei Wiederaufnahme der Partie mit seinem 51. Zuge in die positionelle Falle und kämpft noch weitere 16 Züge vergeblich um den Sieg.
Botwinnik soll sich über dieses hartumkämpfte Remis mehr gefreut haben als über das im Jahr zuvor siegreich bestandene WM-Match mit Michail Tal. 1969 veröffentlichte Fischer in seinem Buch „Meine 60 denkwürdigen Partien" eine ausführliche Untersuchung zu der kritischen Endspielphase. Er kommt zu dem Schluß, daß er erst im 51. Zuge den Gewinn vergibt. Nach einer besseren Fortsetzung entsteht zwangsläufig bis zum 67. Zug von Weiß folgende Stellung, die Fischer, der die schwarzen Steine führte, trotz weißen Zugrechtes als für ihn gewonnen einschätzte.

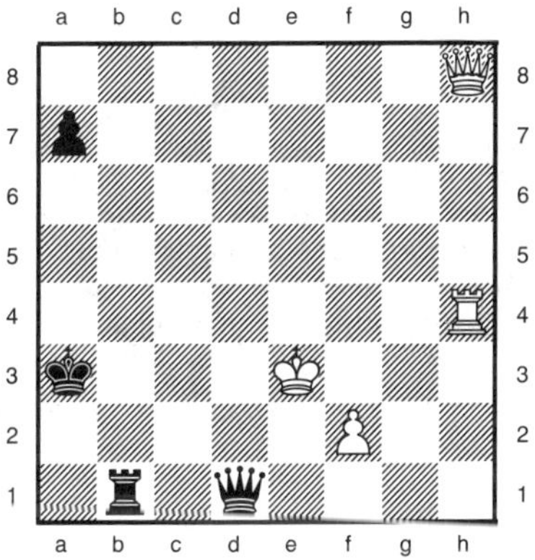

Fischer berücksichtigte in seiner Analyse nur das Damenschach 67. Df8+ und gibt nach 67. ... Ka2 68. Df7+ Tb3+ eine forcierte 9zügige Gewinnvariante für Schwarz an. Statt 68. Df7+ untersuchte Botwinnik selbst die Verbesserung 68. Dc5!, wonach es Schwarz keineswegs leicht hat den Gewinn zu erzwingen.
„Es ist interessant, daß mein 13jähriger Schüler, Garik Kasparow aus Baku einen Zug eher noch einen anderen Weg zum

Remis entdeckte", schrie Botwinnik. Kasparows Lösung des Stellungsproblems in diesem Schwerfigurenendspiel wirkt verblüffend. Nicht die weiße Königsstellung, sondern die schwarze wird in einer glänzenden Manier ausgebeutet.

67. Th4—c4! Tb1—b3+

Nach einem Damenschachgebot versteckt sich der weiße König: 67. ... De 68. Kf3 Tb3+ 69 Kg2.

68. Tc4—c3 Dd1—e1+
69. Ke3—d3 De1—f1+
70. Kd3—d2!!

Nach 70. Ke3? verfügt Schwarz über den taktischen Schlag 70.... Dh3+!

70. ... Df1xf2+
71. Kd2—d3

Der Abtausch der Schwerfiguren führt zu einem bekannten Remisbauernendspiel, aber auch ein Damenendspiel mit dem Randbauern und der günstigen weißen Königsstellung läßt sich nicht gewinnen. Schwarz kommt nicht weiter — Remis!

Im Alter von 13 Jahren nimmt Garri an seinem ersten international besetzten Turnier teil, dem Weltcup der Kadetten in Wattignes, Frankreich. Er landet hinter dem Israeli Grinberg und dem Neuseeländer Chandler, heute ein bekannter Großmeister, auf dem geteilten dritten Rang. Botwinnik war mit dem Ergebnis zufrieden, noch nie vertrat ein 13jähriger die Sowjetunion bei diesem Vergleich der Jugendlichen unter 17 Jahren. Im Jahr darauf belegte Kasparow bei der gleichen Veranstaltung, die ebenfalls in Frankreich ausgetragen wurde, den alleinigen dritten Platz. Diesmal hinter dem Isländer Arnason, der Kasparow in der persönlichen Begegnung unterlag, und dem US-Amerikaner Whitehead.
Das Jahr 1978 zeigte eine nahezu sensationelle Steigerung der Spielstärke Kasparows. Innerhalb dieser Zeitspanne gelang ihm der Aufstieg zu der Sonderklasse der stärksten Meister seines Landes. Das erste Meisterturnier an dem Garri teilnahm, das in Minsk im Januar 78 durchgeführte 8. Sokolski-Gedenkturnier, absolvierte der 14jährige ausgezeichnet. Er gewann nicht nur vor namhaften Meistern das Turnier, sondern überfüllte mit dem Resultat von 13 Punkten aus 17 Partien die Norm für den nationalen Titel „Meister des Sports" um 3,5 Punkte. In der letzten Runde des Turniers besiegte er mit Anatoli Lutikow den ersten Großmeister in seiner Schachlaufbahn. Die Partie mit Roisman vermittelt einen nachhaltigen Eindruck von der selbstbewußten, kompromißlosen Spielweise des jungen Kasparows.

1. Kasparow — Roisman

Minsk 1978
Spanisch

1.	**e2—e4**	**e7—e5**
2.	**Sg1—f3**	**Sb8—c6**
3.	**Lf1—b5**	**Sc6—d4**

Das Bird-System der Spanischen Partie war etwa vor hundert Jahren häufiger in den Turniersälen anzutreffen.

4. Sf3xd4

Die prinzipielle Frage nach diesem Tausch lautet: Hat der Doppelbauer eine einengende Funktion oder ist er lediglich eine empfindliche Schwächung im schwarzen Bauerngefüge?

4. ...	**e5xd4**
5. 0—0	**Lf8—c5**
6. d2—d3	**c7—c6**
7. Lb5—c4	**d7—d6**
8. f2—f4	**Sg8—f6**
9. e4—e5	**d6xe5**

9. ... Lg4 ist natürlich schwächer wegen 10. De1. Ratsamer als die Partiezug war es mit 9. ... Sd5 Linienöffnung zu vermeiden (10. Ld5: cd5: 11. ed6: 0—0).

10. Lc4xf7 + !

Nach dieser Überraschung bleibet die gefährdete Königstellung ein Manko für Schwarz. Erwähnenswerterweise war ein hochgepriesener Markenschachcomputer nicht in der Lage, diese Scheinkombination ausfindig zu machen.

10. ...	**Ke8xf7**
11. f4xe5	**Dd8—d5**
12. e5xf6	**g7xf6**
13. Sb1—d2	**Th8—g8**
14. Sd2—e4	**Lc5—e7**
15. Lc1—f4	**Tg8—g6**
16. Dd1—e2	**Lc8—g4**
17. De2—f2	**Ta8—g8?!**

Übertriebener Aktivismus. Schwarz sollte die Verdoppelung der Türme in der g-Linie erst dann vornehmen, wenn sein König auf h8 in Sicherheit gebracht ist.

18. Ta1—e1!	**h7—h5**
19. Lc1—g5!	

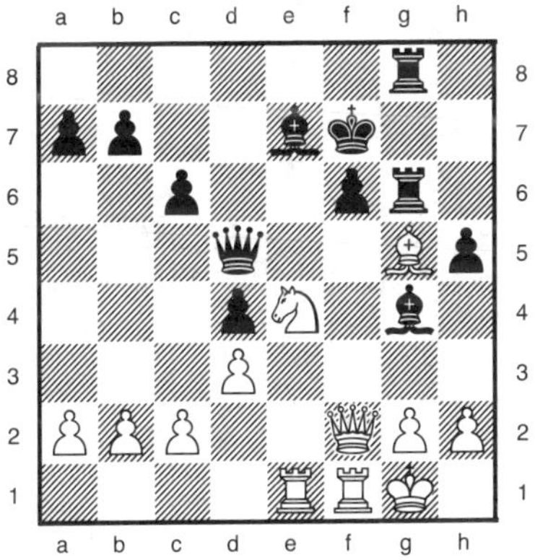

Eine Katastrophe auf der f-Linie ereignet sich nach 19. ... Tg5:? 20. Sf6:!! an:
a) 20. ... Lf6:? 21. Df6: + ! mit Matt in drei Zügen.
b) 20. ... Dg2: + !? 21. Dg2: Lg2: 22. Te7: + !! Ke7: 23. Sg8: + und Weiß gewinnt eine Leichtfigur.

19. ...	**Dd5—d8**
20. Df2—f4	**Lg4—e6**
21. h2—h4!	

Stellt nicht wie Botwinnik fälschlicherweise behauptet die Drohung 22. Lf6: auf:
a) 22. ... Lf6:? 23. Sg5 +
b) 22. ... Tg2: + ? 23. Kh1
c) 22. ... Tf6:! 23. De5 Ld5! 24. Sg5 + Tg5: 25. hg5: Tf1 + Kg8 und der weiße Sieg steht keineswegs fest. Doch Schwarz muß reagieren und so bietet sich der Textzug an, wonach der schwarze König zu entfliehen droht.

21. ...	**Le6—d5**
22. g2—g4!!	

Begeistert äußerte sich Botwinnik über diesen Zug: „Das verstößt gegen alle positionelle Regeln. Weiß öffnet selbst die

Stellung seines Königs. Doch der Tg6 schwebt in Gefahr und dieser Umstand erweist sich als entscheidend." (22. ... hg4: 23. h5)

22. ... Kf7—g7?

Nur mit 22. ... Th8! konnte noch Widerstand geleistet werden, was Weiß wiederum mit 23. Lf6:!! beantwortet. Die Abwicklung 23. ... Tg4: + ? 24. Dg4: hg4: 25. Le7: + Ke7: 26. Sc5 + Kd6 27. Sb7: + führt zu einem technisch gewonnenen Endspiel. Hartnäckiger ist 23. ... Lf6:! 24. g5 Le4: 25. Te4: Kg 7 26. Te6 Tf8 27. Kh2 und Weiß gewinnt unter günstigen Umständen die Figur zurück. Schwarz hat keine große Wahl an Zügen. auf 22. ... Le4: entscheidet der „Zwischenzug" 23. gh5:.

23. g4xh5	**f6xg5**
24. Df4—e5 +	**Kg7—h6**
25. h5xg6	**g5xh4**
26. Tf1—f5!	**Kh6xg6**
27. Kg1—h2	

Und das Matt der Schwerfiguren naht — Schwarz gab auf!

Im lettischen Daugavpils fand im Juli 78 das Qualifikationsturnier zur UDSSR-Meisterschaft statt. 13 Partien entschieden, wer von den 64 Teilnehmern zur stärksten Landesmeisterschaft der Welt zugelassen wurde. Garri legte in den Runden 2-8 mit einem Score von 5,5 aus 6 den Grundstein für seinen zweiten noch höher zu bewertenden Turniererfolg. Das Endergebnis von 9 aus 13 reichte für den mit Igor Iwanow geteilten ersten Platz.
Bei der im Dezember ausgetragenen Landesmeisterschaft in Tbilisi blieb die erhoffte Sensation aus. Nach 6 Partien lag Kasparow mit zwei Siegen über Kusmin und Polugajewski, der in der Endabrechnung hinter Exweltmeister Tal und Tschechkowski den 3. Platz belegte noch in der Spitzengruppe. Insbesondere die Gewinnpartie in der Begegnung mit Polugajewski, zeigte die kämpferischen Qualitäten Kasparows im besten Lichte. Doch das im Spiel mit findigen Großmeistern noch wenig erfahrene Talent konnte das vorgelegte Tempo nicht durchhalten. Niederlagen in den Runden 7 und 9 rissen ihn aus seinen Meisterschaftsträumen. Kasparow wurde mit 50% der erreichbaren Punkte Neunter, 2,5 Punkte trennte ihn von den Turniersiegen.
Botwinnik kommentierte sein Abschneiden. „Sein Ergebnis hätte auch besser sein können. Gegen die ehemaligen Landesmeister holte er 4,5 aus 6 Punkten (Sieg = 1 Punkt, Remis = 0,5 Punkte). Lediglich mangelnde Erfahrung und viel zu lebhaftes Spiel verwehrten eine höhere Plazierung."
Immerhin reichte das Resultat, bei der nächsten UDSSR-Meisterschaft ohne vorherige Qualifikation teilnehmen zu können.

2. Kasparow — Polugajewski

Tbilisi 1978
Sizilianisch

Die Diagrammstellung mit Weiß vor dem 26. Zuge entstand nach einem wahrlich abenteuerlichen Partieverlauf. Frühzeitig opfert Kasparow Material, doch sein großer Gegner meistert zunächst die heraufbeschworenen taktischen Verwicklungen.

1. e4 c5 2. Sf3 e6 3. d4 cd4: 4. Sd4: a6 5. Sc3 Dc7 6. Le2 b5 7. Lf3 Lb7 8. 0-0 Sc6 9. Sc6: dc6: 10. e5!? De5: 11. Te1 Dc7 12. Lh5 Le7 13. Te6: g6 14. Te1 Tad8!? (Unklar sind die Folgen der sofortigen Annahme des Figurenopfers; 14. ... gh5: 15. Dd4! f6 16. Dd1!) 15. Df3 c5! 16. Lf4 Db6 (Schwächer ist die Abwicklung 16. ... Lf3: 17. Lc7: Lh5: 18. Ld8: Kd8: 19. f3! g5 20. Td1 + Ke8 21. Td6 mit entscheidenden Vorteil) 17. Dg3 gh5: 18. Lc7! Dg6 19. Ld8: Dg3 20. hg3: Kd8: 21. Tad1 + Kc7 22. Sd5: 23. Td5: h6! 24. Th5: Th7 25. Te5 Kd7.

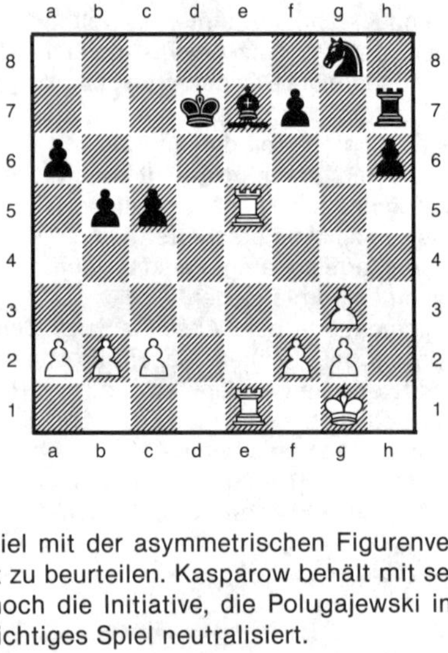

Das Endspiel mit der asymmetrischen Figurenverteilung ist nicht leicht zu beurteilen. Kasparow behält mit seinem nächsten Zug noch die Initiative, die Polugajewski in der Folge durch umsichtiges Spiel neutralisiert.

26. Te5—e3! Th7—g7!

Auch nach 26. ... c4 verschafft sich Weiß mittels 27. b3! Zugang zu den gegnerischen Bauern am Damenflügel.

27.	**Te3—d3 +**	**Kd7—c7**
28.	**Td3—a3**	**Tg7—g6**
29.	**Ta3—f3**	**Le7—f6!?**

Polugajewski hat den Ansturm seines jugendlichen Gegners abgewehrt. Er gibt sich mit dem Remis durch Zugwiederholung nach 29. ... Tg7 30. Ta3 Tg6 31. Tf3 nicht zufrieden.

30.	**c2—c3**	**Kc7—d7**
31.	**Tf3—d3+**	**Kd7—c7**
32.	**Te1—e8**	

Auch Kasparow hat wenig Gefallen an einem unentschiedenen Ausgang, der mit 32. Tf3 zu erzielen war. Vermutlich gab die knapper werdende Bedenkzeit von Polugajewski den Ausschlag für den risikofreudigen Entschluß.

32.	**...**	**Sg8—e7?**

Der erste Springerzug erweist sich bereits als entscheidender Fehlgriff. Stattdessen konnte Polugajewski mit 32. ... Le7! ernstzunehmde Gewinnversuche anstellen. Timman gibt noch 33. Tf3 Tg7 34. Tf5 a5! mit dem Plan a4 und b4 an. Die weißen Türme finden wenig Zusammenspiel, Kasparow hätte ums Remis kämpfen müssen. Jetzt verliert Schwarz ersatzlos seinen wichtigen f-Bauern.

33.	**Te8—d8!**	**Se7—c6**
34.	**Td8—d7+**	**Kc7—b6**
35.	**Td7xf7**	**Lf6—e7**
36.	**Td3—e3**	**Le7—d6**
37.	**f2—f4**	**c5—c4**
38.	**Kg1—h2**	**Ld6—c5**
39.	**Te3—e2**	**b5—b4**

Sucht noch mit b4—b3 Gegenspiel, was Kasparow mit seinem nächsten Zug verhindert.

40.	**Te2—e4!**	**b4xc3**
41.	**b2xc3**	**Lc5—f2**
42.	**Te4xc4**	**Lf2xg3+**
43.	**Kh2—h3**	**Lg3—e1**
44.	**a2—a4!**	

Kasparow erkennt, daß Turmtausch zu einem verlorenem Endspiel für Schwarz führt. 44. ... Tg3+ 45. Kh2 Tc3: Lc3: 47. Th7 Ka5 48. Th6: Sb4 49. g4 Ka4: 50. f5 a5 51. f6 lautet die forcierte Gewinnvariante. Polugajewski zieht ein Ende mit Schrecken vor. Die verbundenen Bauern sind schneller als der schwarze Randbauer.

44. ... Sc6—a5
45. Tc4—b4+ Kb6—c5?

In verlorener Stellung schießt Polugajewski einen Bock. 45. ... Kc6 46. Tf5 Sb7 (46. ... Lc3:? 47. Ta5:) 47. a5! hätte den aussichtslosen Kampf verlängert.

46. Tf7—f5+

Und Polugajewski gab auf! Kasparows erster Sieg über einen Großmeister der Weltelite.
Etwa sieben Monate später trafen die beiden Spieler anläßlich eines Mannschaftsturniers erneut aufeinander. Wieder bekam Polugajewski die Gewitztheit seines Kontrahenten in der Endspielphase zu spüren. Die folgende Stellung entstand nach dem 25. Zug von Weiß.

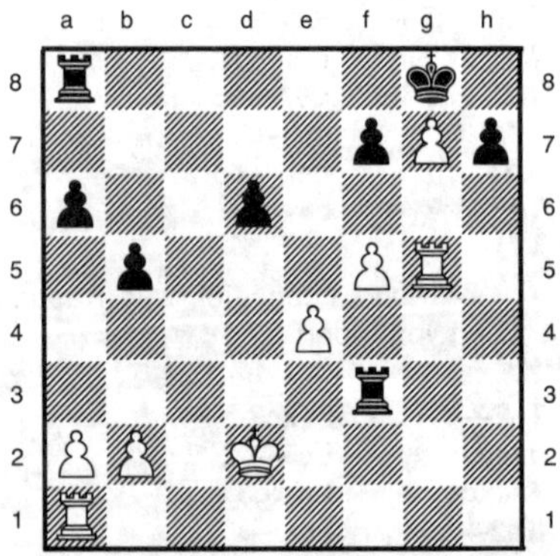

Polugajewski, die schwarzen Steine führend, konnte mit 25. ... f6! 26. Th5 Ta7 27. Tc1 relativ mühelos das Remis sichern. Stattdessen verfolgte er, wieder in Zeitnot geraten, ehrgeizige Pläne.

25. ...	**Ta8—e8?!**
26. Ta1—c1	**d6—d5?!**
27. e4—e5!	**h7—h6**
28. Tg5—h5	

Das interessante Opferangebot 28. f6 führt zum Remis durch Dauerschach mit 28. ... Tf2+ 29. Kd3 Tf3+. Der König kann die e-Linie wegen Tf6: nicht betreten, geht er nach d4 so verfügt Schwarz über 30. ... hg5: 31. Th1 Tf4+ nebst Th4 mit Gewinn.

28. ... Te8xe5?

Übersieht eine taktische Wendung. Erforderlich war 28. ... Kg7:. Nach 29. Tg1+ Kh7 30. f6 Tg8 31. Th6:+ Kh6: 32. Tg8: d4! nebst 33. ... Te3 hat Schwarz gute Rettungschancen.

29. f5—f6!!

Den Rest konnte sich Polugajewski ersparen. Es folgte noch: 29. ... Tf2+ 30. Kd3 Tf3+ 31. Kd4 Te4+ 32. Kd5: Te8 33. Th6: Tf5 34. Kd4! Tf4+ 35. Kc5 Te5+ 36. Kb6 Te6+ 37. Tc6 und Schwarz gab auf!

Die Schachwelt wurde bald auf den Jugendlichen aus Baku aufmerksam. Mit der Einladung zum Turnier in Banja Luka, Jugoslawien, erhielt Garri seine erste Chance, die Norm für den Titel des Internationalen Großmeisters zu erfüllen. Wie die Tabelle zeigt, packte Kasparow, der zu Turnierbeginn seinen 16. Geburtstag feierte, diese Gelegenheit kräftig beim Schopfe. Ohne Niederlage und deutlichen Abstand zu vier Weltklassespielern gewann er das Turnier. Bereits 3 Runden vor Schluß war die Norm von 10 Punkten erfüllt. In den ersten 10 Partien siegte er in 8 Begegnungen und remisierte lediglich gegen Petrosjan und Smejkal.
Die rechte Spalte in der Turniertabelle gibt die international gebräuchliche Wertungszahl ELO an, die als Maß für die aktuelle Spielstärke des Teilnehmers vor dem Turnier gilt. Aufgrund mangelnder internationaler Spielpraxis wurde Kasparow mit der kleinstmöglichen Zahl 2200 (entspricht der bundesdeutschen Ingozahl 80) geführt. Zum Vergleich: FIDE-Meister etwa von 2300-2400, Internationale Meister 2400-2500, Großmeister 2500-2600. Mit einer ELO-Zahl von etwa 2580 zählt der betreffende Meister zu den 20 spielstärksten der Welt.
In Banja Luka veränderte Kasparow sein Eröffnungsreportoire. Als Schwarzer spielte er auf 1. e4 nicht mehr Caro-Kann 1. ... c6, sondern das aggressive Sizilianisch 1. ... c5. Als Weißer wählte er seltener 1. e4, 1. d4 gab er den Vorzug. Gegen die Damenindische Verteidigung 1. d4 Sf6 2. c4 e6 3. Sf3 b6 arbeitete er das dahin seltener gespielte 4. a3 zu einem angriffslustigen Konzept aus. Erstmalig wurde diese prophylaktische Maßnahme gegen Lb4 in der denkwürdigen Begegnung Sultan Khan — Hastings, Capablanca 1930, angewandt, in der der Inder den favorisierten Exweltmeister in einer langwierigen Positionspartie bezwang. Tigran Petrosjan, der im August 1984 verstorbene Weltmeister der Jahre 63-69, griff den Zug 4. a3 wieder auf.
Dreimal wählte Kasparow in Banja Luka das System, in allen Fällen kamen seine Gegner mit den resultierenden neuartigen Stellungsbildern nicht zurecht. In der 3. Runde überspielte er eindeutig den Amerikaner Walter Browne, ein ansonsten erfolgreicher Großmeister. Kasparows erster Sieg über einen renommierten westlichen Spieler fand in der Schachpresse gebührende Anerkennung.

BANJA LUKA IV 1979 — cat. X (2487) g = 10 m = 7

	1	2	3	4	5	6	7	8	9	10	11	12	13	14	15	16			Rating
1. KASPAROV	●	½	½	½	½	1	1	½	1	1	1	1	½	1	½	1	11½	1	2200
2. SMEJKAL	½	●	½	½	½	½	½	½	0	½	1	1	1	1	½	1	9½	2—3	2560
3. ANDERSSON	½	½	●	½	½	½	½	½	1	1	1	½	½	½	1	½	9½	2—3	2560
4. PETROSJAN	½	½	½	●	½	½	½	½	1	½	½	½	½	1	1	½	9	4	2610
5. ADORJAN	½	½	½	½	●	½	½	½	½	½	½	½	1	½	½	1	8½	5	2525
6. KNEŽEVIĆ	0	½	½	½	½	●	½	½	½	½	½	½	1	½	½	1	8	6	2500
7. BROWNE	0	½	½	½	½	½	●	½	½	½	½	1	0	½	1	½	7½	7—8	2540
8. MATANOVIĆ	½	½	½	½	½	½	½	●	½	½	½	½	½	½	½	½	7½	7—8	2495
9. BUKIĆ	0	1	0	0	½	½	½	½	●	½	1	½	½	½	½	½	7	9	2495
10. MAROVIĆ	0	½	0	½	½	½	½	½	½	●	½	½	½	½	½	½	6½	10—13	2470
11. MARJANOVIĆ	0	0	0	½	½	½	½	½	0	½	●	0	1	½	1	1	6½	10—13	2505
12. VUKIĆ	0	0	½	½	½	½	0	½	½	½	1	●	0	½	½	1	6½	10—13	2485
13. GARCIA G.	½	0	½	½	0	0	1	½	½	½	0	1	●	½	0	1	6½	10—13	2490
14. HERNANDEZ	0	0	½	0	½	½	½	½	½	½	½	½	½	●	½	½	6	14—15	2500
15. KURAJICA	½	½	0	0	½	½	0	½	½	½	0	½	1	½	●	½	6	14—15	2515
16. ŠIBAREVIĆ	0	0	½	½	0	0	½	½	½	½	0	0	0	½	½	●	4	16	2355

3. Kasparow — Browne

Banja Luka 1979

Damenindisch

1.	d2—d4	Sg8—f6
2.	c2—c4	e7—e6
3.	Sg1—f3	b7—b6
4.	a2—a3	c7—c5

Führt zu einer Bauernstruktur, die an Stellungen der Benoni-Verteidigung erinnert. In dieser Partiesammlung findet der Leser einige Beispiele mit der naheliegenden Fortsetzung 4. ... Lb7, was das Entgegenstemmen im Zentrum mittels d7-d5 vorbereitet. Interessant ist 4. ... La6, was Kortschnoi in den Wettkämpfen mit Petrosjan (1980) und Portisch (1983) wählte.

5.	d4—d5	Lc8—a6
6.	Dd1—c2	e6xd5
7.	c4xd5	d7—d6

Heute gilt die Zugfolge 7. ... g6 8. Lf4 d6 9. Sc3 Lg7 als genauer. Zu einer kritischen Stellung führt dann der Übergang in ein damenloses Mittelspiel nach 10. Da4+ Dd7 11. Ld6: Da4: 12. Sa4: Sd5: 13. 0-0-0, was Kasparow im Bugojno Turnier 82 gegen Gligoric zum Siege führte. Der Holländer Jan Timman konnte jedoch das Spiel Gligoric im 16. Zuge entscheidend verbesssern, er gewann im Interzonenturnier in Las Palmas 82 eine Partie gegen Browne. Der Amerikaner nahm nach der hier vorgestellten Partie gegen Kasparow den Zug 4. a3 in sein Eröffnungsreportoire auf.
Statt 7. ... g6 kann Schwarz mit 7. ... Lb7 8. e4 De7 9. Sc3! Sd5: einen Bauern gewinnen, gerät jedoch nach 10. Sb5 in einen heftigen Angriff. Z.B. 10. ... a6 11. Lg5 f6 12. 0-0-0 Sb4 13. Sc7+ Kd8 14. ab4: Kc7: 15. Lf4 Kd8 16. e5! Sc6 17. ef6: 18. Lc4! mit überlegenem weißen Spiel (Miles — van der Vliet, 1982).

8.	Sb1—c3	Sb8—d7

Danach kommt Schwarz nicht mehr zu der Flankenentwicklung seines Läufers.

9.	Lc1—f4	Lf8—e7
10.	g2—g3	0—0
11.	Lf1—g2	Tf8—e8
12.	0—0	Sf6—h5

Nach 12. ... b5 zeigt Weiß mit 13. b4! eine positionelle Idee seines Aufbaues. Etwas besser als der Textzug war 12. ... Lf8.

13.	Lf4—d2	Sh5—f6
14.	Tf1—e1	Le7—f8
15.	a3—a4	Le7—f8

Der Einleitungszug eines Manövers, das eine wirksame Umgruppierung der weißen Leichtfiguren vorsieht.

15.	...	Sf6—g4
16.	Sc3—b5	La6—b7
17.	e2—e4	a7—a6
18.	Sb5—a3	Ta8—b8
19.	h2—h3	Sg4—f6

Nach 19. ... Se5 vermeidet Weiß mit 20. Sh2! den für Schwarz entlastenden Figurentausch.

20.	Ld2—c3!	Dd8—c7
21.	Sf3—d2	Lb7—c8
22.	Lg2—f1!	g7—g5

Zwar schwächt dieser Bauernzug die schwarze Position, tritt aber immerhin der Vorbereitung eines Durchbruchs im Zentrum mit f2—f4, Dd3—f3, Te3-Tae1 entgegen.

23.	Sd2—f3	h7—h6
24.	Sa3—c4!	

Droht auf eine andere verheerende Weise e4—e5. Trotz des Antwortzuges setzt Kasparow, dem nicht mehr viel Bedenkzeit auf seiner Schachuhr verbleibt, die Aktion im Zentrum durch. Die strategische Planung der Partie ist abgeschlossen — taktische Maßnahmen, gerechtfertigt durch ungünstige postierte schwarze Spielsteine, werden ergriffen.

24. ...	**b6—b5**
25. a4xb5	**a6xb5**
26. e4—e5	**Sf6xd5**

Hoffnungslos ist 26. ... bc4: 27. ef6: Te1: aber auch 26. ... de5: 27. Sce5: Sd5: 28. Sf7:! führt zu einem gewaltsamen Ende der Partie.

27. Sd4xd6	**Lf8xd6**
28. e5xd6	**Dc7—d8**
29. Sf3—e5!	**Sd5—b4**

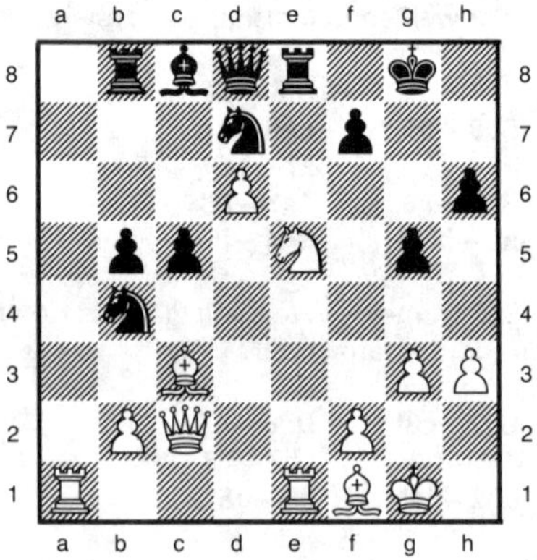

Noch das beste, um die Doppeldrohung Sc6 und Sf7: zu entkräften. Doch Kasparow beweist, daß die geschwächte schwarze Rochadestellung und der lästige weiße Freibauer Merkmale einer weißen Gewinnstellung bilden.

30. Dc2—d2	**Sd7xe5**
31. Te1xe5	**Te8xe5**
32. Lc3xe5	**Sb4—c6**
33. Dd2—e3	**Sc6xe5**

Unzulänglich ist 33. ... f6 34. Lf6: 35. De8+.

34. De3xe5 c5—c4
35. Lf1—g2 Lc8—e6

nach 35. ... Lb7 36. Ta7 Lg2: 37. Kg2: ist Schwarz gegen Plan 38. Te7, 39. d7 und 40. Te8 wehrlos.

36. Ta1—a7 b5—b4
37. Lg2—e4!

Plant eine Fesselungskombination, womit der Punkt f7 erstürmt wird. Weniger wirkungsvoll ist 37. Ld5? Tb5!, was nur zu einem schwer gewinnbaren Damenendspiel führt: 38. Tf7: Lf7 39. Lf7: + Kf7: 40. Db5: Dd5: 41. Dc4: + Kg7.

37. ... c4—c3

37. ... Db6 38. Te7 c3 39. Te6: fe6: 40. De6: + führt Schwarz forciert in eine verlorene Position.

38. Le4—h7 + ! Kg8xh7
39. De5xe6

Schwarz gab auf!

Das gelungene Auftreten in Banja Luka stempelte Kasparow zum Kreis der Favoriten für die um Jahresende ausgetragene Landesmeisterschaft. In Minsk bestätigte er zunächst mit drei Gewinnpartien in den ersten drei Runden diese Rolle. Es folgten 5 Remispartien, doch in der 10. Runde verpatzte er in der Partie gegen Lerner eine Gewinnstellung. Nach einem hartumkämpften Sieg gegen Waganjan vergab ein impulsiver Zug in der Partie mit Anikaew den verdienten Punkt.
Botwinnik schrieb zu der zuweilen auftretenden Unbeherrschtheit seines Schülers. „...Aber Garri ist ein nervöser Junge. Ich mußte darauf bestehen, daß er zunächst denkt, bevor er den Zug ausführt. Ich sagte ihm 'Garri, es besteht die Gefahr, daß Du ein neuer Larsen oder Taimanow wirst.' Selbst in reiferen Jahren führten diese bedeutenden Schachmeister manchmal ohne Nachzudenken ihren Zug aus."
Diese unnötigen Verlustpartien zeigten in der nächsten Runde ihre deprimierende Wirkung. Beljawski gewann gegen

Kasparow. In dieser kritischen Turniersituation steckte Garri jedoch nicht auf. 2 Siege und 2 Remisen sicherten ihm den geteilten 3. Platz. Das Turnier gewann überraschend der Veteran Ewfim Geller, Jahrgang 1925, der von 1953 bis 1968 stets zum Kreis der Weltmeisterschaftsanwärter zählte. Die Titelverteidiger Tal und Tschechkowski hatten in Minsk einen schweren Stand.

Zwar blieb der ganz große Erfolg bei der zweiten Teilnahme an der sowjetischen Meisterschaft aus, doch Kasparow zählte zweifellos bereits zu den Elitespielern seines Landes. Er wurde als zweiter Ersatzspieler für die Europäische Mannschaftsmeisterschaft nominiert, die in der schwedischen Stadt Skara im Januar 1980 stattfand. Die 8er Mannschaft der Sowjetunion siegte überlegen vor Ungarn, England und Jugoslawien. Doch mit den ersten Brettern des Teams war man in der UDSSR nicht zufrieden. Karpow remisierte 4 Partien und verlor gegen Miles, der den Weltmeister nach 1. e4 mit 1. ... a6?! 2. d4 b5!? verblüffte. Auch Tal holte am zweiten Brett nur das gleiche Ergebnis, Petrosjan brachte es auf 50% der Punkte. Garri Kasparow durfte von den sieben Mannschaftskämpfen an sechs Begegnungen teilnehmen. Er bedankte sich für dieses Vertrauen mit 5 Siegen und einem Remis.
Die Partie gegen den Tschechoslowaken Pribyl wurde von einer neunköpfigen Jury gemeinsam mit der Partie Karpow — Hübner als die beste schachliche Leistung des ersten Halbjahres 1980 angesehen. Weniger spektakulär, jedoch nicht weniger lehrreich verlief die Partie gegen den Jugoslawen Wukic. Kasparow beherrscht ein bedeutendes Gebiet der Schachtechnik, die sachgerechte Abwicklung vom Mittelspiel ins Endspiel.

				1	2	3	4	5	6	7	8	9	10	11	12	13	14	15	16	17	18		
1	GELER	g	2550	●	½	½	½	½	½	½	½	1	1	1	½	1	½	½	½	1	1	11½	1
2	JUSUPOV	m	2490	½	●	½	0	1	1	½	1	½	½	½	½	1	½	1	1	½	0	10½	2
3	BALAŠOV	g	2600	½	½	●	½	½	½	½	½	½	½	½	½	1	½	½	½	1	1	10	3—4
4	KASPAROV	m	2545	½	1	½	●	1	1	½	1	0	0	½	½	½	1	½	1	0	½	10	3—4
5	GEORGADZE	g	2535	½	0	½	0	●	1	½	1	½	0	1	½	0	1	1	½	½	1	9½	5—7
6	KUPREJČIK	m	2540	½	0	½	0	0	●	0	1	1	½	1	1	1	½	½	0	1	1	9½	5—7
7	MAKARIČEV	g	2500	½	½	½	½	½	1	●	0	1	0	½	½	½	1	½	½	½	1	9½	5—7
8	VAGANJAN	g	2570	½	0	½	0	0	0	1	●	1	½	0	½	1	½	1	1	1	½	9	8
9	LERNER	m	2475	0	½	½	1	½	0	0	0	●	1	½	½	½	1	½	1	½	½	8½	9
10	BELJAVSKI	g	2595	0	½	½	1	1	½	1	½	0	●	½	0	0	0	0	1	1	½	8	10—13
11	RAZUVAJEV	g	2470	0	½	½	½	0	0	½	1	½	½	●	½	½	1	½	½	½	½	8	10—13
12	RAŠKOVSKI	m	2500	½	½	½	½	½	0	½	½	½	1	½	●	½	0	½	½	½	½	8	10—13
13	ROMANIŠIN	g	2560	0	0	0	½	1	0	½	0	½	1	½	½	●	1	1	½	0	1	8	10—13
14	DOLMATOV	m	2495	½	½	½	0	0	½	0	½	0	1	0	1	0	●	½	1	1	½	7½	14—15
15	TALJ	g	2615	½	0	½	½	0	½	½	0	½	1	½	½	0	½	●	0	1	1	7½	14—15
16	SVEŠNIKOV	g	2545	½	0	½	0	½	1	½	0	0	0	½	½	½	0	1	●	1	½	7	16
17	ANIKAJEV	m	2455	0	½	0	1	½	0	½	0	½	0	½	½	1	0	0	0	●	½	5½	17—18
18	CEŠKOVSKI	g	2560	0	1	0	½	0	0	0	½	½	½	½	½	0	½	0	½	½	●	5½	17—18

4. Kasparow — Pribyl

Skara 1980

Grünfeldindisch

1.	d2—d4	Sg8—f6
2.	c2—c4	g7—g6
3.	Sb1—c3	d7—d5
4.	c4xd5	Sf6xd5
5.	e2—e4	Sd5xc3
6.	b2xSc3	Lf8—g7
7.	Sg1—f3	

Diese Springerentwicklung ist seit dem Beginn der 80er Jahre verbreiteter als die Fortsetzung 7. Lc4 nebst 8. Se2 (siehe Kasparow — Sax).

7. ... b7—b6

Logischer als der beabsichtigte Tausch der weißfeldrigen Läufer ist das Spiel gegen den Zentralbauern mittels 7. ... c7—c5.

8.	Lf1—b5+	c7—c6
9.	Lb5—c4	0—0
10.	0—0	Lc8—a6
11.	Lc4xa6	Sb8xa6
12.	Dd1—a4	

Von der Aufstellung 12. Lg5 nebst 13. Dd2 hielt Kasparow nachträglich mehr.

12.	...	Dd8—c8
13.	Lc1—g5	Dc8—b7
14.	Tf1—e1	e7—e6

Die „schwächenlose" Verteidigung des e-Bauern mit 14. ... Tfe8 verdient den Vorzug.

15. Ta1—b1

Stellt die positionelle Drohung c3—c4 auf, die nun nicht mit 15. ... Tad8 begegnet werden kann.

15. ... c6—c5
16. d4—d5!

Kasparow opfert einen Bauern. Der entstehende Freibauer auf der d-Linie drängt Schwarz in eine schwer zu führende Verteidigung. Nach einem Vorbereitungszug wie 16. Ted1 kontert Schwarz mit 16. ... h6 17. Lf4 f5.

16. ... Lg7xc3
17. Te1—d1 e6xd5
18. e4xd5 Lc3—g7

Gerne würde Pribyl die schlechte Position seines Randspringers korrigieren, doch 18. ... Sb4? 19. a3 Sd5: 20. Dc4 führt zum Figurenverlust und auch nach 18. ... Sb8 19. Dc4 nebst 20. Dc5: steht der weiße Vorteil fest. Der Versuch 18. ... Sc7 wird mit 19. Le7 Te8 20. Dd7! begegnet, wonach Damentausch den lästigen Druck keineswegs abschüttelt: 20. ... Dc8 21. Dc8: Tac8: 22. d6 Ta8 und jetzt bringt 23. Lh4? se6 24. d7 Ted8! 25. Ld8: Td8: nichts ein, Schwarz versperrt mit einer Leichtfigur die d-Linie und erobert den Freibauern. Richtig ist die Abwicklung 23. dc7: Te7: 24. Td8+ Tee8 25. Tbd1 Lf6 26. Ta8: Ta8: 27. Se5! Tc8 28. Td7 und die Drohung Sf7:—Sd6 oder Sc4—Sd6 entscheidet das Spiel.

19. d5—d6 f7—f6
20. d6—d7!!?

Zwei Ausrufezeichen für das bemerkenswerte Konzept Kasparows, ohne Zeitverlust (20. Lf4 Tae8!) und unter materielle Einbußen auf den Freibauern zu setzen, der das gegnerische Lager in zwei Teile trennt. Ein Fragezeichen, weil die Lage nach diesem Kraftzug gar nicht so klar ist, wie Kasparow bei seiner etwas einseitigen Analyse sie sehen möchte. Zunächst stellt sich die Frage, welche Fortschritte Weiß nach der Ablehnung des Opferangebotes mit 20. ... Tad8 erzielt. Kasparow gibt die Variante 21. Dc4+ Kh8 22. Se5 fe5:? 23. Ld8: Td8: 24. De6 an, Weiß gewinnt im Frontalangriff 24. ... Db8 25. Tb3 c4 26. Th3 Sc5 27. Dg6: h6 28. Tg3. Unberücksichtigt läßt er das nahliegende Schlagen des Läufers mit 22. ... fg5:. Nach 23. Sf7+ Tf7: 24. Df7: Dc6 braucht Schwarz den

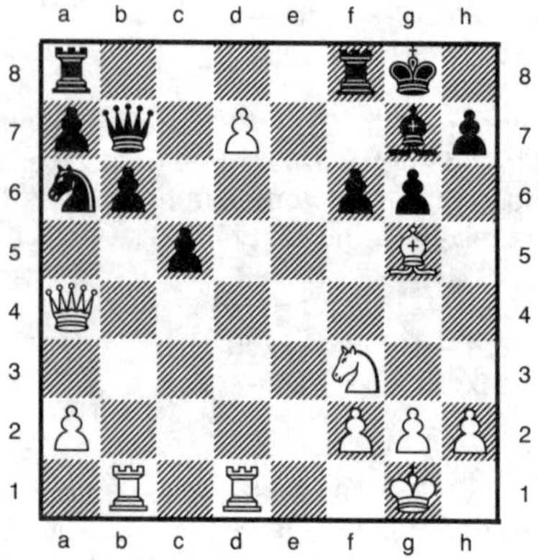

Übergang ins Endspiel mit 25. Te1 Dd7: 26. Dd7: (26. Te7? Dd1+) Td7: 27. Te8+ Lf8 28. Tf8: Kg7 keinesfalls zu befürchten. Verschafft sich Weiß mit 25. h4? ein Luftloch, so reagiert Schwarz mit 25. ... Df6! und es ist nicht zu erkennen, welche Kompensation Weiß für das geopferte Material enthält.

20. ... f6xg5?!
21. Da4—c4+ Kg8—h8
22. Sf3xg5 Lg7—f6!

Natürlich nicht 22. ... Ld4? 23. Td4: cd4: 24. Dd4:+ Kg8 25. Se6 und gewinnt.

23. Sg5—e6

Der Tf8 kann wegen Df4 nicht weichen. Versucht Schwarz mit 23. ... Sb4? 24. Df4 Sc6 den Springer zu aktivieren, so erwartet ihn die kombinatorische Wendung 26. d8D! Sd8: 27. Td8:!.

23. ... Sa6—c7
24. Se6xf8 Ta8xf8
25. Td1—d6

Zu dünn erschien Kasparow der Endspielvorteil nach 25. Dc5: Dg2: +. Wie soll Schwarz nun die Drohung Tf6: parieren? nach 25. ... Ld8 26. h4 ist seine Dame weitgehend vom Spielverlauf ausgeschlossen.

a) 26. ... Da6 27. Dc3+ Kg8 28. Dc2 Tf6 (28. ... Lh4? 29. Tg6: +! hg6: 30. Dg6: Kh8 31. Dg5+) 29. Tf6: Lf6: 30. Td1 Ld8 31. De4 Kf7 32. Td3! und Weiß setzt sich durch.

b) 26. ... b5 27. Dc3+ Kg8 28. Te1! und Schwarz verfügt über wenig brauchbare Züge, so kann er sich nicht auf 28. ... Lh4: 29. Dd3!! einlassen.

Deckt Schwarz mit 25. ... Db8 das Umwandlungsfeld des Bauern, so manövriert ihn Weiß mit 26. Tbd1 Dd8 27. Tc6! in eine Art Zuzwangstellung hinein. Kasparow läßt die Züge 27. ... Lg7 28. h4 Ld4? 29. Td4: cd4: 30. Dd4: + Kg8 31. Dc4+ mit Gewinn folgen. Besser sind unverfängliche Läuferzüge oder Dd8—b8—d8, doch Weiß wird seine Stellung mit a2—a4—a5 verstärken können.

25. ... Lf6—e7
26. d7—d8D!!

Eine weitere Überraschung! Auf die Abwicklung 26. ... Td8:? 27. Td8: + Ld8: 28. Df7 Dd5 29. Dd5: Sd5: 30. Td1! kann Schwarz sich nicht einlassen.

26. ... Le7xd8
27. Dc4—c3+ Kh8—g8
28. Td6—d7 Ld8—f6
29. Dc3—c4+ Kg8—h8
30. Dc4—f4

Diese Fesselstellung hatte Kasparow vor Augen. Schwarz kann mit 30. ... Lg7 31. Dc7: De4! den Kampf fortsetzen. Schwächer ist der Damentausch 31. ... Dc7: 32. Tc7: Ld4 33. Tf1 a5 34. a4 oder 33. ... a6? 34. Tc6 Tf6 35. Tf6: Lf6: 36. Te1! mit gewonnenem Endspiel für Weiß. Nach 31. ... De4 32. Tf1 Ld4 33. Th7: + Kg8 34. Te7! sollte sich Weiß auf die Dauer durchsetzen. Doch eine Kurzschlußreaktion Pribyls beendete die Partie.

30. ...	**Db7—a6?**
31. Df4—h6	

Schwarz gab auf!

5. Kasparow — Wukić

(Skara 1980)

Caro — Kann

1. e2—e4	**c7—c6**
2. d2—d4	**d7—d5**
3. Sb1—d2	**d5xe4**
4. Sd2xe4	**Lc8—f5**
5. Se4—g3	**Lf5—g6**
6. Sg1—f3	**Sb8—d7**
7. h2—h4	**h7—h6**
8. h4—h5	**Lg6—h7**
9. Lf1—d3	**Lh7xd3**
10. Dd1xd3	**Dd8—c7**
11. Lc1—d2	**e7—e6**
12. 0—0—0	**Sg8—f6**
13. Sg3—e4	

In der Grundstellung der Caro-Kann-Verteidigung ist dieser Zug in Mode gekommen. Die Alternativen bestehen in 13. De2 0—0—0 14. Se5 und 13. c4 0—0—0 14. Lc3

13. ...	**0—0—0**
14. g2—g3	**Sf6e4**

Weltmeister Karpow führte im Turnier zu Lineares 1981 gegen Ljubojevic 14. ... Sc5 in die Praxis ein.

15. Dd3xe4	**Lf8—e7**
16. Kc1—b1	**Th8—e8**
17. De4—e2	**Le7—d6**
18. Th1—e1	**Te8—e7**

Nach 18. ... e5 19. Lc3! e4 20. Sh4 wird der schwarze Königsflügel angreifbar. Die Fortsetzung 18. ... Sf6 19. Se5 c5 20. Lc1! gibt nach Geller dem Weißen ebenfalls besseres Spiel.

19. c2—c4 c7—c5
20. Ld2—c3 Sd7—f6
21. Sf3—e5 c5xd4
22. Td1xd4

Kasparow hält diesen Zug für ungenau und empfiehlt stattdessen 22. Ld4: mit möglichen Folge 22. ... Le5: 23. Le5: Td1: + 24. Td1: Dc6 25. g4 Td7 26. Te1! Schwarz kann sich gegen die Aufrollung mit f4 und g5 nicht verteidigen, zumal auch ein Endspiel nach 26. ... Dg2 27. f3 keine Entlastung beschert.

22. ... Ld5xe5
23. Td4xd8 + Dc7xd8
24. Lc3xe5 Te7—d7?

Mit 24. ... Da5 konnte Wukić ein befriedigendes Spiel erlangen, da 25. g4? Sg4: scheitert. Nach dem schablonenhaften Textzug macht sich rasch die unterschiedliche Aktivität der Leichtfiguren zugunsten von Weiß bemerkbar.

25. Le3—c3 Dd8—b6
26. g3—g4 Db6—d6
27. f2—f3 a7—a6
28. a2—a4 Dd6—d3 +

Nach 28. ... Dc6 29. b3! nebst Kb2 und a5 stellt sich Weiß am Damenflügel optimal auf, bevor er mit der Aktion f4 und g5 beginnt. Der Damentausch verändert nicht die ungünstige Situation des Schwarzen, da seine Bauern unbeweglich bleiben.

29. Kb1—c1 Kc8—c7

29. ... Se8 30. a5 De2: 31. Te2: Td3 32. Tf2 f6 33. Kc2 Td6 34. f4 droht schon unangenehm Tg2 nebst g5, wonach eventuell Opferwendungen von der Form Lg7:, Sg7:, gh6: ermöglicht werden, falls der Tausch fg5:, fg5: erfolgt.

30. De2xd3 Td8xd3

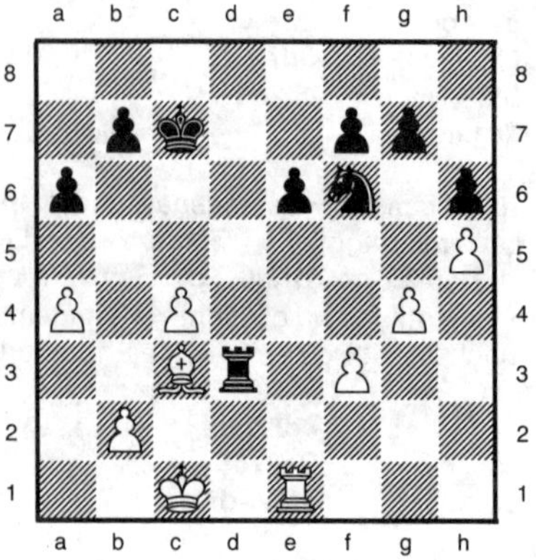

31. Te1—f1 Kc7—c6
32. Kc1—c2 Td3—d7
33. a4—a5!

Eine wichtige Feinheit, denn nach 33. b4? Se8 34. Te1 b5 35. cb5: + ab5: 35. a5 Td5 kann sich Schwarz hartnäckig verteidigen. Auch 34. a5 f6 35. f4 Kd6 scheint noch spielbar für Schwarz zu sein.

33. ... Sf6—e8
34. Tf1—e1!

Durch das Verhindern von 34. ... f6 erzwingt Weiß eine ungünstige schwarze Figurenaufstellung.

34. ... Td7—d6
35. f2—f4 Sg8—f6?

In schlechten Stellungen schleichen sich die „Böcke" oft automatisch ein. Gegen 36. g5 war jedoch ohnehin kein Kraut gewachsen, so folgt auf 35. ... Kd7 36. g5 f6 37. Tg1.

36. Lc3xf6 g7xf6

37. Te1—d1!

Schwarz gab auf! Das Bauernendspiel 37. ... Td1: 38. Td1: Kd6 39. g5 fg5: 40. fg5 Ke7 41. gh5: Kf8 42. b4 gewinnt wohl jeder „Nicht-Großmeister".
Ausgerechnet in seiner Heimatstadt Baku bot sich im April des Jahres 1980 für Garri Kasparow die Gelegenheit, die zweite erforderliche Norm für den Titel des Internationalen Großmeisters zu erfüllen. Er nahm wie die Turniertabelle zeigt seine Chance ausgezeichnet war.
Ohne Niederlage und mit einem halben Punkt Vorsprung vor Alexander Beljawski gewann er das Turnier. Die Großmeisternorm wurde mit 1,5 Punkten übererfüllt. Gleich in der ersten Runde bestätigte Garri mit einem leicht herausgespielten Sieg gegen den Ungarn Csom seine gute Form. Eine der Hauptrivalen im Verlauf des Turniers war die Damenweltmeisterin Maya Tschiburdanize. Die Gewinnpartie Kasparow in der 11. Runde zeigt eine charakteristische Stärke in seinem Spiel. Die Anwendung von weitsichtigen Materialopfern beim Übergang von der Eröffnung zum Mittelspiel.

6. Kasparow — Csom

Baku 1980

Nimzowitsch-Indisch

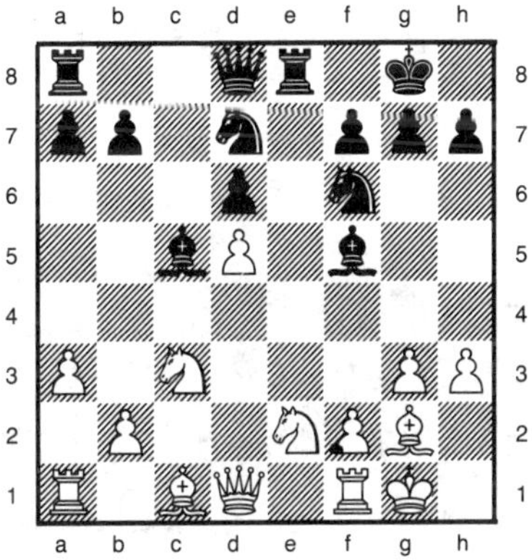

BAKU, IV 1980 cat. X (2487) g = 10, m = 7, f = 5

				1	2	3	4	5	6	7	8	9	10	11	12	13	14	15	16		
1	KASPAROV	m	2595	●	½	1	½	½	1	1	1	½	½	½	1	1	½	1	1	11½	1
2	BELJAVSKIJ	g	2590	½	●	1	½	½	½	½	½	1	1	1	½	½	1	1	1	11	2
3	GRIGORJAN		2475	0	0	●	½	½	1	½	½	½	1	½	½	½	½	1	1	8½	3—5
4	GUFEL'D	g	2510	½	½	½	●	½	1	½	½	½	½	½	½	½	1	½	½	8½	3—5
5	A. MIHAL'ČIŠIN	g	2490	½	½	½	½	●	½	½	½	1	½	½	½	½	0	1	1	8½	3—5
6	TORRE	g	2520	0	½	0	0	½	●	1	1	0	½	½	1	1	1	0	1	8	6—8
7	ČIBURDANIDZE	m	2400	0	½	½	½	½	0	●	0	1	½	½	1	½	½	1	1	8	6—8
8	CSOM	g	2510	0	½	½	½	½	0	1	●	½	1	½	½	1	½	½	½	8	6—8
9	LECHTYNSKY	m	2450	½	0	½	½	0	1	0	½	●	½	½	½	½	½	1	1	7½	9—10
10	MAGERRAMOV		2435	½	0	0	½	½	½	½	0	½	●	½	½	1	½	1	1	7½	9—10
11	P''DEVSKI	g	2415	½	0	½	½	½	½	½	½	½	½	●	0	½	1	½	½	7	11
12	ANTOŠIN	g	2480	0	½	½	½	½	0	0	½	½	½	1	●	½	½	1	0	6½	12
13	ZAJCEV	g	2490	0	½	½	½	½	0	½	0	½	0	½	½	●	½	1	½	6	13—14
14	VOGT	g	2510	½	0	½	0	1	0	½	½	½	½	0	½	½	●	½	½	6	13—14
15	MARTINOVIĆ	g	2475	0	0	0	½	0	1	0	½	0	0	½	0	0	½	●	1	4	15
16	S. GARCIA	g	2450	0	0	0	½	0	0	0	½	0	0	½	1	½	½	0	●	3½	16

Schwarz hat mit seinem letzten Zug 13. ... Sbd7?! die Entwicklung seiner Leichtfiguren abgeschlossen, statt mit 13. ... Se4! den Raumvorteil des Weißen durch Springerabtausch entgegenzutreten.
Diese Stellung ergab sich aus einer Variante der Nimzowitsch-Indischen Verteidigung: 1. d4 Sf6 2. c4 e6 3. Sc3 Lb4 4. e3 c5 5. Sge2!? cd4: 6. ed4: 0—0 7. a3 Le7 8. d5 ed5: 9. cd5: Te8 10. g3 Lc5 11. Lg2 d6 12. h3! Lf5 13. 0—0 Sbd7?!.
Kasparow spielt mit seinem nächsten Zuge den Vorteil der beweglicheren Bauern im Königsflügel aus.

14. g3—g4 Lf5—e4

Der Tausch der Läufer erleichtert das Spiel keineswegs, da den schwarzen Springern keine weitreichenden Perspektiven winken, während Weiß mit seinen Springern einen Bauernsturm am Königsflügel nachhaltig unterstützen kann. Doch auch 14. ... Lg6 15. Sg3 Se5 16. g5! Sfd7 17. Sce4 macht sich der weiße Raumvorteil unangenehm bemerkbar.

15. Se2—g3 Le4xg2
16. Kg1xg2 Sd7—f8
17. g4—g5 Sf6—d7
18. h3—h4 Sd7—e5

Csom möchte die Expansionslust der weißen Bauern durch einen Angriff ihrer Spitze eindämmen, unterschätzt dabei die Wirkung der weißen Operationsbasis e4. Aber auch das Manöver 18. ... Tc8 19. h5 Lb6 mit der Idee 20. ... Se5 ist wegen 20. h6 zu langatmig.

19. h4—h5 f7—f6
20. Sc3—e4!

Die Drohung mit 21. h6 den schwarzen Rochadeschutz wegzusprengen, kann nicht zufriedenstellend pariert werden. Kasparow führt einen lehrbuchmäßigen Angriff durch.

20. ... f6xg5
21. Lc1xg5 Dd8—b6
22. h5—h6 Se5—f7

23. h6xg7 Sf8—d7
24. Se4—f6+ Sd7xf6
25. Lg5xf6

Gewinnt obendrein noch Zeit, das Mattnetz rasch zu knüpfen.

25. ... Db6—b5
26. Tf1—h1 Lc5—b6
27. Dd1—f3! Sf7—e5
28. Sg3—f5! Se5—f7
29. Th1xh7

Und Csom hatte vom Spiel genug — er gab auf.

7. Kasparow — Tschiburdanidze

Baku 1980
Königsindisch

1. d2—d4 Sg8—f6
2. c2—c4 g7—g6
3. Sb1—c3 Lf8—g7
4. e2—e4 d7—d6
5. Sg1—f3 0—0
6. Lf1—e2 e7—e5
7. Lc1—e3

Vermeidet die bis weit ins Mittelspiel ausanalysierte Hauptvariante des klassischen Systems gegen den Königsinder nach 7. 0—0 Sc6 8. d5 Se7 9. Se1 Sd7 10. Ld2 f5.

7. ... Dd8—e7!

Stärker als die Aufstellung 7. ... Sbd7 8. 0—0 a5 9. de5:! de5: 10. Dc2 Sg4 11. Ld2 c6 12. Sa4 und Weiß erhielt in der Partie Uhlmann — Knaak, 1980, das überlegene Spiel am Damenflügel.

8. ... Sf6—g4

8. de5: stellt Schwarz keine Probleme. Nach 8. ... de5: 9. Sd5 Sd5: 10. cd5: c6 glich Schwarz in einer Partie Bukic — Iwanowic, 1978, mühelos aus.

8.	**...**	**Sf6—g4**
9.	**Le3—g5**	**f7—f6**
10.	**Ld5—h4**	**h7—h5**

Die von der Damenweltmeisterin gewählte aggressive Bauernstruktur am Königsflügel verspricht einen komplizierten Kampfverlauf.

11.	**h2—h3**	**Sg4—h6**
12.	**Sf3—d2**	**c7—c5**

Durch die Abriegelung des Zentrums schafft Schwarz die Voraussetzung, um mittels einer möglichen Aufstellung Sb8—a6—c7 und Ld7 ein Gegenspiel am Damenflügel einzuleiten, während Weiß sein Heil im Königsangriff suchen muß. Allerdings sind wegen der ungünstigen Position des Lh4 und der schwarzen Auffangstellung aussichtsreiche Perspektiven nur schwer zu entdecken. So käme auf 13. g4 hg4: 14. hg4: (14. Lg4: Lg4: 15. hg4 Sf7) Sf7 nebst 15. ... Lh6 und Schwarz hat gute Chancen, das Geschehen zu bestimmen.

13. Sd2—f1 Sh6—f7?

Schwarz weicht von der konsequenten Linie ab. Der unnötige Abzug des für die Verteidigung wichtigen Sh6 gibt Weiß plötzlich alle Trümpfe in die Hand. Wie in der vorherigen Anmerkung ausgeführt, mußte Schwarz erst den Vorstoß des weißen g-Bauern abwarten, und inzwischen mit dem vorgegebenen Spiel am Damenflügel fortsetzen (13. ... Sa6!).

14. g2—g4! h5xg4?

Dieser zweiter Fehler bringt die Nachziehende in ernste Schwierigkeiten. Unbedingt erforderlich war die Blockade des Königsflügels mit 14. ... g5 15. Lg3 h4. Weiß hätte daraufhin umgruppiert (Lg1, f3, Se3, Lf1) und am Damenflügel angegriffen (Th2, a3, b4). Wahrscheinlich berücksichtigte Schwarz nur das „automatische" Wiedernehmen 15. hg4:?

15. Le2xg4!

Weiß bläst nun auf der halboffenen g-Linie zur Attacke, außerdem wird der schwer einsetzbare weißfeldrige Läufer getauscht.

15. ... g6—g5?!

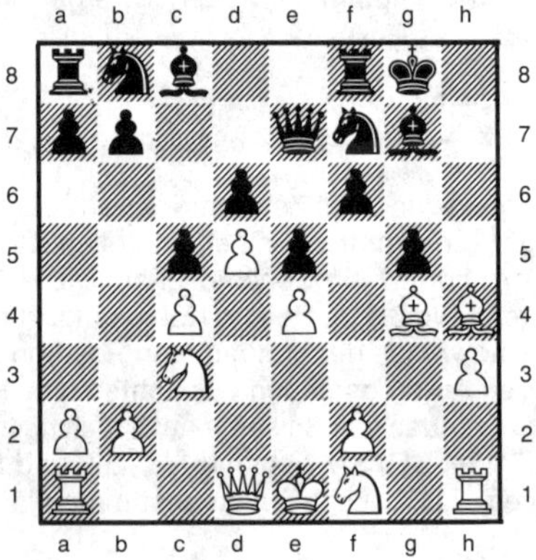

Übersieht eine nicht naheliegende taktische Wendung. Doch auch nach 15. ... Sa6 oder 15. ... Lg4: verstärkt nach Kasparow ein Figurenopfer das weiße Angriffsspiel auf der g-Linie. Z. B.:
a) 15. ... Sa6 16. Tg1 Lg4: 17. Tg4: g5 18. Se3! Sh6 19. Sf5 Sf5: 20. ef5: gh4: 21. Th4: und der schwarze König kann sich aus der Umklammerung nicht lösen: 21. ... Tf7 22. Dh5 Kf8 23. Tg4! De8 24. Dh7 und der Ta1 eilt herbei.
b) 15. ... Lg4: 16. Dg4: g5 17. Se3! Sh6 18. Sf5! Sf5: (18. ... Sg4: 19. Se7: + Kf7 20. hg4: Ke7: 21. Lg3 und nach der Linienöffnung am Damenflügel mittels Tb1 und a3—b4 hat Weiß das überlegene Endspiel) 19. ef5: gh4: 20. Tg1 und die schwarze Mehrfigur stellt kein ausreichendes Äquivalent für den weißen Angriff der Schwerfiguren auf der geöffneten Linie dar.

16. Lg4xc8	Tf8xc8
17. Sf1—e3!!	

Sofort beutet Kasparow die Schwächung des Feldes f5 aus. Nach der Annahme des Springeropfers setzt bald eine furchtbare Massage auf der g-Linie ein. Dagegen wäre nach 17. Lg3 f5! 18. ef5: e4 die Stellung für die Damenweltmeisterin durchaus spielbar gewesen.

17. ...	g5xh4
18. Se3—f5	De7—d8?!

Etwas besser war Df8, obwohl auch dann gegen den weißen Ansturm kein Kraut gewachsen zu sein scheint.

19. Dd1—g4	Sf7—g5
20. Sf5xh4	Tc8—c7
21. Sh4—f5	a7—a6
22. h2—h4	Sg5—h7
23. Th1—g1	Dd8—f8
24. Ke1—e2	Ta8—a7
25. a2—a4	

Kasparow kann die Ruhe die beste Aufstellung für seine Steine suchen. Schwarz bleibt ohne jede Gegenchance und muß auf der Stelle treten.

25. ...	b7—b6
26. Dg4—h5	Kg8—h8
27. Tg1—g6	Tc7—d7
28. Ta1—g1	Ta7—b7
29. Dh5—g4	Tb7—c7
30. Tg1—g2	Tc7—b7
31. Ke2—f1	Tb7—a7
32. Kf1—g1	Td7—f7
33. Sc3—e2	

Der herbeieilende Springer droht den Schlußpunkt zu setzen: Se2—g3—h5.

33. ...	Df8—c8

34. f2—f4

Kasparow führt jedoch einen anderen Gewinnplan aus. Nach 34. Seg3 Sf8 35. Dh5+ Sh7 (35. ... Kg8 36. Sh6+ Kh8 37. Sf7+ Kg8 38. Tg7:+ Kg7: 39. Sf5 matt) 36. Sd6: Df8 37. Sf7:+ Df7: 38. Sf5 Lf8 39. Dg4 ist das Spiel ebenfalls beendet.

34. ...	**b6—b5**

Verzweiflung!

35. a4xb5	**a6xb5**
36. c4xb5	**Ta7—b7**
37. h4—h5!	**Sh7—f8**
38. Dg4—h3!	

Der Randbauer avanciert zur Großmacht.

38. ...	**Sf8xg6**
39. h5xg6+	**Kh8—g8**
40. g6xf7+	**Kg8—f8**

und Maya Tschiburdanidze wollte sich 41. gf7: doch nicht mehr zeigen lassen — Schwarz gab auf!
Offiziell erhielt Garri Kasparow den Großmeistertitel von der internationalen Schachförderation FIDE bei ihrem Kongreß auf Malta vom 3.—6. Dezember 1980. Mit ihm wurden 14 andere Großmeister ernannt, darunter der Amerikaner Yasser Seirawan, Jahrgang 59, sowie Lubomir Ftacnik (CSSR) und Jonathan Speelman (England). Die UDSSR stellte, wie bei diesen Ernennungen üblich, mit 6 Großmeistern das größte Kontingent.

II. Jugendweltmeister Kasparow

Die Weltschachorganisation FIDE richtet seit dem Jahre 1951 Jugendweltmeisterschaften aus. Der erste Jugendweltmeister, der Jugoslawe Borislaw Ivkow zählte in den 60er Jahren zu den führenden Großmeistern. Mit Boris Spasski und Anatoli Karpow, der 1969 den Titel errang, sind auch zwei spätere Schachweltmeister in die Siegerlisten eingetragen.
Nicht immer setzten sich die sowjetischen Teilnehmer bei den Jugendweltmeisterschaften durch. 1979 gewann der US-Amerikaner syrischer Abstammung Yasser Seirawan (siehe Partienr. 28). 1984 schaffte es der Däne Curt Hansen, die sowjetrussische Konkurrenz „abzuhängen". Daß Garri Kasparow im August 1980 die Jugendweltmeisterschaft gewinnt, war zu erwarten. Mit einer ELO-Zahl von 2595 gegenüber einer von 2360 des Zweitplazierten Nigel Short, dem es 1984 gelang den Großmeistergrad zu erwerben, war Garri Kasparow der hohe Favorit. Nach 11 Partien des 13rundigen Turnieres nach Schweizer System lag er uneinholbar an der Spitze. 8 Siege und 5 Unentschieden waren die Ausbeute in Dortmund.
Es folgten in dem 58-Teilnehmer starken Feld: Short (England) 9, Morowitsch (Chile), Negulescu (Rumänien) und Klaus Bischoff (BRD) je 8,5.
Dem deutschen Schachpublikum zeigte Garri Kasparow seine kombinatorischen Fähigkeiten. In den kritischen Stellungen waren seine Gegner den taktischen Anforderungen nicht gewachsen. Charakteristisch sein Sieg gegen das schwedische Talent Akesson und die Angriffsführung in der Partie mit dem Niederländer Kuipers.

8. Kasparow — Akesson

Dortmund 1980
Damenindisch

1.	d2—d4	Sg8—f6
2.	c2—c4	e7—e6
3.	Sg1—f3	b7—b6
4.	a2—a3	Lc8—b7

5. Sb1—c3	d7—d5
6. c4xd5	Sf6xd5

Ein statisches Gepräge erhält die Stellung nach 6. ... ed5:, womit sich beispielsweise Kortschnoi im Kandidatenwettkampf 1980 gegen Petrosjan verteidigte.

7. e2—e3	Lf8—e7

Die Vorbereitung der Rochade ist so naheliegend, daß der Läuferzug in der Turnierpraxis fast ausschließlich zur Anwendung kam. Einige Jahre verstrichen, nicht nur Kasparow verbuchte glänzende Weißsiege, bevor nach anderen Wegen gesucht wurde. Ende des Jahres 1983 überraschte Kortschnoi seinen Gegner Kasparow in ihrer ersten Matchpartie mit 7. ... g6, womit das Spiel in Bahnen der Grünfeldindischen Verteidigung gelenkt wird. Vermutlich zog Karpow im WM-Kampf 1984 den letzten Giftzahn der einstigen Lieblingsvariante Kasparows. Mit 7. ... Sbd7 8. Ld3 S5f6! wurde zunächst die Läuferentwicklung zurückgestellt, um nach 9. e4 c5! die Lage im Zentrum zu klären. Kasparow verschärfte das Spiel mit 10. d5?!, hatte jedoch in der Folge 10. ... ed5: 11. ed5: Ld6! 12. 0—0 0—0 eher Sorgen als Freude um seinen d-Bauern. Nach 13. Lg5 Dc7! 14. Lf5 a6 15. Dd2 bot er Remis an, was Karpow akzeptierte.

8. Lf1—b5+	c7—c6
9. Lb5—d3	Sb8—d7
10. e3—e4	Sd5xc3

Zu prüfen ist 10. ... S5f6, denn nach dem Tausch übt der verbliebene Springer keinen Druck auf das weiße Bauernzentrum aus. Die folgenden Züge Akessons sind kaum zu tadeln und doch baut Kasparow eine gefährliche Angriffsstellung auf.

11. b2xc3	c6—c5
12. 0—0	c5xd4
13. c3xd4	0—0
14. Dd1—e2	Ta8—c8
15. Lc1—b2	Dd8—c7
16. De2—e3	Sd7—f6

Bescheiden wirkt 16. ... Tfd8 nebst 17. ... Sf8 gemäß dem Larsen-Spruch „Mit einem Springer auf f8 wirst Du niemals Matt". Eine Garantie mag der Autor nicht übernehmen, zumal Schwarz in dieser Stellung sich lediglich passiv verhalten kann. Akessons Plan ist ehrgeiziger.

17. Sf3—e5 b6—b5
18. f2—f4 Dc7—b6
19. Kg1—h1!

Zu ungestüm wäre 19. f5 wegen 19. ... Ld6! und vom erwünschten Angriff bleibt nicht viel übrig. Auch die nächsten weißen Züge richten sich gegen entlastende schwarze Aktionen.

19. ... b5—b4
20. a3xb4 Le7xb4
21. Ta1—b1! a7—a5
22. Dd1—e2 Db6—a7
23. f4—f5 Da7—a8

Den Tauschversuch 23. ... Lc3 begegnet Weiß mit 24. fe6: fe6: 25. Lc4! Lb2: 26. Le6: + Kh8 27. Tb2: mit Gewinnstellung. Wie verdichtet Weiß seinen Stellungsvorteil zu einem durchschlagenden Rochadeangriff? Kasparow beantwortete die Frage falsch. Er versprach sich zuviel von der sofortigen Öffnung der Diagonale für seinen lauernden Lb2. Hätte er noch mit 24. fe6:! fe6: dem Schwarzen einen Rochadeschutzbauern genommen, so gewänne 25. d5! an Kraft. Kasparow selbst gibt nach der Partie die zwingende Variante 25. ... ed5: 26. Sg4 Sg4: 27. Dg4: Tf1: + 28. Tf1: Lc3 30. De6 + Kh8 31. Lc3: Tc3: 32. De7 Tc8 32. Tf7 de4: 33. Lf1! an.

24. d4—d5? e6xd5
25. Se5—g4 Sf6xg4
26. De2xg4 f7—f6

Akesson scheint nach der Fehlentscheidung Kasparows das gröbste überstanden zu haben. Nach 27. e5 Lc3 28. e6 d4 kann Weiß seine Stellung kaum verstärken. Doch Kasparow wartet mit einer Überraschung auf...

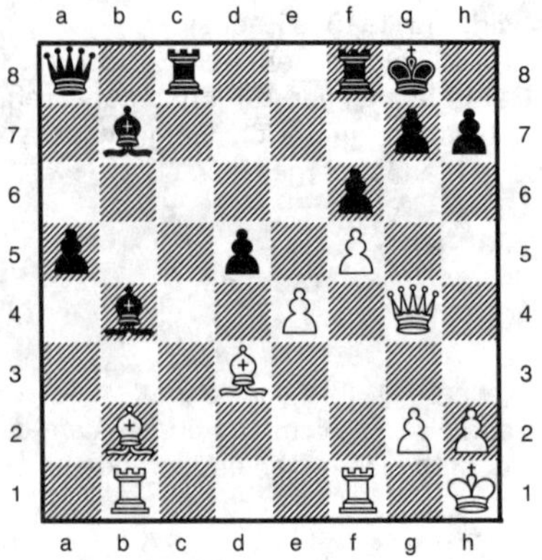

27. Lb2xf6! Tf8xf6
28. e4—e5

Kasparow führte eine Situation herbei, in der Akesson vor einer schweren Entscheidung stand. Welchen der gefährdeten Punkte in der Rochadestellung soll der Turm überdecken? Jeder Turnierspieler weiß, daß bei begrenzter Bedenkzeit in taktisch brisanten Stellungen sich ein Fehlgriff leicht ereignet.

28. ... Tf6—h6?

Nach 28. ... Tf7! 29. f6 Tcf8! 30. Tf3! befürchtete Akesson vermutlich, daß es auf h7 „knallt". Freunde für Frontalangriffe seien auf die Variante 30. ... Kh8? 31. Th3 gf6: 32. Lh7:! Th7: 33. Th7:+ Kh7: 34. Tb3! verwiesen, 34. ... Ld2 rettet dann auch nicht mehr: 35. Th3+ Lh6 36. Df5+ Kg7 37. Tg3+ Lg5 38. ef6:+ Tf6: 39. Dg5:+ Ke6 40. Dg7+ und Weiß gewinnt. Statt 30. ... Kh8 kann sich Schwarz mit 30. ... Lc8! erfolgreich zur Wehr setzen. Nach 31. Dg5 aktiviert er seine Dame 31. ... Da7!. Weiß hat dann nichts Besseres als mit 32. Tbf1! Dd4! (Schwächer ist 32. ... g6 33. Tg3! Td8 34. Dh4 nebst Einschlag auf g6) 33. fg7: Tg7: 34. Tf8:+ Lf8: 35. Tf8:+! das Remis anzustreben: 35. ... Kf8: 36. Dd8+ Kf7 37. Df6+ Ke8 38. Lb5+ Ld7 39. Ld7:+ Td7: 40. Dh8+ Ke7! 41. Df6+ Ke8 42. Dh8+.

29. f5—f6 Tc8—c7
30. e5—e6! Da8—d8

Das weiße Bauernduo wirkt unwiderstehlich, so daß sich Akesson bereits genötigt sieht, Materialverluste in Kauf zu nehmen. 30. ... Kh8 kommt wegen 31. Dg3! zu spät: 31. ... Dc8 32. Tbc1! Ld6! 33. fg7: + Kg8 34. Tc7: und nun betrachtet Kasparow lediglich 34. ... Dc7: 35. Tf8 + ! und Weiß gewinnt. Was folgt auf 34. ... Lg3:? Hand aufs Herz — haben sie 35. Lh7: + !! erblickt? Gleich wie Schwarz den Läufer schlägt, immer erfolgt 36. Tf8 mit Matt oder entscheidendem Materialvorteil.
Eine reizende kombinatorische Wendung nach 30. ... Db8 31. h3! Lc8 32. Tb4:!! verdeutlicht die von den Bauern ausgehende Gefahr. Sowohl nach 32. ... Db4: 33. e7!! als auch nach 32. ... ab4: 33. f7 + Kf8 34. Dg7: + ! wandelt sich ein Bauer gewinnbringend zur Dame um. Geradezu prosaisch wirkt die Gewinnführung nach 30. ... Df8 31. f7 + Kh8 32. Tb4: ab4: (32. ... Le6 33. Tb8!) 33. Db4:!.

31. e6—e7 Tc7xe7
32. f6xe7 Dd7xe7
33. Tb1—c1 De7—d8?

Danach setzt sich der weiße Angriff über die geschwächte 7. Reihe durch. Ob sich Schwarz im Endspiel nach 33. ... De6! halten kann ist sehr zweifelhaft. 34. De6: + ! Te6: 35. Tc7 Te7 36. Te7: Le7: 37. Lh7: + ! Kh7: 38. Tf7 Lb4 39. Tb7: d4 39. Td7 Lc3 41. Kg1. Der Läufer ist unbeweglich, Weiß bildet langfristig einen Freibauern, die schwarzen hält er im Zaume.

34. Dg4—f5 Dd8—b8?

Verliert rasch, auf 34. ... Ld6 35. Df7 + Kh8 36. h3 droht Weiß mit 37. Tc7! die Grundlinienschwäche auszubeuten.

35. Df5—f7 + Kg8—h8
36. Tc1—c7

Schwarz gab auf!

9. Kasparow — F. Kuipers

Dortmund 1980

Benoni

1.	d2—d4	Sg8—f6
2.	c2—c4	e7—e6
3.	Sb1—c3	c7—c5
4.	d4—d5	e6xd5
5.	c4xd5	d7—d6
6.	e2—e4	g7—g6
7.	f2—f4	Lf8—g7
8.	Lf1—b5+	

Die Grundstellung eines der schärfsten Abspiele gegen das beliebte schwarze Verteidigungssystem. Weiß setzt nach 8. ... Ld7? 9. e5 durch und auch nach 8. ... Sbd7 folgt dieser Vorstoß, wonach es Schwarz nicht leicht fällt, ausreichendes Gegenspiel für den Materialverlust nachzuweisen. Nach 9. e5 de5: 10. fe5: Sh5 11. e6 fe6: 12. de6: 0—0! 13. Sf3! kann Schwarz mit dem Qualitätsopfer dem unrochierten weißen König nicht zu Leibe rücken: 13. ... Tf3: 14. Df3: (14. ... Lc3: + 15. Dc3: Dh4 + 16. Kf1 Sdf6 17. Dc4 mit Gewinnstellung) 14. ... Se5 15. Dd5 Dh4 + 16. g3 De7 17. Lg5 De6: 18. Dd8 + Lf8 19. 0—0 Sf7 20. Tf7: und gewinnt. Ein neuer Versuch, die Variante zu retten, wurde bei der britischen Meisterschaft 1983 in der Partie Mestel — Hodgson erprobt. Schwarz stellte mit 13. ... Ld4!? den Weißen vor das Problem, das Geflecht der möglichen Varianten zu entwirren. Mestel entschied sich für 14. Db3 (Unklar im Resultat sind die Folgen von 14. ed7: Ld7 15. Lg5 Db6!, 14. Sd4: Se5! 15. Db3 Kg7, 14. Lc4 oder gar 14. Le3 Le3: 15. ed7: — eine Tummelwiese für den Analytiker). Es folgte: 14. ... De7 15. Le3 Se5 16. Se5: Le3: 17. Sd5 Dh4 + 18. g3 Lf2 + 19. Ke2 De4 + 20. Se3 De5: 21. e7 + Le6 22. ef8:D + Tf8: 23. De6: + ! und Weiß erreichte ein vorteilhaftes Endspiel.

8.	...	Sf6—d7
9.	a2—a4	

Eine Präventivmaßnahme gegen den schwarzen Bauernaufmarsch am Damenflügel, der nach 9. Sf3? a6 10. Le2 b5 11. a4 b4 12. Sb1 0—0 13. 0—0 Sf6 dem Weißen Schwierigkeiten bereitet. 8. a4 als auch die ältere Fortsetzung 8. Ld3 läßt das Damenschach auf h4 zu. Es ist eine strittige Frage, ob Schwarz es sich erlauben kann, den Tempoverlust für eine gewisse Schwächung der gegnerischen weißen Felder in Kauf zu nehmen.

9. ... 0—0
10. Sg1—f3 a7—a6?!

Nimmt dem Damenspringer die Möglichkeit zu Sa6 und Sc7, ein typisches Manöver im modernen Benoni, was ein Gegenspiel am Damenflügel vorbereitet und indirekt den latenten Vorstoß e4—e5 durch die Bedrohung des Bd5 entgegentritt.

11. Lb5—e2! Sd7—f6

Danach gewinnt eine weiße Zentrumsaktion an Kraft, 11. ... Te8 nebst Sf8 war vorsichtiger.

12. 0—0 Dd8—c7

Keine Entlastung bringt 12. ... Lg4 wegen 13. e5 Sh5 14. Sg5 — die Pointe des Läuferrückzuges.

13. e4—e5 Sf6—e8
14. e5—e6

Ein Lehrbeispiel für einen Bauerndurchbruch im Zentrum! Die ungenaue Partieanlage des Benoni-Spielers widerlegt Kasparow mit einem schwungvoll durchgeführten Angriff, wobei sich das Spiel vom neuralgischen Punkt e6 zur gegnerischen Rochadestellung verlagert.

14. ... f7xe6
15. Le2—c4! Dc7—e7

Die Dame muß die Blockaderolle übernehmen, da auch 15. ... Kh8 16. fe6: Sf6 wenig geeignet erscheint, den Angriff aufzufangen.

16. d5xe6 Se8—c7

17. f4—f5!!

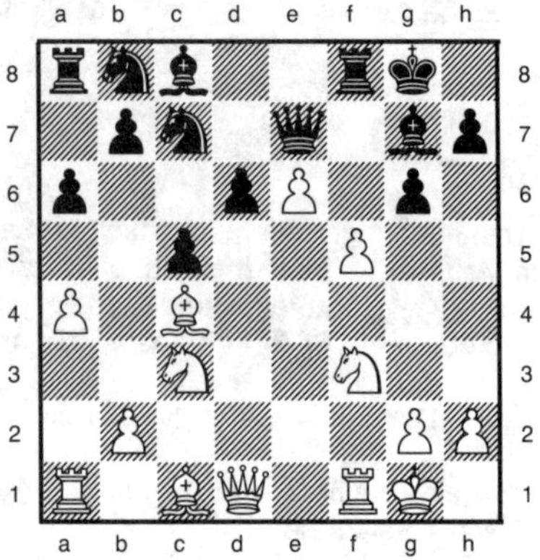

Auch der Damenläufer wird aktiviert, Kasparow arbeitet mit der Abzugsdrohung e6—e7 + . Nimmt Schwarz das Bauernopfer an, so setzt sich der weiße Angriff ebenfalls durch.

a) 17. . . . Tf5: 18. Lg5! Lf6 19. g4! Tg5: 20. Sg5: Lg5: 21. Tf7 Dd8 22. Tc7: mit Gewinn.

b) 17. . . . gf5: 18. Lg5 Lf6 19. Sd5! Sd5: 20. Dd5: Sc6 21. Tae1 und die schwarze Stellung wird erstürmt, so nach 21. . . . Lg5: 22. Sg5: Se5 23. Te5:! de5: 24. De5:.

17. . . .	**Sb8—c6**
18. Lc1—g5	**Lg7—f6**
19. Sc3—e4!	**Lf6xg5**
20. Sf3xg5	

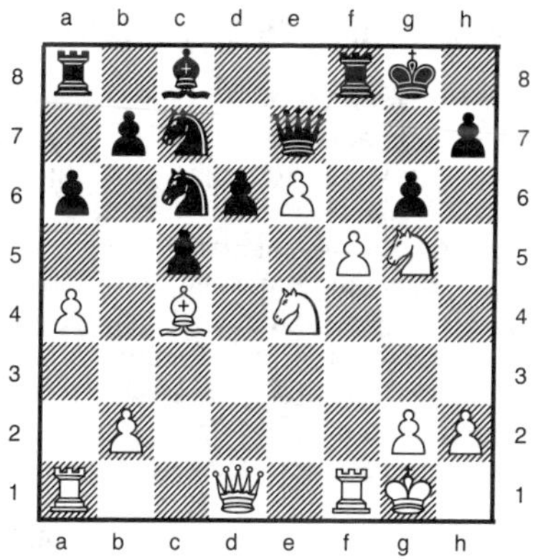

20. ... g6xf5
21. Se4xd6 Sc6—d4

Keine Rettung bot 21. ... Se5 22. Dh5! Sc4: 23. Sdf7 nebst matt.

22. Dd1—h5 Lc8xe6

Endlich fällt der Bauer, doch der lehrbuchmäßigen kombinatorischen Abwicklung kann Schwarz nicht entgehen.

23. Ta1—e1 Tf8—f6
24. Sd6xf5! Sd4xf5
25. Sg5xe6 Sc7xe6
26. Te1xe6 Tf6xe6
27. Dh5xf5 Ta8—e8
28. Tf1—e1

Der Schlußzug der Fesselungskombination, Schwarz gab auf!

Schacholympiade Malta 1980

Bereits seit 1927 werden die Mannschaftsweltmeisterschaften, die Schacholympiaden, ausgetragen. Nach dem Weltkrieg wurde die Tradition in Dubrownik im Jahre 1950 wiederaufgenommen. Damals siegte das Gastgeberland Jugoslawien. An den folgenden Olympiaden, die alle zwei Jahre ausgerichtet wurden, gewann immer die Vertretung der UDSSR. Erst in Buenos Aires 1978 gelang es dem ungarischem Team, ihre Serie zu unterbrechen. In der Endabrechnung lagen sie mit einem Brettpunkt Vorsprung an erster Stelle.
Auch auf Malta zeigten sich die Ungarn als ebenbürtig. Ihre Vierer-Mannschaft errang die gleiche Punktzahl wie das sowjetrussische Team. Nach 14 Runden lautete der Endstand: UDSSR, Ungarn 39, Jugoslawien 35, USA 34, Tschechoslowakei 33.
Eine Sonderwertung, die zu Gunsten der UDSSR ausfiel, entschied über den Olympiasieg.
Garri Kasparow, neben Karpow, Polugajewski, Tal, Geller und Balaschow als zweiter Ersatzmann der Vierer-Mannschaft aufgestellt, brauchte nur in zwei Runden zu pausieren. 8 Siege, 3 Remis-und nur eine Verlustpartie stempelten ihn mit Anatoli Karpow, der 6 Partien gewann und die gleiche Anzahl remisierte, zum Punktesammler der sowjetrussischen Equipe.

10. Kasparow — Marjanowitsch

Malta 1980
Damenindisch

1.	**d2—d4**	**Sg8—f6**
2.	**c2—c4**	**e7—e6**
3.	**Sg1—f3**	**b7—b6**
4.	**g2—g3**	**Lc8—b7**

In Mode gekommen ist 4. ... La6, womit Schwarz die Komplikationen in der hier vorgestellten Bauernopfervariante gegen die Damenindische Verteidigung vermeidet. Wir greifen die Ereignisse voraus — Karpow wandte in einigen Partien des WM-Matches mit Kasparow diesen Zug an.

5. Lf1—g2 Lf8—e7
6. 0—0

Mit dem soliden Aufbau 6. Sc3 Se4 7. Ld2 besiegte Kasparow zwei Runden später den Holländer Ligterink. Diese Kurzpartie möchten wir dem Leser nicht vorenthalten: 7. ... Lf6 8. 0—0 0—0 9. Tc1 c5 10. d5 ed5: 11. cd5: Sd2: 12. Sd2: d6 13. Sde4! Te8? 14. Dd2 a6? 15. b4! Le7 16. bc5: bc5: 17. Df4 Dc7 18. Sa4 Da5 19. Tb1! Ld5: (19. ... Ta7 20. Sd6: Ld6: 21. Dd6: Da4: 22. Dc5: und gewinnt) 20. Sb6 Le4: 21. Le4: Ta7 22. Sc8!! Sc6 (Zum Verlust führt ebenfalls 22. ... Tc7 23. Tb8: Lf8 24. Sd6:! Tb8: 25. Sc4!) 23. Sa7: Sa7: 24. Ld5 — Schwarz gab auf!

6. ... 0—0
7. d4—d5!? e6xd5
8. Sf3—h4

Mit diesem Zug überraschte Polugajewski seinen Gegner Kortschnoi im Halbfinale des Kandidatenturnieres, das im Spätsommer 1980 ausgetragen wurde. Bekannt war bis dahin 8. Sd4, was Polugajewski ebenfalls anwandte. Der Sowjetrusse gewann mit Sh4 die letzte Partie des Wettkampfes, womit er den Punktestand ausgleichen konnte, unterlag jedoch in der zweiten Verlängerung. Seine Neuerung fand in den folgenden Jahren viele Anhänger.

8. ... c7—c6

So gut wie erzwungen, da nach 8. ... Se4? 9. cd5: Lh4: 10. Le4: Lf6 11. Dc2 h6 12. d6! Le4: 13. De4: Sc6 14. dc7: Dc7: 15. Lf4 der weiße Positionsvorteil offensichtlich ist.

9. c4xd5 Sf6xd5

Mit 9. ... cd5: gibt Schwarz in der Folge den Bauern wieder zurück: 10. Sc3 Sa6 11. Sf5 Sc7 12. Lf4 Lc5 13. Tc1 Lc6! 14. Sa4 g6 15. Sc5: bc5: 16. Lc7: Dc7: 17. Se7+ Kg7 18. Sd5: Ld5:, Beljawski — Spasski 1980, Timman — Gligoric 1982. Diese Verteidigungsmethode führt zu einer ruhigeren Stellung, büßte jedoch in der letzten Zeit an Popularität ein. Möglicherweise kann Weiß in der angegebenen Zugfolge die rückständigen d-Bauern und den schwarzen Entwicklungsnachteil anderweitig ausnutzen.

10. Sh4—f5 Sd5—c7

In der ersten Auseinandersetzung mit dieser Variante geriet Kortschnoi nach 10. ... Lc5?! 11. e4 Se7 12. Sg7:! Kg7: 13. b4 in Schwierigkeiten. Einige Ungenauigkeiten ließen Polugajewski einen vernichtenden Angriff auf der Diagonale a1—h8 durchsetzen: 13. ... Lb4:?! (13. ... La6!) 14. Dd4 + f6 15. Db4: c5?! 16. Dd2 Sbc6 17. Lb2 La6 18. Td1 Se5 19. Sa3 S7c6 20. De3 De7 21. f4 Sc4 22. Sc4: Lc4: 23. e5 fe5: 24. Lc6: dc6: 25. Td7!! Dd7: 26. De5: + Kf7 27. Df6 + Kg8 28. Dg5 + Kf7 29. Te1! De6 30. Dg7 + Ke8 31. Te6: + Le6: 32. Lf6 Lf7 und hier verpaßte Polugajewski mit 33. Lg5? statt 33. Dh7: den einfachen Gewinn, kam aber schließlich doch nach 40 weiteren Zügen zum Sieg.

11. Sb1—c3 d7—d5

Karpow wählte in einer Partie mit Timman, Tilburg 1983, 11. ... Se8. Nach 12. Lf4 Sa6 13. Dd2 d5 14. e4 Sac7 stand er befriedigend — Remis im 19. Zuge. In der 2. Wettkampfpartie Kasparow — Karpow, Moskau 1984, bevorzugte der Weltmeister wieder 11. ... d5.

12. e2—e4 Le7—f6
13. e4xd5

In der zweiten WM-Partie Kasparow — Karpow wurde der Weltmeister mit 13. Lf4 konfrontiert. Nach 13. ... Lc8 14. g4! entstanden neuartige Stellungsprobleme.

13. ... c6xd5

Schwierigkeiten auf der Diagonalen h1—a8 ist Schwarz nach 13. ... Sd5: 14. Sd5: cd5: 15. Se3 ausgesetzt.

14. Lc1—f4 Sb8—a6
15. Tf1—e1 Dd8—d7?

Nicht mit der „dicksten“ Figur, sondern mit 15. ... Lc8! mußte Marjanowitsch den lästigen Springer befragen. In der Partie Kosorkin — Zlotnik, 1981, übernahm Schwarz nach 16. Sd4? Dd7 17. Tc1 Lb7 sogar die Führung. Doch auch 16. Sd6 Lc3:! 17. bc3: Le6 18. c4 dc4:! 19. La8: Da8: wird die weiße Partei wenig befriedigen. Aufgrund dieser Verteidigung entschloß sich Kasparow 4 Jahre später, die Spannung im Zentrum mit seinem 13. Zuge noch aufrechtzuerhalten.

16. Lg2—h3 Kg8—h8

Besser war es reumütig 16. ... Dd8 zu spielen, denn Kasparow beutet die ungünstige Postierung der schwarzen Dame nun ein weiteres mal aus. Keine Ruhe findet die Dame 16. ... Dc6 17. Tc1 Sc5 18. Le5 Tfe8 19. Sd4 und Weiß gewinnt. Versperrt Schwarz mit 16. ... Se6 die Diagonale, so verfügt Weiß ebenfalls über den folgenden Zug, der einen vehementen Angriff einleitet.

17. Sc3—e4! Lf6xb2?

Schwarz entschließt sich zu einer Verzweiflungstat, auch 17. ... Se6 18. Sf6: + gf6: 19. Ld6 war nicht behaglich für ihn.

18. Se4—g5! Dd7—c6

In Anbetracht der Drohung Dh5 der einzige Zug. Unzureichend war 18. ... Se6 19. Sd6 La1: 20. Sdf7: + .

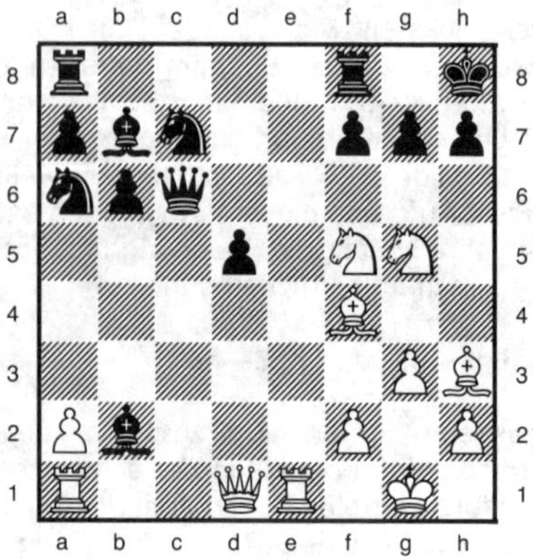

19. Sf5—e7	**Dc6—f6**
20. Sg5xh7!	**Dd8—d4**
21. Dd1—h5	**g7—g6**
22. Dh5—h4	**Lb1xa1**
23. Sh7—f6 +	

und Kasparow kann sich das Mattbild aussuchen: 23. . . . Kg7 24. Sf5 + gf5: 25. Dh6 matt oder 24. Dh6 + Kf6: 25. Lg5 matt — Schwarz gab auf!

Erstes Kräftemessen mit Anatoli Karpow

Anläßlich des 26. Parteitages der KPdSU richtete der sowjetische Schachverband ein Mannschaftsturnier aus, in dem die 32 stärksten Spieler der UDSSR in vier Mannschaften zugeordnet wurden. Das Ereignis gewann die erste „Garnitur" mit 28,5 von 48 möglichen Brettpunkten vor der Jungmeistergarde (23,5), den „Veteranen" (23) und der zweiten Mannschaft (21).
Garri Kasparow remisierte seine beiden Partien mit Anatoli Karpow. Jedoch befand sich der Weltmeister in diesen Partien in ernste Schwierigkeiten. In der ersten Partie eröffnete Kasparow überraschend mit dem Doppelzug des Königsbauern. Karpow wählte die Russische Verteidigung, die Verflachung des Spieles blieb jedoch aus; Kasparow erhielt gute Gewinnchancen. In der kritischen Stellung verpaßte er mit seinem 27. Zuge eine energischere Fortsetzung, woraufhin Karpow eine ausreichende Verteidigung organisieren konnte — Remis im 41. Zuge.
In der zweiten Begegnung verzichtete Karpow auf 1. e4, er testete die Verteidigung Kasparows in der Englischen Eröffnung. Entgegen seiner Gewohnheit bringt Karpow im 23. Zuge ein spekulatives Bauernopfer. Kasparow kann die Drohungen abwehren, doch den schmalen Pfad zum Gewinn der Partie entdeckt er, in Zeitnot geraten, nicht. (siehe Partienr. 11)

Der Prestigewettstreit zwischen dem Weltmeister und seinem potentiellen Herausforderer wurde zwei Monate später beim Großmeisterturnier in Moskau fortgesetzt.
Noch bis zur 8. Runde lieferten sich Karpow und Kasparow ein Kopf-an-Kopf-Rennen. Doch in der Begegnung mit Tigran Petrosjan mußte Garri Kasparow seine Hoffnungen, in einem Turnier der absoluten Weltelite, dem Weltmeister den Rang streitig zu machen, begraben. In hochgradiger Zeitnot verpaßte er eine günstigere Fortsetzung; der Verteidigungskünstler Petrosjan schmetterte mit einem unerwartetem Königszug den gegnerischen Angriff ab.
Nach dieser Niederlage gelang Kasparow noch ein Sieg gegen Geller, doch Karpow hatte sich schon einen beruhigenden Vorsprung herausgespielt. In ihrer persönlichen Begegnung in der letzten Runde des Turniers begnügte sich Kasparow, die weißen Steine führend, mit einem raschen Remis.

MOSKVA, IV—V 1981

cat. XV (2601) g = 6½, m = 4

				1	2	3	4	5	6	7	8	9	10	11	12	13	14		
1	KARPOV	g	2690	●	½	½	1	½	½	1	1	½	½	½	1	½	1	9	1
2	KASPAROV	g	2625	½	●	½	½	½	½	½	1	½	0	½	½	1	1	7½	2—4
3	POLUGAEVSKIJ	g	2620	½	½	●	½	½	½	½	½	½	1	½	½	1	½	7½	2—4
4	SMYSLOV	g	2545	0	½	½	●	½	½	½	1	½	½	½	1	1	½	7½	2—4
5	GHEORGHIU	g	2545	½	½	½	½	●	½	½	½	½	½	½	1	½	½	7	5—6
6	PORTISCH	g	2650	½	½	½	½	½	●	½	0	1	½	1	0	1	½	7	5—6
7	BALAŠOV	g	2600	0	½	½	½	½	½	●	½	½	½	1	0	½	1	6½	7—8
8	BELJAVSKIJ	g	2620	0	0	½	0	½	1	½	●	1	1	½	½	½	½	6½	7—8
9	ANDERSSON	g	2610	½	½	½	½	½	0	½	0	●	½	½	½	½	1	6	9—10
10	PETROSJAN	g	2585	½	1	0	½	½	½	½	0	½	●	½	½	½	½	6	9—10
11	SMEJKAL	g	2535	½	½	½	½	½	0	0	½	½	½	●	1	0	½	5½	11—13
12	TIMMAN	g	2620	0	½	½	0	0	1	1	½	½	½	0	●	0	1	5½	11—13
13	TORRE	g	2550	½	0	0	0	½	0	½	½	½	½	1	1	●	½	5½	11—13
14	GELLER	g	2615	0	0	½	½	½	½	0	½	0	½	½	0	½	●	4	14

11. Karpow — Kasparow

Moskau 1981

Englisch

1. c2—c4	**Sg8—f6**
2. Sb1—c3	**c7—c5**
3. Sg1—f3	**e7—e6**
4. g2—g3	**b7—b6**

Lenkt in das sogenannte Igel-System ein. 4. ... d5 führt zur Tarrasch-Verteidigung.

5. Lf1—g2	**Lc8—b7**
6. 0—0	**Lf8—e7**
7. d2—d4	**c5xd4**
8. Dd1xd4	

Mit 8. Sd4:?! Lg2 9. Kg2: Dc8 10. Dd3 Sc6! 11. Sc6: Dc6: + 12. e4 0—0 hatte Schwarz in einer Partie Popow — Gheorghiu (Berlin 1984) keine Probleme.

8. ...	**d7—d6**
9. Lc1—g5	**a7—a6**
10. Lg5xf6	**Le7xf6**
11. Dd4—f4!?	

Dieses Manöver, beginnend mit 9. Lg5, wurde von dem „Filigrantechniker" Andersson in der Partie gegen Langeweg, Wijk aan Zee 1981, mit Erfolg in die Turnierpraxis eingeführt. Durch nachhaltigen Druck in der halboffenen d-Linie soll ein aktives schwarzes Gegenspiel auf Dauer verhindert werden.

11. ...	**0—0**
12. Tf1—d1	**Lf6—e7**
13. Sc3—e4	**Lb7xe4**
14. Df4xe4	**Ta8—a7**
15. Sf3—d4	

Durch die Kontrolle der weißen Felder auf dem Damenflügel wird die Mobilisierung der schwarzen Streitkräfte erschwert;

der Sb8 muß ständig das Feld c6 bewachen und kann deshalb vorläufig nicht in das Geschehen eingreifen.

15. ... Dd8—c8
16. b2—b3

Schwächer 16. Tac1? 17. b3 b5!.

16. ... Tf8—e8
17. a2—a4 Dc8—c5
18. Ta1—a2 Le7—f6
19. Ta2—d2 Ta7—c7
20. De4—b1!

Weiß versucht in der Folge, mittels b3—b4—b5 aktiv am Damenflügel vorzugehen und sich einen vorgeschobenen Stützpunkt auf c6 zu verschaffen.

20. ... Lf6—e7!

d6 bedarf sorgfältiger Bewachung. So käme auf etwa 20. ... g6 21. b4! Dh5 22. b5! a5 23. Sc6 mit weißem Übergewicht.

21. b3—b4 Dc5—h5
22. Td2—c2?

Durch diesen unnötigen Zeitverlust bekommt Schwarz die Gelegenheit, das Spiel völlig auszugleichen. Erforderlich war sofort 22. b5!, da hier der Beutezug 22. ... Tc4:? den Schwarzen in Nachteil brächte, z.B.: 23. ba6: Sa6: ((ebenfalls unzureichend 23. ... Ta4: 24. Sc6 Ta6: (24. ... Lf8 25. a7 Sd7 26. Ta2 und gewinnt) 25. Se7:+ Te7: 26. Td6: und der Sb8 steht unglücklich)) 24. Db6: mit überlegenem weißen Spiel, da 24. ... Ta4: an 25. Lc6 Tb8 26. Da7! scheitert. Schwarz ist nach 22. b5 zu 22. ... a5 gezwungen, wonach der Weltmeister mit 23. Sc6 seinen allerdings nur geringen Vorteil festhalten konnte.

22. ... Te8—c8
23. b4—b5?

Diesen Zug fehlt jetzt die Kraft. Weiß sollte ihn zunächst mit 23. Db3 Dg6! 24. Tdc1 Lf6 25. e3 vorbereiten.

23. ... a6xb5
24. a4xb5 Tc7xc4
25. Tc2xc4

Nach 25. Sc6? Tc2: 26. Se7: + Kh8! (26. ... Kf8? 27. Sc8: De2: 28. Tf1 Tc8: 29. Dh7:) 27. Lf3! De5! 28. Sc8: Tc8: kommt Schwarz in Vorteil.

25. ... Tc8xc4
26. Db1—a2 Dh5—c5!

Der weiße Plan erweist sich als unzureichend. Schwarz entschärft den Einbruch über die a-Linie durch einen Gegenangriff.

27. Da2—a8 Tc4xd4
28. Da8xb8 + Le7—f8
29. Td1—a1 d6—d5?

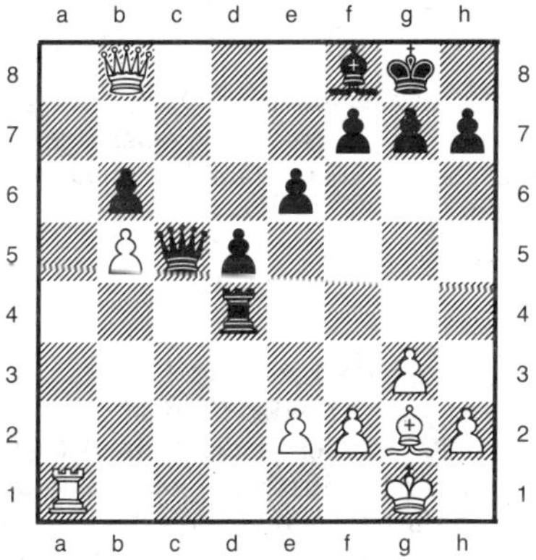

Kasparow war nachträglich mit der vorbeugenden Deckung seines Läufers unzufrieden. Das Luftloch 29. ... h6! war bedeutend wirksamer; Schwarz hätte gute Gewinnchancen erhalten. Z.B.:

a) 30. De8 Tc4! 31. Lc6 (der Angriff 31. Ta8 Tc1+ 32. Lf1 wird mit der studienartigen Parade 32. ... Dd5!! 33. Df8:+ Kh7 widerlegt) 31. ... Tc1 mit überlegener schwarzer Stellung.

b) 30. Lf1 Tb4! 31. Ta8 d5 32. Ta7 Tb1 33. Te8 Dc1 und Schwarz gewinnt.

30. Lg2—f1!

Das einzige, gleichzeitig aber zur Rettung ausreichend. Auf etwa 30. Ta8? würde der Weltmeister ausgekontert, wie z.B. 30. ... Td1+ 31. Lf1 h6! 32. De8 d4 33. Tc8 Db4! 34. Kg2 Tb1!! 35. Tc7 De1 36. Df7:+ Kh7 37. Df8: Df1:+ 38. Kf3 Tb3+ 39. Kg4 De2:+ anschaulich zeigt.

30. ...	**Td4—c4**
31. Ta1—a8	**Tc4—c1**
32. Db8—e8	**d5—d4**
33. Ta8—a7	**Da5—f5**
34. Ta7—a8	**Df5—c5**
35. g3—g4?	

Anstatt sich mit dem Remis der Zugwiederholung zufrieden zu geben, schickt sich Karpow bei beidseitiger knapper werdender Bedenkzeit zu einem Harakiriversuch an, der jedoch unbestraft bleibt.

35. ...	**Dc5—d6?**

Auch die zweite dicke Chance ist vertan! Man kann dem jungen Kasparow allerdings keinen Vorwurf machen, in der verbleibenden Zeit die Feinheiten dieser taktisch sehr interessanten Stellung nicht vollständig durchschaut zu haben. Nach 35. ... Db4 dürfte Weiß verloren sein: 36. Ta7 d3!! 37. Df7:+ Kh8 38. Df3 d2 39. Ta8 Kg8 und gewinnt oder 36. h3! h6! 37. Kg2 Tc7! mit ausreichendem Übergewicht.

36. Ta8—d8!	**Dd6—b4**
37. Td8—d7	**h7—h6**

Genauer war 37. ... d3 38. Df7: + Kh8 39. Td3: Dg4: + 40. Tg3 Df5.

38. De8xf7 +	**Kg8—h7**
39. g4—g5	

Ein letzter Fallstrick; 39. ... hg5:? 40. De6: zum Vorteil für Weiß.

39. ...	**Db4—b1**
40. g5—g6 +	

Oder 40. Kg2 De4 + 41. f3 Df5 mit einem Remisendspiel.

40. ...	**Db1xg6 +**
41. Df7xg6 +	**Kh7xg6**

Remis!
Eine von beiden Kontrahenten mit großer Kampfbereitschaft ausgefochtene Partie.

Angriffsspiel und Verteidigungskunst

Garri Kasparow untersuchte seine Verlustpartie gegen Petrosjan recht eingehend, kam aber zu der irrigen Schlußfolgerung, daß er forciert den Gewinn erzielen konnte. In Tilburg versuchte er wie in Moskau den Exweltmeister mit einem Opferangriff zu bezwingen. Doch wieder drehte Petrosjan mit einem überraschenden Königszug den Spieß um.
Auch bei seiner zweiten Teilnahme an einem Turnier der Elitegroßmeister, diesmal auf niederländischem Boden ausgetragen, konnte sich Garri Kasparow nicht durchsetzen. Im sportlichen Sinne konnte man sogar von einem Mißerfolg sprechen. Trost spendete der Angriffssieg gegen den Schweden Ulf Andersson.
Tigran Petrosjan spielte in Tilburg wie in seinen besten Zeiten. Die Gewinnpartie gegen Kasparow zählt zu den großen Verteidigungsleistungen seiner ruhmreichen Laufbahn.

TILBURG, X 1981 cat. XV (2608) g = 5½, m = 3½

				1	2	3	4	5	6	7	8	9	10	11	12		
1	BELJAVSKIJ	g	2615	●	½	0	1	½	½	½	½	1	1	1	1	7½	1
2	PETROSJAN	g	2585	½	●	½	½	½	½	½	1	1	½	½	1	7	2
3	PORTISCH	g	2620	1	½	●	½	1	0	½	½	0	1	1	½	6½	3—4
4	TIMMAN	g	2630	0	½	½	●	½	½	1	1	0	1	½	1	6½	3—4
5	LJUBOJEVIĆ	g	2590	½	½	0	½	●	½	½	½	½	1	1	½	6	5
6	ANDERSSON	g	2600	½	½	1	½	½	●	½	0	½	0	½	1	5½	6—8
7	SPASSKIJ	g	2630	½	½	½	0	½	½	●	1	½	½	½	½	5½	6—8
8	KASPAROV	g	2630	½	0	½	0	½	1	0	●	1	½	1	½	5½	6—8
9	SOSONKO	g	2585	0	0	1	1	½	½	½	0	●	0	½	½	4½	9—10
10	LARSEN	g	2610	0	½	0	0	0	1	½	½	1	●	0	1	4½	9—10
11	HÜBNER	g	2640	0	½	0	½	0	½	½	0	½	1	●	½	4	11
12	MILES	g	2565	0	0	½	0	½	0	½	½	½	0	½	●	3	12

Im Jahre 1951 stieg Petrosjan zur Weltelite auf. Er krönte seine Karriere mit dem Gewinn des Weltmeisterschaftskampfes 1963. Petrosjan beendete die Ära Botwinniks, konnte noch 1966 den Herausforderer Boris Spasski besiegen, verlor jedoch gegen ihn das zweite Match im Jahre 1969. Im Finale des Kandidatenturnieres 1971 scheiterte Petrosjan an dem nächsten Weltmeister der Schachgeschichte Robert James Fischer.
Mit den beiden folgenden Partien möchte ich an einen bedeutenden Schachkünstler erinnern. Tigran Petrosjan verstarb im August 1984 im Alter von 55 Jahren.

12. Kasparow — Petrosjan

Moskau 1981
Damenindisch

1.	**d2—d4**	**Sg8—f6**
2.	**c2—c4**	**e7—e6**
3.	**Sg1—f3**	**b7—b6**
4.	**a2—a3**	**Lc8—b7**
5.	**Sb1—c3**	**d7—d5**
6.	**c4xd5**	**Sf6xd5**
7.	**e2—e3**	**Lf8—e7**
8.	**Lf1—b5+**	**c7—c6**
9.	**Lb5—d3**	

An dieser Stelle wurde auch 9. Sd5: erprobt: 9. . . . Dd5: 10. Ld3 0—0 11. Dc2 h6 12. Lh7+ Kh8 13. Le4 Dd8, Miles — Portisch, Plovdiv 1983. Wenn Schwarz dieses Abspiel vermeiden möchte, kann er im 7. Zuge die Springer tauschen.

9.	**. . .**	**Sd5xc3**
10.	**b2xc3**	**c6—c5**
11.	**0—0**	**0—0**

Aufgrund des folgenden Manövers gab man in späteren Partien 11. . . . Sc6 den Vorzug (siehe Kasparow — Najdorf).

12.	**Dd1—c2**	**g7—g6**
13.	**e3—e4**	**Sb8—c6**

In Moskau mußte Petrosjan zwei Runden später in der Partie mit Polugajewski diesselbe Stellung verteidigen. Da der Turm ohnehin auf d8 Druck ausüben soll, versuchte Petrosjan den schwarzen Aufbau mit 13. ... Dc7 zu verbessern. Polugajewski kam jedoch nach 14. De2 Td8 15. h4! Sc6 16. Le3 Lf6 17. e5 Lg7 18. h5 zu einem Angriffsspiel. Im weiteren Verlauf erlangte Weiß positionelle Vorteile, die er auch zum Gewinn umsetzte.

14. Lc1—h6 Tf8—e8

Auf 14. ... cd4: 15. Lf8: Lf8: beabsichtigte Kasparow mit 16. Tad1! fortzufahren.

15. Tf1—d1! Dd8—c7

Im Endspiel nach 15. ... cd4: 16. cd4: Sd4: 17. Sd4: Dd4: 18. Lb5 De4: 19. De4: Le4: 20. Le8: Te8: 21. Td7 besitzt Weiß deutliche Vorteile. Seine Türme können auf der 7. Reihe den schwarzen König in Mattgefahr bringen.

16. Dc2—e2 Te8—d8
17. De2—e3 e6—e5

In einer unangenehmen Lage befindet sich Schwarz nach 17. ... Td7?! 18. Lf4 Dd8 19. Lb5!. Petrosjans Wahl führt zu einer sehenswerten Transformation der Bauernstellungen.

18. d4—d5 Sc6—a5
19. c3—c4! Sa5—b3
20. Ta1—a2 f7—f6
21. h2—h4 Lb7—c8
22. Td1—b1 Sb3—d4
23. Sf3xd4 c5xd4
24. De3—g3 Le7—f8
25. Lh6—d2!

Abtausch würde die Verteidigung Petrosjans erleichtern: 25. Lf8: Tf8: 26. Tf1 Dg7 27. f4 Ld7 und die gefährdeten Punkte werden zuverlässig überdeckt.

25. ...	Lf8—d6
26. Tb1—f1	Dc7—g7
27. a3—a4	

Droht mit 28. a5 auch am Damenflügel aktiv werden. Petrosjan ist jedoch in der Lage, den Randbauern als Angriffsobjekt zu fixieren. Daher kommt als Verbesserung des weißen Spieles sofortiges 27. f4 in Betracht.

27. ...	a7—a5!
28. Ta2—b2	Ld6—c5
29. f2—f4	

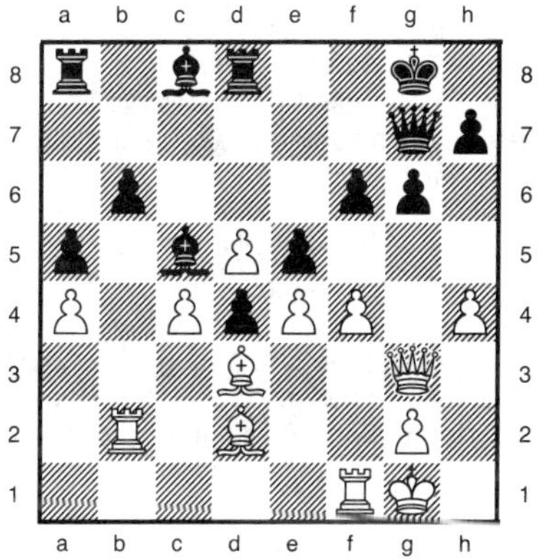

Kasparow steht auf dem Königsflügel zu Linienöffnungen bereit. Petrosjan hofft mit der Befragung des weißen Randbauern Zeit zu gewinnen, provoziert damit aber, einem gefährlichem weißen Opferangriff ausgesetzt zu werden. Nachträglich empfahl er die vorbeugende Maßnahme 29. ... h6. Ein weißes Vorgehen mit 30. h5 würde mit 30. ... g5 beantwortet und in der verschachtelten Position gibt es keine Angriffspunkte.

29. ... Lc8—d7
30. h4—h5 Lc8xa4

Die Annahme des Bauernopfers wurde wohl zu Unrecht als fehlerhaft bezeichnet. Petrosjan geht ein Risiko ein, statt mit 30. ... gh5: 31. Dh2 Tf8 32. Le1 Kh8 ein eher passives Verteidigungsspiel zu führen.

31. h5—h6 Dg7—c7
32. f4—f5

Die Öffnung der f-Linie mit nachfolgender Überführung des schwarzfeldrigen Läufers nach f6 erscheint gefährlich: 32. fe5: fe5: 33. Lg5 Tf8 34. Lf6 Tae8? 35. Tbf2 Ld6 36. Tf5 Ld7 37. Tg5 Tf6: 38. Tf6: Kh8 39. Tf7! Tg8 40. c5! Lc5: 41. Td7: und der weiße Angriff erwies sich als durchschlagend. Schwarz opfert besser mit 34. ... Tf6:! sofort die Qualität, nach 35. Tf6: Tf8! sollte der geringe materielle Vorteil des Weißen wegen der potentiellen Kraft des schwarzen Freibauern nicht zu verwerten sein.

32. ... g6—g5
33. Lc1xg5 f6xg5

Petrosjan verzichtet auf die Notlösung 33. ... Kf7. Seine Entscheidung, eine äußerst verwickelte Position zuzulassen, mag vielleicht durch den Bedenkzeitmangel Kasparows beeinflußt worden sein.

34. Dg3xg5 + Kg8—f8

Die kritische Situation in der Partie und der kritische Moment für Garri Kasparow im Moskauer Großmeisterturnier.
Die Verteidigungsfähigkeit der schwarzen Stellung hängt maßgeblich von der Existenz des Zentralbauern ab. Erobert ihn Weiß, so besteht die einige Chance für Schwarz darin, die lawinenartige Bewegung des weißen Bauerntrios durch materielle Opfer unschädlich zu machen.
Kasparow hofft mit dem Damenschach 35. Df6 + den Bauern unter günstigen Bedingungen erobern zu können, übersieht dabei eine erfindungsreiche Verteidigung von Petrosjan.

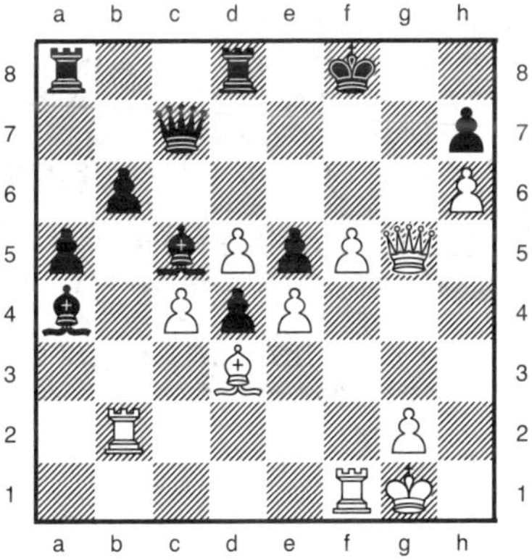

Mangelnde Bedenkzeit in derartige verwickelter Situation, einer Stellung mit asymmetrischer Materialverteilung, verursacht leicht eine Fehlentscheidung. Im Schachinformator gibt Kasparow die bessere Fortsetzung 35. f6 an. Doch etwas einseitig zu seinen Gunsten beurteilt er die resultierenden Varianten.

„Selbstverständlich" übernahmen die sogenannten Kommentatoren des Moskauer Schachereignisses sein Urteil, daß er mit 35. f6 das Spiel für sich entscheiden konnte.

Keiner von ihnen verspürte den nötigen Forschergeist, die Stellung eingehender unter die Lupe zu nehmen.

Nach etwa vier Wochen Analysearbeit kommen Dieter Buchenthal und ich zu dem Schluß, daß auch nach 35. f6 das Gleichgewicht der Stellung, the balance of position, nicht erschüttert ist.

Wie so oft werden die Chancen des Angreifers überschätzt, die Verteidigungsmöglichkeiten unterschätzt.

Falls sie keine Lust verspüren, den Ausflug ins Reich der Analyse nachzuvollziehen, können Sie die Lektüre dieser Partie bei 35. Dg5—f6 + ? fortsetzen.

Grundsätzlich geben die Analysediagramme die Sichtweise der schwarzen Partei wieder.

Nach 35. f6 muß Schwarz mit 35. ... Df7 seinen Zentralbauern aufgeben, da ansonsten die explosive Wirkung des f-Bauern nicht eingedämmt werden kann. a) 35. ... Ke8? 36. f7+ Kd7 37. Df5+ Ke7 37. Df6+ und gewinnt.
b) 35. ... Td7? 36. f7 Tf7: 37. Tbf2 Tf2: 38. Tf2:+ Ke8 39. Dg8+ und gewinnt.
c) 35. ... Le8? 36. f7 Lf7: 37. Tbf2 Td7 38. Dg7+ Ke8 39. Dh7: Lf8 40. Dh8 und Schwarz ist wehrlos, beide Läufer sind gefesselt.
Hat Schwarz nach 35. ... Df7! 36. De5: Te8! 36. Dg5 ausreichend Zeit den drohenden Vormarsch der weißen Bauern zu blockieren?

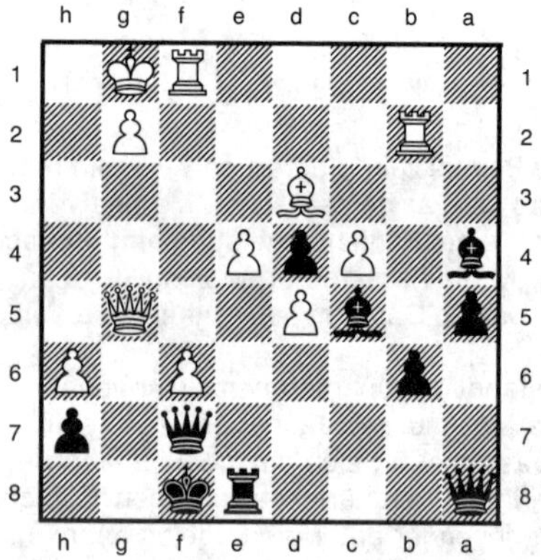

Kasparow läßt das zunächst richtige 37. ... Dg6! folgen, um nach 38. Tf5 (38. Dg6:? hg6: 39. f7 Te5!) fehlerhaft die Dame zu tauschen. Die weißen Bauern drängen Schwarz nach 38. ... Dg5:? 39. Tg5: Kf7 40. e5 Tg8 41. Tg7+ Tg7: 42. fg7: Kg8 43. Tf2 Ld7 (43. ... Le8 44. Tf8+! Lf8: 45. Lh7:+) 44. e6 in eine aussichtslose Position: 44. ... La4 45. e7! Le7: 45. d6 Ld6: (46. ... Lg5 47. Lh7:+! Kh7: 48. Tf8) 46. c5 Lb3 50. cd6: Lf7 48. Tf7: und Weiß gewinnt.

Er erwähnt statt 38. . . . Dg5: zwar das erheblich bessere 38. . . . Ld7!, stellt aber einen raschen weißen Sieg in der Zugfolge 39. Dg6: hg6: 40. Tg5 a4 41. e5 a3 42. h7 fest. So elegant diese Variante auch sein mag, sie läßt jedenfalls eine aussichtsreiche schwarze Verteidigung mit 40. . . . Kf7! (statt des Amoklaufes des Randbauern) unberücksichtigt.

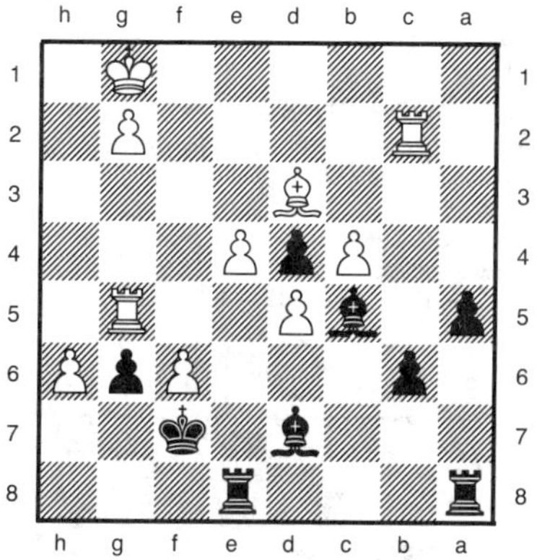

Weiß läßt am besten sofort 41. e5 folgen, da Schwarz das Vorbereitende 41. Tf2 wegen 41. . . . Th8! (41. . . . Ld6? 42. e5!) nicht zu fürchten braucht: 42. e5 Th6: 43. e6+ Le6: 44. de6: + Ke6: und Schwarz steht eher besser.
Nach 41. e5 opfert Schwarz mit 41. . . . Te5:! einen Turm, sichert sich dafür ausgezeichnete Gegenchancen: 42. Te5: a4! (Aktiver als 42. . . . Kf6:, wonach Weiß mit 43. Te1 Kg5 44. Tf1 Th8 44. Te2 bessere Perspektiven erlangt) 43. Tf2 a3 44. Tg5 Lf5! 45. Lf5: gf5: 46. T1f5: und bei den nachfolgenden Wettläufen gewinnt keine Partei die Oberhand.
a) 46. . . . a2 47. Tg7+ Kf8 48. h7 a1D+ 49. Kh2 Ld6+ 50. g3 Ta2+ 51. Kh3 Dh1+ 52. Kg4 Th2 53. Tg8+ und Weiß gibt Dauerschach — Kf7 54. Tg7+ Kf8 (54. . . . Ke8?? 55. f7+!) 55. Tg8+.

b) 46. ... d3+ 47. Kh2 Lf8 48. h7 Lh6 49. Th5 a2 50. Th6: (50. Tf1? Kg6!) 50. ... a1D 51. h8D! Th8: 52. Th8: d2 53. Th7+ Kf8 54. Th8+ Kf7 55. Th7+ und wieder Remis, da der schwarze Gewinnversuch 55. .. Kg6? wegen 56. f7 als übertrieben risikofreudig erscheint.
Die Varianten belegen, daß Petrosjan auch nach 35. f6 über ausreichende Verteidigungschancen verfügt. Betrachten wir den tatsächlichen Partieverlauf.

35. Dg5—f6+?

Hofft auf 35. ... Df7? 36. Dh8+ Dg8 37. De5: Te8 38. Df4 und Weiß hat mit seinem beweglichen Bauerntrio gefährliches Angriffsspiel.

35. ...	**Kf8—e8!**
36. Tf1—a1	**Dc7—e7!!**

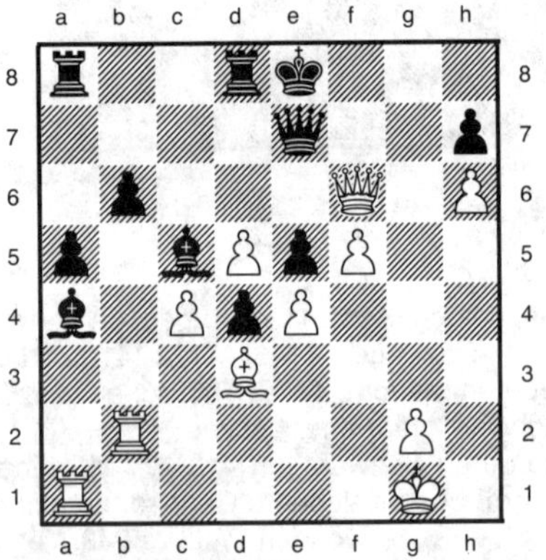

Kasparows Rechnung ginge nach 36. ... Ld7? 37. Dh8+ Lf8 38. Le2 auf. Petrosjans glänzende Parade bricht dem weißen Angriff die Spitze ab, das Blatt wendet sich zu Gunsten von Schwarz. So hätte Weiß im Endspiel nach 37. De7:+ Ke7: 38. Ta4: Td6 trotz materiellen Gleichstandes einen schweren Stand.

37. Df6—e6	**Td8—d6!**
38. De6—g8+	**De7—f8**
39. Dg8—g3	**Df8xh6**

Schwarz geht einen Zug vor Zeitkontrolle zum Gegenangriff über.

40. Ta1xa4?

Kasparow reagiert unter Zeitdruck überhastet. Erforderlich war 40. Te2. Nach 40. ... Ld7?! 41. De5: + Kf7 42. Dg3 Tg8 43. Df3 bliebe die Stellung im dynamischen Gleichgewicht. Schwarz kann jedoch besser mit 40. ... Lb3! fortsetzen, wonach der Randbauer weiße Streitkräfte bindet.

40. ...	**Dh6—c1+**
41. Kg1—f2	**Dc1xb2+**
42. Kf2—f3	**Ke8—f7**

und Petrosjans Verteidigungskunst triumphierte — Kasparow gab auf!

13. Kasparow — Petrosjan

Tilburg 1981

Damengambit

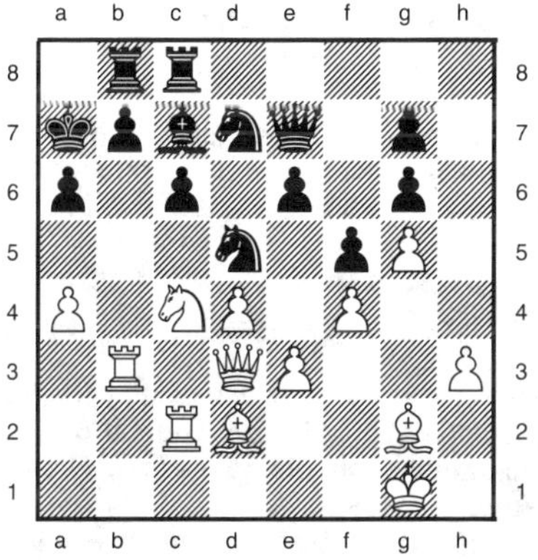

Für den geopferten Bauern scheint Kasparow mehr als ausreichende Kompensation zu erlangen. Weiß droht mit 31. a5 den Bb7 lahmzulegen und nach Triplierung der Schwerfiguren in der b-Linie den Schwarzen zumindest in eine passive Position zu drängen. Petrosjan am Zuge löst das Verteidigungsproblem auf eine überraschende Weise. Die Stellung entstand nach

1. d4 d5 2. c4 dc4: 3. Sf3 Sf6 4. e3 Lg4 5. Lc4 e6 6. h3 Lh5 7. Sc3 a6 8. g4 Lg6 9. Se5 Sbd7 10. Sg6: hg6: 11. Lf1 c6 12. Lg2 Dc7 13. 0—0 Le7 14. f4 Sb6 15. g5 Sfd7! 16. Dg4 0—0—0 17. Tb1 Kb8 18. b4 Sd5 19. Sa4 f5! (19. ... Sb4:? 20. Ld2 Sd5 21. e4 f5 22. gf6: Sbf6: 23. De6: mit klarem Vorteil für Weiß) 20. Dg3 (20. gf6: gf6: 21. De6: Tde8 22. Dg4 Thg8 23. e4 f5! 24. ef5: S7f6 mit verwickeltem Spiel) 20. ... Sb4: 21. Ld2 Sd5 22. Tfc1 Ka7 23. De1 La3 24. Tc2 Dd6 25. Tb3 De7 26. De2 (26. e4!?) Tb8?! 27. Dd3 Ld6 28. Sb2! Thc8 29. Sc4 Lc7 30. a4

30. ... b7—b5!

Durch die Flucht nach vorne verhindert der b-Bauer seine Fixierung mit 31. a5. Petrosjan vertraut auf das Bauernbollwerk. Die Art und Weise wie der folgende Angriff Kasparows abgeschmettert wird, zählt sicherlich zu den besten Leistungen Petrosjans.

31. a4xb5 c6xb5!
32. Tc2—a2 Ka7—b7!

Ein ungewöhnliches Bild: Der König wandert wie ein Fremdkörper hinter den unter Druck geratenen Schutzbauern umher. In Selbsthilfemanier begegnet er die Drohungen des Weißen. Der Springer war wegen 33. Ta6: + Ka6: 34. Da4: + nebst Matt in zwei Zügen unantastbar.

33. Ld2—b4 De7—e8

Kasparow steht vor der Frage, wie er den Angriff fortsetzen soll. Nach 34. Sd6 + Ld6: 35. Ld6: Ta8 hat der Tausch eines Leichtfigurenpaares auch die taktischen Drohungen reduziert. Die Öffnung des Spieles mit 36. e4 fe4: 37. De4: Tc6 nebst 37. ... S7b6 führt zu einer Stellung in der das weiße Läuforpaar nicht besonders „klebkräftig" wirkt. Mit dem Partiezug hält Kasparow die Schwebesituation aufrecht.

34. Lb4—d6	**Tb8—a8**
35. Dd3—b1	**Kb7—c6!!**

Der an der Front kämpfende König bringt die weißen Angriffsfiguren in Verlegenheit. In der Zugfolge 36. Lc7: bc4: 37. Tb7 Tc7: 38. Ta6:+ Ta6: 39. Db5+ Kd6 40. Da6:+ Ke7 41. Ld5: Tb7: 42. Lb7: Db8 bleibt das Gleichgewicht der Stellung gewahrt. Doch Garri Kasparow überschätzt seine Möglichkeiten, unterschätzt dabei den tathungrigen König Petrosjans.

36. Tb3—a3?	**b5xc4**
37. Ta3xa6+	**Ta8xa6**
38. Ta2xa6+	**Lc7—b6!**

Nicht ökonomisch wäre es, sich mit 39. ... Sb6? zu verteidigen.

39. Lc6—c5	**De8—d8**
40. Db1—a1	**Sd7xc5**
41. d4xc5	**Kc6xc5**
42. Ta6—a4	

und Kasparow stellte gleichzeitig das Weiterspielen ein. Der Held des Tages strebt nach getaner Arbeit über d6 zum gesicherten Flügel — dort, wo er eigentlich hingehört. Eine der besten Verteidigungsleistungen von Tigran Petrosjan, dem „Torwart aus Armenien".

14. Kasparow — Andersson

Tilburg 1981

Damenindisch

1. d2—d4	**Sg8—f6**
2. c2—c4	**e7—e6**
3. Sg1—f3	**b7—b6**
4. a2—a3	**Lc8—b7**
5. Sb1—c3	**Sf6—e4**

Der Tausch der Springer entspringt dem Geiste der Damenindischen Verteidigung, ist jedoch in diesem Abspiel weniger gebräuchlich als 5. ... d5.

6. Sc3xe4 Lb7xe4
7. Sf3—d2!?

Weniger spektakulär verlief eine zuvor ausgetragene Partie Timman — Andersson, Wijk aan Zee 1981: 7. e3 Le7 8. Ld3 Ld3: 9. Dd3: d5 10. 0—0 0—0 11. e4 de4: 12. De4: Sd7 13. Dc6 Sf6 14. Lf4 Dd7! 15. Dd7: Sd7: 16. Tad1 c6 mit ausgeglichenem Spiel.

7. ... Le4—g6

Der Rückzug 7. ... Lb7 kann nach 8. e4 zu verwickelten Stellungen führen, die weniger dem Geschmack des Positionsspielers Andersson entsprechen. Schwarz könnte sich mit 8. ... g6 weiter entwickeln, wie in Polugajewski — Portisch, Toluca 1982, geschah oder zweischneidiger mit 8. ... Df6?! versuchen, das weiße Vollzentrum zu attackieren. Nach 9. e5 Dd8 10. Sf3 d6! verspricht die Öffnung der Läuferdiagonale dem Schwarzen ausgeglichenes Spiel. Schärfere Konturen zeichnen sich nach 9. d5 Lc5 10. Sf3 Dg6 ab, eine Stellung, die Kasparow mit unklar bewertete. Der vorsichtige Andersson vermeidet dieses Abspiel, sicherlich befürchtete er das relativ naheliegende Bauernopfer 11. b4!. In einer später gespielten Partie Skembris — Potschuka kam Weiß rasch in Vorteil: 11. ... De4: + 12. Le2 Ld6 (Auch 12. ... Le7 überläßt Weiß die Initiative — 13. 0—0 Lf6 14. Ta2 0—0?! 15. Lh7: + Kh7: 16. Sg5 + Dg5: 17. Lg5: Lg5: 18. Dh5 + Lh6 19. g4) 13. 0—0 Dg6 14. Le3 ed5: 15. c5 Le7 16. Sd4: 0—0 17. Ld3 f5 18. Dc2.

8. g2—g3!

Anderssons Neuerung richtet sich vornehmlich gegen 7. e4, wonach Schwarz sich mit 7. ... Sc6 aller Zukunftssorgen entledigt.

8. ... Sb8—c6

Verzichtet darauf, sich mit 7. ... c6 nebst 8. ... d5 Halt im Zentrum zu verschaffen, sondern plant nach hypermoderner Manier eine Aktion gegen den Bc4. Anderssons origineller Plan vernachlässigt jedoch die Entwicklung des Königsflügels.

9. e2—e3 a7—a6

Schlecht wäre jedoch 9. ... d5 10. ed5: Dd5: 11. Tg1 und der Katastrophe auf den weißen Feldern kann Schwarz nicht entgehen: 11. ... a6 12. Lg2 Dd7 13. Df3.

10. b2—b4! b6—b5
11. c4xb5 a6xb5
12. Lc1—b2 Sc6—a7

Andersson übertreibt seine Vorliebe für langwierige Manöver, doch auch nach 12. ... Tb8 macht die schwarze Stellung keinen vertrauenserweckenden Eindruck. Kasparow deckt mit den nächsten Zügen die Schwächen des Andersson'schen Plans auf. Eine schablonenhafte Spielweise wie 13. Lg2 Tb8 24. 0—0 Le7 hätte indes zu befriedigendem Spiel geführt.

13. h2—h4! h7—h6?

Danach kann sich Schwarz bereits kaum mehr des weißen Ansturmes erwehren. Nach 13. ... h5! bliebe der gegnerischen Dame immerhin das Feld g4 verwehrt, das spätere raumgreifende weiße Spiel am Königsflügel eingedämmt.

14. d4—d5!

Das entwicklungshemmende Bauernopfer verdeutlicht schlagartig die unterschiedlichen Rollen der schwarzfeldrigen Läufer.

14. ... e6xd5
15. Lf1—g2 c7—c6
16. 0—0 f7—f6

Verhindert Schwarz mit 16. ... f5 die Öffnung der e-Linie, so überführt Weiß mit 17. Sf3 seinen Springer nach e5 und bereitet anschließend eine Aktion am Damenflügel mittels a4 vor. Schwarz steht sehr defensiv, zumal er nicht mit 17. ... Lh5 wegen 18. Dd3! den Springer tauschen kann.

17. Tf1—e1!

Nach 17. e4 de4: 18. Le4: verteidigt sich Schwarz ausreichend mit 18. ... Lf7. Jetzt hat Schwarz zu 17. ... Lf7 keine Zeit: 18. e4 de4: 19. Se4:! Le7 20. Sf6: + Kf8 21. Sd7: + und gewinnt.

17.	**...**	**Lf8—e7**
18.	**Dd1—g4**	

Hier zeigen sich die Nachteile von 13. ... h6?. Kasparow ist in der Lage, den Schutzläufer abzutauschen, die daraus resultierende Schwächung des Feldes g6 kann Schwarz nicht mehr verkraften.

18.	**...**	**Ke8—f7**
19.	**h4—h5**	**Lg6—h7**
20.	**e3—e4**	**d5xe4**
21.	**Lg2xe4**	**Lh7xe4**
22.	**Sd2xe4**	**Sa7—c8**

Der Versuch, sich mit 22. ... Tf8 noch nachträglich eine Rochadestellung zu verschaffen, wird kombinatorisch widerlegt: 23. Tad1 d5 24. Sf6:!. Hilflos ist Schwarz nach 22. ... Te8 23. Dg6 + Kf8 24. g4! dem Springermanöver Se4—g3—f5 ausgesetzt.

23. Ta1—d1!

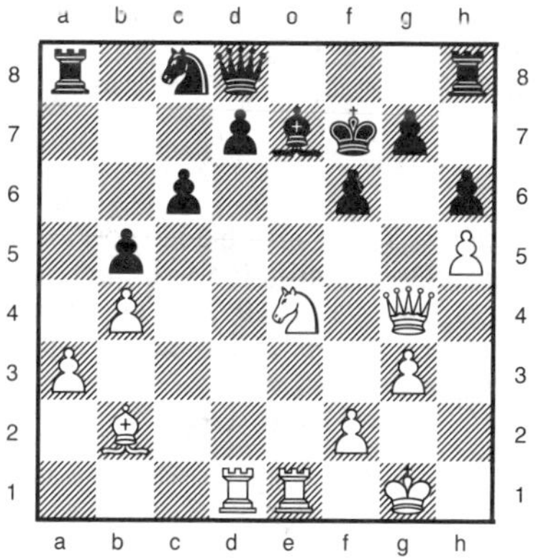

23. ... Ta8—a7

Nach 23. ... d5 entscheidet das Springeropfer 24. Sf6:! die Partie.

a) 24. ... Lf6: 25. Dg6+ Kf8 26. Lf6: gf6: 27. Te6

b) 24. ... gf6: 25. Dg6+ Kf6 26. Te7:! De7: 27. Lf6: De2 (27. ... Dh7 28. Lh8: Dh8: 29. Dc6: Tb8 30. Dc7 Ta8 31. Db7 und gewinnt) 28. Dg7+ Ke8 29. Dh8:+ Kd7 30. Td4 mit durchschlagendem Angriff.

24. Se4xf6! g7xf6

Oder 24. ... Lf6: 25. Dg6+ Kf8 26. Lf6: gf6: 27. Te6! und die Stärke der Turmentwicklung 23. Tad1 wird ersichtlich.

25. Dg4—g6+ Kf7—f8
26. Lg2—c1! d7—d5?!

Danach geht die weiße Rechnung endgültig auf. Mit 26. ... De8 konnte Andersson hartnäckigen Widerstand leisten: 27. Lh6:+ Th6: 28. Dh6:+ Kf7 und 29. Td4 wird mit 29. ... Dg8 pariert. Besser ist 29. Dh7+ Kf8 30. h6 Df7 31. Df5 mit guten weißen Gewinnchancen, da die schwarzen Spielsteine schwer zu koordinieren sind. Der Bh6 kann durch einen Turm Unterstützung erhalten. Versucht Schwarz 31. ... Sd6, so verfügt Weiß über das lästige 32. Df4.

27. Td1—d4!

Die Überführung des Turmes zur g-Linie stellte eine wesentliche Pointe der weißen Angriffsführung dar. Schwächer war 27. Lh6: + Th6: 28. Dh6: + Kg8! 29. Td4 Lf8! und Schwarz steht keineswegs schlechter, der Ta7 kommt zur Geltung.

27. ...	**Sc8—d6**
28. Td4—g4	**Sd6—f7**

Der Springer als Freund des Königs ist zum Tatort angelangt, ohne die abschließende Kombination entkräften zu können.

29. Lc1xh6 + !	**Kf8—e8**
30. Lh6—g7	

und 30. ... Tg8 31. h6 wollte sich Andersson nicht mehr anschauen. Schwarz gab auf!

6 Wochen nach seinem sportlichen Mißerfolg in Tilburg konnte Garri Kasparow seine Kritiker mit seinen Spiel bei der 49. Landesmeisterschaft der UDSSR in ihre Schranken verweisen. Wie die Tabelle zeigt, war die Remisquote sehr gering, kompromißloses Schach wurde dem Publikum geboten.

Das Turnier gestaltete sich zu einem Kopf-an-Kopf-Rennen zwischen Garri Kasparow und Lew Psahis, der auch im Jahr zuvor gemeinsam mit Beljawski den Titel gewann. Garri startete ähnlich wie bei seinen vorherigen Teilnahmen an dieser Meisterschaft mit 6 aus 7 sehr erfolgsversprechend. Der Sieg aus der ersten Runde gegen Gawrikow unterstrich seine gute Form. Doch in den Runden 8 bis 12 stagnierte sein Siegeslauf. Er verlor gegen Gulko und unterlag auch in der persönlichen Begegnung Psahis, der vor der 13. Runde das Turnier mit einem Punkt Vorsprung anführte.

SSSR (ch), XI—XII 1981 cat. XII (2529)

				1	2	3	4	5	6	7	8	9	10	11	12	13	14	15	16	17	18		
1	PSAHIS	m	2535	●	1	1	½	1	½	1	½	0	1	½	½	½	1	½	1	1	1	12½	1—2
2	KASPAROV	g	2630	0	●	½	1	1	½	1	1	1	½	½	1	1	1	½	0	1	1	12½	1—2
3	ROMANIŠIN	g	2590	0	½	●	½	½	1	1	0	½	½	1	½	½	½	1	0	1	1	10	3
4	GAVRIKOV		2365	½	0	½	●	½	½	½	1	½	0	½	1	½	1	½	1	½	½	9½	4—5
5	TUKMAKOV	g	2480	0	0	½	½	●	0	½	½	1	1	½	½	½	1	½	1	½	1	9½	4—5
6	G. AGZAMOV		2435	½	½	0	½	1	●	½	½	½	0	1	½	1	0	½	1	1	0	9	6—7
7	BELJAVSKIJ	g	2515	0	0	0	½	½	½	●	½	1	0	½	½	1	1	1	1	½	½	9	6—7
8	DORFMAN	g	2505	½	0	1	0	½	½	½	●	½	0	1	½	½	½	½	½	1	½	8½	8—9
9	JUSUPOV	g	2585	1	0	½	½	0	½	0	½	●	1	0	0	1	1	1	½	0	1	8½	8—9
10	KUPREJČIK	g	2580	0	½	½	1	0	1	1	1	0	●	0	½	0	0	½	1	½	½	8	10—13
11	SVEŠNIKOV	g	2545	½	½	0	½	½	0	½	0	1	1	●	½	0	1	½	½	½	½	8	10—13
12	DOLMATOV	m	2575	½	0	½	0	½	½	½	½	1	½	½	●	½	0	1	½	½	½	8	10—13
13	CEŠKOVSKIJ	g	2575	½	0	½	½	½	0	0	½	0	1	1	½	●	½	0	1	½	1	8	10—13
14	JUDASIN		2345	0	0	½	0	0	1	0	½	0	1	0	1	½	●	½	1	1	½	7½	14
15	KUZ'MIN	g	2550	½	½	0	½	½	½	0	½	0	½	½	0	1	½	●	0	0	1	6½	15—16
16	GUL'KO	g	2565	0	1	1	0	0	0	0	½	½	0	½	½	0	0	1	●	1	½	6½	15—16
17	TIMOŠČENKO	g	2505	0	0	0	½	½	0	½	0	1	½	½	½	½	0	1	0	●	½	6	17
18	A. MIHAL'ČIŠIN	g	2545	0	0	0	½	0	1	½	½	0	½	½	½	0	½	0	½	½	●	5½	18

Ausgerechnet ein von seinem Lehrer Botwinnik in den 40er Jahren ausgearbeitetes Eröffnungssystem verhalf Garri in dieser kritischen Phase des Turnieres zu zwei vollen Punkten. Psahis holte in den Runden 13 und 14 lediglich ein Remis, so daß Kasparow mit einem halben Punkt das Feld anführte. Doch in den beiden nächsten Runden kam Garri über zwei Remisen nicht hinaus, während sein Kontrahent mit zwei Siegen auftrumpfte.
In der Schlußrunde bezwang Kasparow mit den schwarzen Steinen in einer taktisch hochdramatischen Partie den erfahrenen Großmeister Tukmakow. Psahis remisierte gegen Aksamow — zwei Spieler teilten sich den begehrten Titel!

15. Kasparow — Gawrikow

Frunze 1981
Damengambit

1.	**d2—d4**	**d7—d5**
2.	**c2—c4**	**e7—e6**
3.	**Sg1—f3**	**c7—c5**
4.	**c4xd5**	**e6xd5**
5.	**g2—g3**	

In den Jahren um 1910 führten der Österreicher Karl Schlechter und der Pole Akiba Rubinstein die Flankenentwicklung des Läufers als Bekämpfungsmethode gegen den isolierten Damenbauern in die Turnierpraxis ein. Auch heute gilt die Fianchettierung des Königsläufers, ein typisch hypermodernes Entwicklungskonzept, als die Standarderwiderung auf die Tarrasch-Verteidigung.
„Zum Schluß will ich noch diejenige Verteidigung erörtern, die ich für die beste halte, 3. ... c5, die sog. Tarrasch-Verteidigung, wobei ich aber hinzufügen muß, daß ich mit dieser Ansicht fast vollständig allein stehe. Nachdem sie Jahrzehnte hindurch fast ausschließlich angewendet worden war, ist sie nämlich seit einiger Zeit aus der Mode gekommen. ... Schwarz bekommt mit dieser Verteidigung immer ein freies, schönes Figurenspiel, aber einen isolierten Damenbauern ... Wer sich bei der Beurteilung dieser Verteidigung geirrt hat, ich oder die Schachwelt, wird die Zukunft lehren.“

1931 schrieb Siegbert Tarrasch in seinem berühmt gewordenen Lehrbuch „Das Schachspiel" diese Worte zu seinem System, das sich heute wieder einer großen Beliebtheit erfreut. Nicht zuletzt durch Kasparows erfolgreicher Anwendung bei den Wettkämpfen des Kandidatenturnieres 1983/84.
5. g3 ist selbstverständlich nicht erzwungen, Alternativen wie 5. e3 Sf6 6. Sc3 Sc6 7. Lb5 (Karpow—Chandler 1983) oder 7. Le2 führen zu Stellungstypen, in der sich Schwarz ebenfalls sorgfältig verteidigen muß, jedoch erhält er zuweilen auch einen starken Angriff auf die weiße Königsstellung, falls sich Weiß einige Ungenauigkeiten zu Schulden kommen läßt. Die Alternative 5. Lg5!? Le7 6. Le7: Se7: 7. dc5: Da5 + 8. Sc3 Sbc6 9. e3 Dc5: 10. Le2 0—0 11. 0—0 kam in der Partie Tal—Iwanowitsch, Niksic 1983 zur Anwendung. Weiß hat nach dem Tausch der schwarzfeldrigen Läufer einen kleinen aber dauernden Stellungsvorteil. Mehr als ein Remis wird Schwarz nicht erzielen können. Daher seien ambitioniertere Spieler auf 5. . . . f6 6. Lf4 Sc6 7. Sc3 Le6 8. e3 c4 mit folgendem Lb4 und Sge7 verwiesen.

5.	**. . .**	**Sb8—c6**
6.	**Lf1—g2**	**Sg8—f6**
7.	**0—0**	**Lf8—e7**
8.	**d4xc5**	

Es bleibt bis heute noch eine Frage des Geschmacks, mit welcher Variante Weiß die relative Schwäche des Isolanis bloßzulegen hofft. Eine zur Beurteilung der schwarzen Verteidigung bedeutende Stellung entsteht nach 8. Sc3 0—0 9. Lg5 cd4: 10. Sd4: h6 11. Le3 Te8. Weiß hat mehrere brauchbare Fortsetzungen zur Verfügung; 12. Tc1, 12. Da4, 12. Dc2 oder gar 12. Db3 wie Karpow im WM-Kampf gegen Kasparow spielte.

8.	**. . .**	**Le7xc5**
9.	**Lc1—g5**	

In der denkwürdigen Partie Lasker—Tarrasch, St. Petersburg 1914, versuchte der damalige Weltmeister 9. Sbd2. Nach 9. . . . d4? (Besser einfach 9. . . . 0—0 10. Sb3 Lb6) 10. Sb3 Lb6 11. Dd3! Le6 12. Td1 Lb3: 13. Db3: De7 14. Ld2 0—0 15. a4! machte sich das Fehlen des weißfeldrigen Läufers in der schwarzen

Stellung bemerkbar. In der Folge 15. ... Se4 16. Le1 Tad8 17. a5 Lc5 18. a6! ba6: 19. Tac1 Tdc8 20. Sh4! erzwang Weiß Materialgewinn.

9. ... 0—0
10. Sb1—c3 d5—d4

Die alte Verteidigung 10. ... Le6 führt nach der Abwicklung 11. Lf6: Df6: 12. Sd5: Db2: 13. Sc7 Tad8 14. Dc1 Dc1: 15. Tac1: nebst 16. Se6: zu einem vorteilhaften Endspiel für Weiß, wenngleich der Nachziehende in einigen Partien remis halten konnte.
Erwähnenswert ist, daß Weiß nach 10. ... Le7 nicht mit 11. Sd4 h6 12. Le3 0—0 in die oben erwähnte Hauptvariante einlenken braucht, sondern mit 11. Lf6: Lf6: 12. Sd5: Lb2: 13. Tb1 Lf6 14. Sd2 ein Druckspiel am Damenflügel aufbauen kann. Z. B. 14. ... Tb8?! 15. Da4 Ld7 16. Se4 Le7 17. Tfd1 De8 18. Dc2 b6 19. Se7: + De7: 20. Sd6 Se5 21. Dc7 De6 22. Ld5 mit weißem Übergewicht, Tatai—Patelli, 1982.

11. Lg5xf6 Dd8xf6
12. Sc3—d5!?

Im Jahre 1977 führte der holländische Großmeister Jan Timman, zur Zeit die Nummer Drei der Weltrangliste, diesen Zug in seiner Partie mit Iwkow in die Turnierpraxis ein. Seitdem kopierten viele Meister den damals neuen Spielplan; die weißen Springer nehmen eine ungleich aggressivere Position ein als nach 12. Se4 De7 15. Se1.

12. ... Df6—d8
13. Sf3—d2

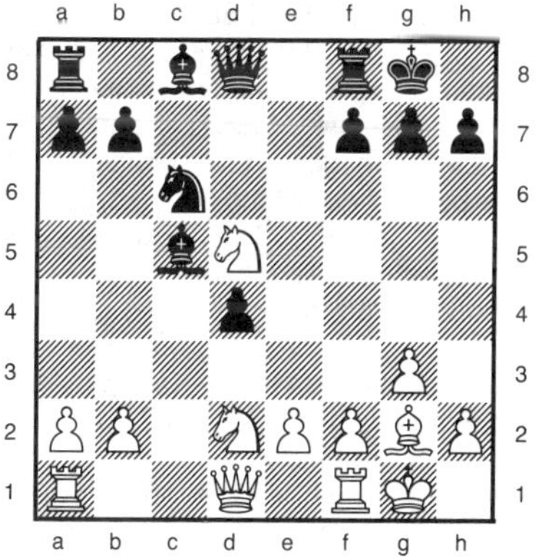

13 ... **a7—a6**

Schwarz opfert ein Tempo, um seinen Läufer auf a7 zu verstecken. Die schlechten Erfahrungen, die Schwarz mit dieser Idee bisher machte, veranlaßten die „Tarrasch-Spieler“ nach anderen Wegen zu suchen. Schwierigkeiten hat Schwarz auch nach der neueren Empfehlung 13. ... Lh3?! 14. Lh3: Dd5: 15. Lg2 De6, der weißfeldrige Läufer übt auf seiner Diagonale Druck aus. Wie rasch Schwarz in ein schlechtes Endspiel gerät, mußte ich in einer Schlüsselpartie des Berliner OPEN 1983 gegen den Schweden Akesson erfahren: 16. Tc1 Lb6 17. Sc4 Tfe8 18. Tfe1 Te7?! 19. Da4 Se5 20. Sb6: Db6: 21. Da3 Te6 22. Ted1 h5? 23. Dc5! Db2: 24. Tc2 Db6 25. Dd4: Dd4: 26. Td4: Te7 und nun sicherte sich Weiß mit 27. Ta4! a6 28. Tb4 Ta7 29. Tb6 Td7 30. h3 entscheidenden Vorteil, man beachte die Hilflosigkeit des Springers und die ungleich wirkungsvollere Position des Läufers.
Logischer erscheint 13. ... Te8, was auch Kasparow gegen Miles im Turnier zu Niksić anwandte. Nach 14. Tc1 Lb6 15. Te1 Le6 16. Sf4 Dd7 17. Da4 Tac8 18. Sc4 Ld8 ließ der englische Spitzenspieler 19. Se6: De6: 20. Db5 Tc7 21. Dd5 folgen. Kasparow lehnte mit 21. ... Df6?! Damentausch ab, geriet jedoch in Schwierigkeiten. Mit Mühe und Glück hielt er remis. Im Schachinformator gab er die Ausgleichsfortsetzung 21. ...

Dd5: 22. Ld5: Sb4! 23. Sd6 Te2:! an — 24. Te2: Tc1: + 25. Kg2 g6! 26. Te8 + Kg7 27. Td8: Sd5: 28. Se8 + Kf8. Miles versuchte 9 Monate später beim Londoner Superturnier, das Karpow überlegen vor Polugajewski, Chandler und Timman gewann, das weiße Spiel gegen den frischgebackenen Großmeister Chandler zu verbessern. Statt 19. Se6: zog er 19. b4, nach 19. ... a6 20. Sb2!? Lg5 21. Sbd3 Dd6 22. Tc5 Lf4: 23. Sf4: hatte Schwarz das Spiel nicht ausgeglichen.
Doch damit nicht genug der manchmal grauen Eröffnungstheorie (oder sollte man besser von Mittelspielpraxis reden?). Anläßlich der Partieanalyse Miles—Kasparow behandelte der Brite statt des Normalzuges 16. ... Dd7 das mutige Schlagen 16. ... La2: in seinen Anmerkungen: 17. b3 La5 18. Tc2 Lb3: 19. Sb3: d3 mit unklarem Spiel. Chandler führte diese Position in der Partie mit dem Weltmeister herbei, erlitt aber Schiffbruch. Karpow zeigte, daß er auch in ungewöhnlichen Stellungen den Blick für das Wesentliche nicht verliert. Nach 20. Tc6:! Le1: 21. Tc1 d2 22. Tb1! a5 23. Sd3 Dg5 24. Sbc5 Tad8 fiel er nicht in die Remisfalle 25. Sb7:? Td3:! 26. ed3: Lf2: 27. Kf2: De3 + 28. Kf1 Dd3 +, sondern hielt mit 25. Lb7: seinen Vorteil fest, den er auch zum Gewinn umsetzte. Karpow spielte in London sein letztes Turnier vor dem Weltmeisterschaftsmacht. Er gab mit dieser Partie seinem Herausforderer indirekt zu verstehen, daß er mit der aktuellen Theorie der Tarrasch-Verteidigung bestens vertraut ist.

14. Ta1—c1 Lc5—a7
15. Sd2—c4

„Der Rechner findet 2 + 2 = 4, der meisterliche Zug im Schach ist nur selten eindeutig bestimmt. Er wird ein bestimmter erst durch Abwägen von Für und Wider, wobei geringfügige Umstände den Ausschlag geben, wobei auch Neigungen mitreden und wobei — was die Hauptsache ist — die Phantasie fühlbar mitschwingt. ...“
An diese Worte Emanuel Laskers, niedergelegt in seinem 1924 erschienenem Werk „Gesunder Menschenverstand im Schach“ erinnerte sich der Autor als er die Position untersuchte. In zwei Bundesligapartien mit führenden Meistern der Schachwelt erfuhr er die unterschiedliche Auffassung zu der vorliegenden Stellung. Antony Miles, der in der Mannschaft

der SG Porz ein Zubrot verdient, spielte gegen mich 15. Te1. Nach 15. ... Lf5!? 16. Db3 Tb8? 17. Da3! Kh8 18. Sc4 Le6 19. Sd6 Dd7 20. Sf4 Se7 21. Tc2 stand der weiße Positionsvorteil fest (1:0, 43). Gut ein halbes Jahr später konnte ich es nicht lassen, die von Gawrikow gewählte Verteidigung auch gegen Robert Hübner anzuwenden. Als Verbesserung zu meiner Verlustpartie gegen Miles hatte ich 16. ... Le6 in petto. Doch Hübner spielte nicht 15. Te1 auch nicht 15. Sc4, sondern 15. Sf4. Nach 15. ... Ld7 16. Se4 Tb8 17. Dd2 setzte ich in der ersten Partie der Bundesligasaison 83/84 mit 17. ... Se7 fort. In der Folge behielt Weiß einen kleinen Vorteil, der bei gegnerischer Zeitnot umgesetzt wurde: 18. Sd6 Lc6 19. Lc6: Dd6: 20. Le4 b5 21. Tc2 Tbc8 22. Tfc1 Tc2: 23. Dc2: g6 24. Dc7 Lb8 25. Db7 Td8 26. Lf3 Kf8 27. Sd3 Td7 28. De4 Tc7 29. Td1 La7 30. a3 Kg7? (30. ... Sc6!) 31. Sb4 Td7 32. Tc1 h5 33. Kg2 a5? 34. Sd3 Tc7 35. Td1 Sg8?! 36. De8 Sf6? 37. Db5: — eine Überraschung in Zeitnot, den Verlust eines Bauern verkraftet eine derartige Stellung nicht.
Im letzten Mannschaftskampf kopierte mein Gegner (Partner) Holger Meyer (Delmenhorst) als Schwarzer den Partieaufbau bis zum 17. Zuge. Statt 17. ... Se7 ließ er 17. ... De7 folgen. Nach 18. Sd3 Lf5 19. Sec5 Se5! 20. Df4 Sd3: 21. ed3: Lc5: 22. Df5: Lb4 23. a3?! Ld2 24. Tc2 Lh6 hatte Weiß wenig erreicht — Remisschluß im 52. Zug. Nach der Partie machte er mich darauf aufmerksam, daß auch 16. ... Da5 durchaus spielbar ist. Doch die Chance, mit den schwarzen Steinen Hübner ein Remis „abzuklammern", war längst vertan.
Ich hoffe, den Leser mit dem Ausflug in den Bundesligaalltag nicht allzusehr ermüdet zu haben.

15. ... Ta8—b8

Wird von Kasparow als ungenau abgestempelt; seine Empfehlung 15. ... Lh3 ist in dieser Situation für Schwarz günstiger als in der Partie Akesson—Budde.

16. Sd5—f4! b7—b5?!

Schwarz sollte an die Entwicklung seines Damenläufers denken, nach 16. ... Lf5 17. Dd2 Tc8! ist noch nicht viel „los".

17. Sc4—d6! Dd8xd6

Besser kann sich Schwarz mit 17. ... Se5 zur Wehr setzen.

18. Tc1xc6 Dd6—d8
19. Dd1—c2 Tf8—e8

Nach 19. ... Lb7 20. Tc7 Lg2: 21. Kg2: Lb6 22. Tc6 beherrscht Weiß nicht nur die c-Linie, auch der Springer ist dem Läufer überlegen.

20. Ta1—c1 a6—a5
21. Lg2—d5!

Das Positionsspiel ist die Vorbereitung des Kombinationsspieles! Mit taktischen Mitteln verhindert Kasparow die Entwicklung des Damenläufers.
a) 21. ... Lb7? 22. Lf7: + !! Kf7: 23. Tc7 + Te7 24. Db3 + Kf8 (24. ... Kf6 25. T1c6 + ! Lc6: 26. Tc6: + Kg5 27. h4 + nebst baldigem Matt) 25. Se6 + Le6: 26. De6: Df6 27. Df6: gf6: 28. Th7: mit der nicht parierbaren Drohung 29. T1c7.
b) 21. ... Ld7 22. Tc7 Tc8 (wieder verbietet sich 22. ... Lb6 wegen 23. Lf7: + ! Kf7: 24. Df5 +) 23. Tc8: Lc8: (Zum Materialverlust führt 23. ... Dc8: 24. Lf7: + ! Kf7: 25. Db3 +) 24. Dc7 und der Punkt f7 fällt.

21. ... La7—b6
22. Dc2—b3 Te8—e7
23. Ld5—f3!

Räumt das Zentralfeld für den Springer; nach 23. ... Lb7 24. Sd5! Lc6: 27. Se7: + De7: 26. Tc6: steht Weiß überlegen.

23. ... Te7—e5
24. Lf3—h5!! g7—g6
25. Lh5xg6!

Weniger wirksam war ein Opferspiel mit 25. Sg6:, da Schwarz über den Zwischenzug 25. ... a4! verfügt. Nach 26. Dc2 hg6: 27. Tg6: + hat Weiß nur Dauerschach, falls sich Schwarz auf das Risiko 27. ... Kf8 28. Th6 nicht einlassen möchte.

25. ... h7xg6
26. Tc6xg6+ Kg8—f8
27. Tg6—h6

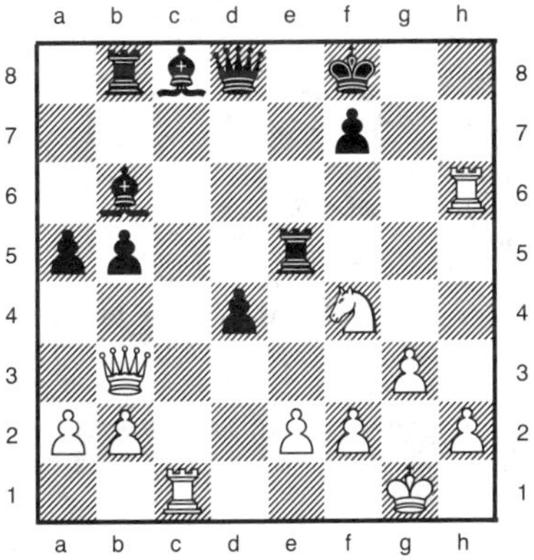

Ein charakteristisches Bild, das einen Eindruck von der aggressiven Spielweise von Garri Kasparow vermittelt. Das Figurenopfer führte zwar nicht unmittelbar zur Niederlage Gawrikows, doch der Angreifer kann seine Stellung verstärken, während sich der Verteidiger mannigfaltigen taktischen Drohungen ausgesetzt sieht. Drei Möglichkeiten hat Schwarz sich zur Wehr zu setzen, wobei 26. ... Kg7? jedoch wegen 27. Th7+! Kh7: 28. Df7:+ Kh8 29. Sg6 matt nicht ernstlich in Betracht kommt.

Stärker ist 26. ... Tg5. Nach 28. Tcc6! Tb7 (Lästig ist 28. ... Ld7? 29. Tcf6! und 28. ... Kg7 führt wieder zu einem hübschen Mattbild: 29. Th7+! Kh7: 30. Df7:+ Tg7 31. Th6+! Kh6: 32. Dh5 matt). 29. Df3!! und der weiße Angriff setzt sich durch — 29. ... Lf5 30. h4 Tg8 31. Sd5 mit Materialgewinn oder 29. ... Kg8 30. Sh5! Lf5 31. Sf6+ Kg7 32. Th5 mit raschem Gewinn.

27. ... Kf8—e7
28. Tc1—c6! Te5—f5

Die Wirksamkeit der Turmverdopplung auf der 6. Reihe zeigt sich nach 28. ... Ld7 29. Sg6+!.

29. Db3—f3!

Der letzte Baustein im genial geführten Angriff. Wieder verbietet sich 29. ... Te5 wegen 30. Sg6+!

29. ...	**Lb6—c7**
30. Df3—e4+	**Tf5—e5**
31. Sf4—g6+!!	**f7xg6**
32. Th1—h7+	**Ke7—f8**
33. De4xg6	

Der weißfeldrige Läufer hat sich immer noch nicht in Bewegung gesetzt. Statt ihn mit 33. ... Le6 die letzte Ehre zu erweisen gab Gawrikow die Partie auf.
Eine der besten Leistungen von Garri Kasparow!

16. Kasparow — Timoschenko

Frunze 1981
Damengambit

1. d2—d4	**d7—d5**
2. c2—c4	**c7—c6**
3. Sg1—f3	**Sg8—f6**
4. Sb1—c3	**e7—e6**
5. Lc1—g5	

Spieler, die die Verwicklungen des Botwinnik-Systems vermeiden möchten, geben 5. e3 den Vorzug, was nach 5. ... Sbd7 zum Meraner-System führt. Schwarz kann nun seinerseits mit 5. ... Sbd7 6. e3 Le7 ins orthodoxe Damengambit oder mit 6. e3 Da5 in die Cambridge-Springs-Variante einlenken.

5. ...	**d5xc4**
6. e2—e4	**b7—b5**
7. e4—e5	**h7—h6**
8. Lg5—h4	**g7—g5**

9. Sf3xg5 h6xg5

Die Akten der zweischneidigen Nebenvarianten 9. ... Sd5 10. Sf7: Dh4 11. Sh8: sind noch nicht abgeschlosssen, z. B. 11. ... Lb4 12. Dd2 c5 13. dc5: Sd7 14. g3!? (14. 0—0—0) 14. ... Dh5 15. Lg2 Lb7 16. 0—0 0—0—0 17. De2 De2: 18. Se2: Th8: mit unklarer Stellung, Timman — Henley 1983.

10. Lh4xg5 Sb8—d7

Die Grundstellung des Botwinnik-Systems, die nicht nur während der sowjetischen Meisterschaft 1981 Gegenstand erhitzter Diskussion unter den Eröffnungstheoretikern war und ist. Bis zum Finalwettkampf des Kandidatenturniers 1984 Kasparow — Smyslow glaubte man, daß 10. ... Sbd7 so gut wie erzwungen sei. Doch der Ex-Weltmeister spielte in der 5. Match-Partie 10. ... Le7; nach 11. ef6: Lf6: 12. Lf6: 12. Lf6: Df6: 13. g3 Sa6! 14. Lg2 Lb7 verbietet sich 15. Sb5:? wegen 15. ... cb5: 16. Lb7: Sb4 17. La8:? (17. 0—0 Td8) 17. ... Sd3+ 18. Kd2 Df2:+ 19. De2 Dd4: 20. Kd1 Ke7 mit vernichtendem schwarzen Angriff. Garri Kasparow fiel nicht in diese vorbereitete Falle. Er zog 15. Se4, nach 15. ... De7 16. 0—0 0—0—0 17. a4 konnte statt 17. ... Kb8?! Smyslow mit 17. .... f5 ein sichereres Spiel erhalten. Aber auch nach der tatsächlich erfolgten Fortsetzung endete die komplikationsreiche Partie unentschieden.

11. e5xf6

Die wohl gleichwertige Fortsetzung 11. g3 überläßt dem Schwarzen größere Zugauswahl.

11. ... Lc8—b7
12. g2—g3 c6—c5!?

Kompromißloser als 12. ... Db6 13. Lg2 0—0—0 14. 0—0 Nach 14. ... Se5 ist das positionelle Damenopfer 15. de5:! Td1: 16. Tad1: empfehlenswert.

13. d4—d5 Dd8—b6

Schwarz muß äußerste vorsichtig operieren. Zunächst scheitert 13. ... b4? an 14. Lc4: bc3: 15. de6: mit durchschlagendem weißem Angriff. In einer Partie Polugajewski — Torre aus dem Moskauer Großmeisterturnier 1983 widerlegte Weiß nach 13. ... Sb6? mit 14. de6:!! Dd1: + 15. Td1: Lh1: 16. e7 a6 17. h4 Lh6 18. f4 die schwarze Partieanlage. Der weiße Bauernblock in Verbindung mit dem fixierten schwarzen König gibt mehr als ausreichenden Ersatz für den geopferten Turm. In dieser Glanzpartie folgte weiter 18. ... b4 19. Td6 Tb8! 20. Sd1 Lg5: 21. fg5: Sd5! 22. Lc4: Se7: 23. fe7: Ke7: 24. Tf6! Thf8 25. e3 und Weiß verwertete sein positionelles Übergewicht im weiteren Verlauf.

14.	**Lf1—g2**	**0—0—0**
15.	**0—0**	**b5—b4**
16.	**Sc3—a4**	**Db6—b5!**

Diesen Zug fand Timoschenko im Mai des gleichen Jahres als Verbesserung zu 16. ... Da6?, das in einem Mannschaftsturnier zwischen Razuwajew und Waiser erfolgte. Nach 17. a3! b3 18. Sc3 Sb6 19. Dg4 Sd5: 20. Sd5: Ld5: 21. Ld5: Td5: 22. Tfd1 sah sich Schwarz bereits unlösbaren Problemen ausgesetzt.

17.	**a2—a3**	**Sd7—b8**

Diesen Zug fand Großmeister Schweschnikow, ebenfalls ein Befürworter des schwarzen Aufbaues. Dorfman spielte nach 17. a3 in einer Partie aus dem Qualifikationsturnier zur UDSSR-Meisterschaft gegen Haritonow ungenau. Nach 17. ... ed5:? 18. ab4: cb4: 19. Le3 stand Schwarz schlecht.

18.	**a3xb4**	**c5xb4**
19.	**Lg5—e3**	**Lb7xd5**
20.	**Lg2xd5**	**Td8xd5**
21.	**Dd2—e2**	**Sb8—c6**
22.	**Tf1—c1**	

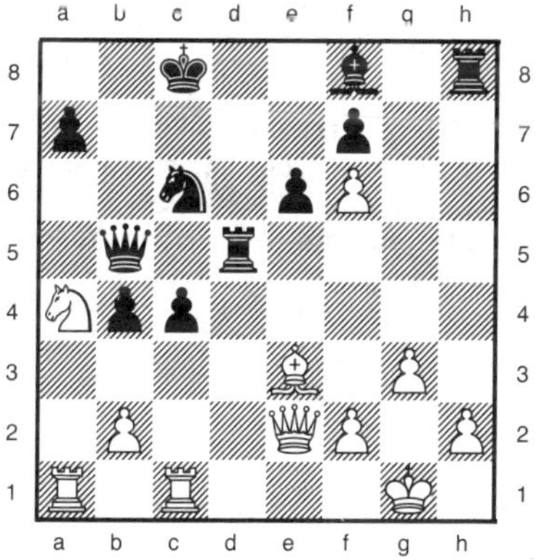

Diese Stellung wurde zwei Monate zuvor beim Qualifikationsturnier zur UDSSR-Meisterschaft in den Partien Anikajew — Schweschnikow und Raschkowski — Timoschenko der praktischen Prüfung unterzogen. Schweschnikow setzte mit 22. ... Kb7 fort, geriet aber nach 23. Tc4: Sa5 24. b3!! in eine schwierige Situation. Die Pointe liegt in 24. ... Sb3:? 25. Dc2! begraben und nicht, wie Kasparow in „Fighting Chess" angibt, 25. Sc3! (??) bc3: 26. Ta7:+ Kb8 27. Tf7: „mit unparierbarem Angriff". Tatsächlich hat Schwarz mehrere Züge zu seiner Verfügung, die diese Variante ad absurdum führen, beispielsweise 27. ... Ld6. Bei der Analyse wurde Kasparow offenbar von seiner Phantasie irregeführt.
Timoschenko versuchte statt 22. ... Kb7 einige Runden später 22.... c3, wurde jedoch ebenfalls von einem weißen Opferspiel überrascht. Nach 23. Db5:+ Tb5: 24. Sc3:!! bc3: 24. Tc3: Kd7 26. Ta6 Sd8 27. Ta7:+ Ke8 28. Tc8 stand Raschkowski deutlich überlegen. In hochgradige Zeitnot geraten übersah er in der Folge eine sehenswerte Rettung seines Gegners, die wir dem Leser nicht vorenthalten möchten: 28. ... Ld6 29. Ld4 Tb8 30. Tb8: Lb8: 31. Te7+ Kf8 32. b4? (Lc5!) Weiß mußte mit 34. Tc7+ Ke8 35. Te7+ Dauerschach geben. In der nachträglichen Analyse glaubte Timoschenko, daß das Stellungsproblem für Schwarz mit dem folgenden Zug zufriedenstellend gelöst werden kann.

22. ... Sc6—a5
23. b2—b3!

Nach 53 Minuten Bedenkzeit leitete Kasparow einen genialen anmutenden Angriff gegen die unsichere schwarze Königsstellung ein. 23. La7:? + Kb7 24. Sb6 c3! hätte indes die schwarze Strategie erfolgreich werden lassen. nach 23. b3! mußte 23. ... Sb3:? berechnet werden: 24. Tc4: + Kd7 25. Sc3! bc3: 26. Ta7: + Kd8 27. Tc3:!! mit entscheidendem Angriffsspiel.

23. ... c4—c3
24. Sa4xc3! b4xc3
25. Tc1xc3 + Kc8—d7

Das Ausweichen auf die andere Seite war wegen 25. ... Kb7 26. Dc2 Ld6 27. b4! nicht ratsam (27. ... Sc6 28. Tc6:).

26. De2—c2 Lf8—d6
27. Ta1—c1 Db5—b7
28. b3—b4!

Kasparow vermutete, daß sein Gegner diese weitere Linienöffnung bei seiner Hausanalyse nicht berücksichtigte, er benötigte 25 Minuten für seinen Antwortzug. Die Drohung 28. ... Th2: ist wegen 29. Da4 + entkräftet und 28. ... Tb5 führt zu einem gewonnenen Endspiel für Weiß, wie Kasparows Variante beweist: 29. ba5: Th2: 30. Tc6 Tbh5 31. a6 Th1 + 32. Kg2 Tc1: 33. ab7: Tc2: 34. Td6: + Kc7 35. Td7 + Kb8 35. Lf4 + e5 36. g4! — eine sehenswerte Abwicklung!.

28. ... Db7xb4
29. Tc1—b1 Db4—g4

Angesichts des drohenden schwarzen Gegenangriffs und der zunächst fehlenden weißen Drohungen ist es erstaunlich, daß die weiße Attacke letztlich doch durchschlägt. Die Tiefe des Kasparow'schen Konzeptes zeigt sich nach dem folgenden Zug.

30. Le3xa7!

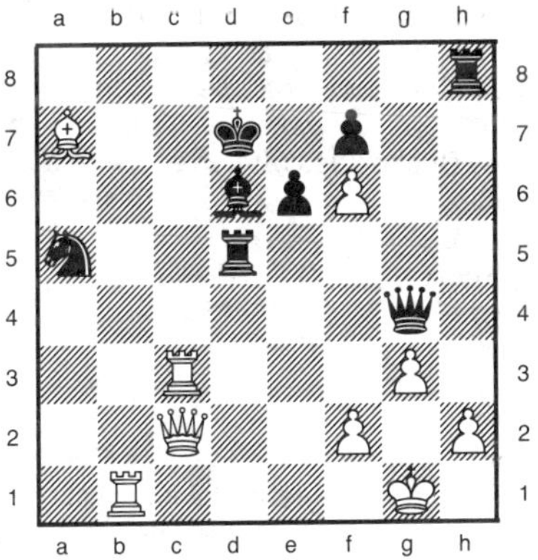

Die drohende Abdrängung der schwarzen Dame mit 31. f3, wodurch 32. Da4+ ermöglicht wird, verleiht dem weißen Spiel den nötigen Aufwind. Zu erwähnen bleibt noch der Uhrenvergleich der Kontrahenten. Timoschenko benötigte lediglich 40 Minuten gegenüber 130 Minuten Bedenkzeit von Kasparow.

30. ... e6—e5

Verschafft sich für seinen König eine Fluchtmöglichkeit, hindert aber die gegnerische Dame nicht an ihren nachhaltigen Einsatz. Nach der Partie erhitzen sich die Gemüter über den Wert der Alternative 30. ... Lc5.

31. Dc2—a2! Td5—d1+

31. ... Ke6 scheiterte an 32. f3 Df5 33. Td1 e4 34. fe4: De4: 35. Te3. Die besten Chancen bot noch 31. ... Df5, wonach Weiß 32. f3!! finden mußte, um seinen Angriff zu einem krönenden Abschluß zu bringen: 32. ... Ta8 33. Tbc1! Ta7: 34. Dd5: Df6: 35. Ta3 mit entscheidendem Materialgewinn. Den Gegenangriff 31. ... Dh3 gedenkt Kasparow in seinen Analysen mit dem Allzweckzug 32. f3 zu widerlegen. Nach 32. ... Ke6 sieht er, daß 33. Td1? wegen 33. ... Dh2:+! verfehlt ist. Er gibt 33. Tb5 (mit Ausrufezeichen an!), doch auch dann kontert

Schwarz mit 33. ... Dh2: + !! 34. Dh2: Td1 + usw. Richtig ist ein anderer Turmzug, der tatsächlich den Sieg klarstellt: 33. Td3!. Eigentlich nicht schwer zu sehen, doch in der Analyse herrschen manchmal merkwürdige Denkgesetze, was auch der Autor dieses Buches des öfteren zu seinem Leidwesen erfahren mußte.

32. Tb1xd1	**Dg4xd1 +**
33. Kg1—g2	**Dd1—h5**
34. Da2—a4 + !	**Kd7—e6**
35. h2—h4	

Danach ist die Partie entschieden, der Randspringer fällt, oder Timoschenko hätte eine mitleidserweckende schwarze Stellung nach 35. ... e4 36. De4: + De5 37. Dg4 + Df5 38. Te3 + Le5 37. De2 einnehmen können.

35. ...	**Dh5—e2**
36. Da4xa5	**Th8—a8**

Mittlerweile war Timoschenko in Zeitnot geraten; mit 36. ... De4 + konnte das Ende hinausgezögert werden.

37. Da5—a4!	**Ke6xf6**
38. Da4—d7	**Kf6—g7**
39. Tc3—f3	**De2—c4**
40. Dd7xd6	**Ta8xa7**
41. Dd6xe5 +	**Kg7—h7**
42. Tf3—f5	**Dc4—c6 +**
43. Kg2—h2	

Das Ende einer eindrucksvollen Partie — Schwarz gab auf!

Diese Partie aus der 13. Runde des Turnieres erregte Aufsehen unter den Teilnehmern; insbesondere die Verfechter der schwarzen Eröffnungsstrategie Schweschnikow und Dorfman kritisierten das spektakuläre Springeropfer Kasparows. Schweschnikow, bekannt als Erfinder einer Modevariante der Sizilianischen Verteidigung, verstieg sich sogar zu der Behauptung, daß Schwarz mit 30. ... Le5 statt 30. ... e5 in Vorteil hätte kommen können. Er bot Kasparow an, diese Stellung in

der 16. Runde in ihrer noch ausstehenden Begegnung einer praktischen Prüfung zu unterziehen. In seinem Hotelzimmer angelangt nahm Kasparow die Analyse der komplizierten Mittelspielposition auf. Nach mehrstündiger Arbeit kam er zum Schluß, daß Weiß über ausreichende Mittel verfügt, seinen Angriff durchzusetzen.
In der nächsten Runde kam Dorfman Schweschnikow zuvor.

17. Kasparow — Dorfman

Bis zum 30. Zug von Weiß, ein Rekord in der Theorie der Schacheröffnungen, folgten beide Spieler der Partie Kasparow — Timoschenko.

30. ... Ld6—e5

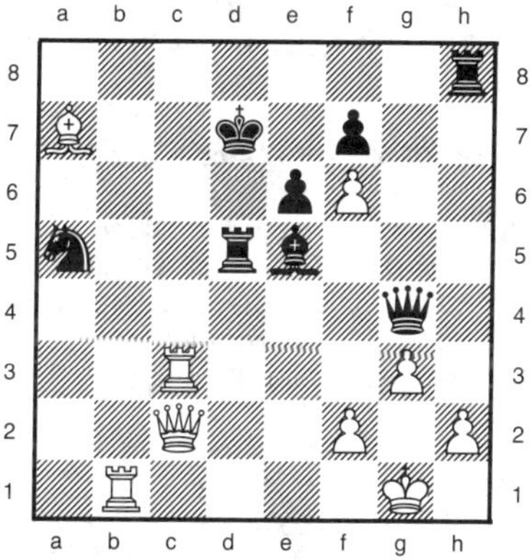

31. Tc3—c5!

Die erste Überraschung! Schwarz kann wegen der Drohung 32. Ta5: den Tausch des Td5 nicht verhindern, wonach sein König wenig Schutz findet. Schweschnikow bewies die Unzulänglichkeit von 31. f3? wegen 31. ... Ld4+ 32. Ld4: Dd4: + 33. Kh1 Kh6! oder 32. Kh1 Dg3: 33. Da4+ Kd8 34. Tb8+ Db8: 35. Lb8: Lc3: — beide Male gewinnt Schwarz die Oberhand.

31. ... Td5xc5
32. La7xc5!

Die Pointe der Kasparow'schen Analyse! Nach dem scheinbar aktiverem 32. Dc5: könnte Schwarz beruhigt sein: 32. ... Sc6! 33. Db7+ Lc7 34. Lb6 Tc8. Auch nach über einstündigem Grübeln fand Dorfman keine Möglichkeit, seine Spielsteine zu einer ausreichenden Verteidigung zu koordinieren.

32. ... Sa5—c6

Kasparow zeigte nach der Partie einige Resultate seiner nächtlichen Analyse:
a) 32... Dc4 33. Dd2+ Kc6 34. Tb6+ Kc5: 35. Da5: + Kd4 36. Tb4
b) 32. ... Tb8 33. Td1+ Ke8 34. f4!
c) 32. ... Lc7 33. Dd3+ Kc8 34. Tb4 Df5 35. Da6+ Kd7 36. Td4+.

33. Dc3—d3+ Kd7—c8

Die Trostlosigkeit der schwarzen Stellung zeigte sich auch nach 33. ... Kc7 34. Da6 Tb8 35. Ld6+ oder nach 33. ... Sd4 34. Td1! Th4 35. Db5+ mit Mattangriff. Nun gewann in einer längeren Folge 34. Da6+ Material, doch Kasparow suchte die Entscheidung im direkten Angriff.

34. Tb1—d1 Sc6—b8
35. Td1—c1! Dg4—a4
36. Lc5—d6+ Sb8—c6
37. Ld6xe5 Th8—d8
38. Dd3—b1! Td8—d5
39. Db1—b8+ Kc8—d7
40. Db8—c7+ Kd7—e8
41. Dc7xc6+ Da4xc6
42. Tc1xc6 Td5xe5
43. Tc6—c8+ Aufgabe

Der Verbesserungsversuch 30. ... Le5 wurde drastisch widerlegt. Schweschnikow löste nach der Niederlage Dorfmans sein Versprechen nicht ein, er vermied mit seinem 5. Zuge (5. ... h6!?) das Botwinniksystem.
Die theoretische Diskussion um die komplikationsreiche Mittelspielstellung wurde nach etwa zwei Jahren wiederaufgenommen. Michail Tal, Weltmeister des Jahres 1960, wartete im 22. Zuge mit einer neuen Idee auf. Das Kombinationsspiel zählt zu den starken Seiten Tals, der in seinen Glanzzeiten den Nimbus eines Schachzauberers erhielt. Mit 23 Jahren enthronte Tal Botwinnik; bis zu diesem Match hatte Tal eine ähnlich steile Laufbahn wie Kasparow vorzuweisen. Überraschend unterlag er 1961 in dem damals noch üblichen Revanchematch.
Tal konnte sich bei seinen weiteren Anläufen nicht durchsetzen. In den Zweikämpfen der Kandidatenturniere mußte er 1965 Spasski, 1968 Kortschnoi und 1980 Polugajewski den Vortritt lassen. Nichtsdestominder zählt Tal auch heute zu den „ganz Großen" des Schachs, viele seiner Glanzpartien schmücken die Lehrbücher der letzten zwei Jahrzehnte.
Bevor wir Ihnen die Auseinandersetzung Kasparow — Tal vorstellen, lassen wir eine Äußerung Botwinniks zum Verhältnis von Eröffnungstheorie und Mittelspiel Revue passieren.
„Worin besteht eigentlich die Vorbereitungsmethode? Wo liegt ihr Schwerpunkt? Am wichtigsten ist eine Verbindung der Eröffnungstheorie mit dem Mittelspiel. Majakowski beschrieb einmal, wie Gedichte gemacht werden. Dabei verglich er das Schaffen eines Dichters mit dem eines Schachspielers. Auch der beste Reim, sobald er vom Dichter entdeckt und veröffentlicht wurde, verliert für die weitere Dichtung jeglichen Wert, genau wie eine im voraus vorbereitete Eröffnungsfalle im Schachspiel nur für eine einzige Partie brauchbar ist."
Der Forscher muß aber solche Systeme entwickeln, die auch für mehr als eine Partie oder einen Wettkampf ausreichen, die mehrere Jahre und im Verlauf von mehreren Wettkämpfen nichts von ihrem Wert verlieren."
Im Anschluß an diesem Gedanken erläuterte Botwinnik die Forschungsarbeit zu dem Eröffnungssystem, das wir den drei abschließenden Partiebeispielen dieses Kapitels untersuchten.

18. Kasparow — Tal

Spartakiade 1983
Damengambit

1.	d2—d4	Sg8—f6
2.	c2—c4	e7—e6
3.	Sg1—f3	d7—d5
4.	Sb1—c3	c7—c6
5.	Lc1—g5	d5xc4

Mit dieser Partie machen wir einen chronologischen Sprung, da sie in einem engen Zusammenhang zu den zuvor behandelten Partien steht. Beim Interzonenturnier 1982 vermied Tal wie Schweschnikow mit 5. ... h6 das Botwinnik-System. Kasparow verzichtete seinerseits auf das übliche 6. Lf6:, sondern suchte mit dem wenig erforschten Bauernopfer nach 6. Lh4!? dc4: 7. e4 g5 8. Lg3 b5 8. Le2 den offenen Schlagabtausch. Bei den resultierenden Komplikationen verlor er die Übersicht, ein chancenreiches Läuferopfer wurde ein Zug zu spät angebracht. Tal, im 24. Zuge bereits in Zeitnot geraten, zog das Remisangebot vor, statt mit ernstzunehmenden Gewinnversuchen aufzuwarten. In der Endabrechnung fehlte ihm ein halber Punkt für die Qualifikation ins Kandidatenturnier.

6.	e2—e4	b7—b5
7.	e4—e5	h7—h6
8.	Lg5—h4	g7—g5
9.	Sf3xg5	h6xg5
10.	Lh4xg5	Sb8—d7
11.	e5xf6	Lc8—b7
12.	g2—g3	c6—c5
13.	d4—d5	Dd8—b6

Die Alternative 13. ... Lh6 kam im Jahre 1983 in Mode, als einige Schwarzsiege nach 14. Lh6: Th6: 15. Lg2 b4 veröffentlicht wurden.
Bei seinem letzten Auftreten in der westlichen Welt vor dem WM-Match mit Karpow zeigte Kasparow die geeignete Methode, Nutzen aus der exponierten Turmstellung zu ziehen. Nach 14. Lh6: Th6: zog er in der Uhrensimultanpartie gegen den englischen Jugendspieler Younglove 15. Dd2! Es folgte: 15. ...

Th5 (15. ... Tg6 16. 0—0—0!) 16. Le2 Th7 17. 0—0—0 Sf6: 18. Sb5: Ld5: 19. Df4 Tb8 19. Lc4: Th5 20. The1 Kf8 21. g4 mit weißer Gewinnstellung.
Kasparow spielte bei dieser Veranstaltung in London im Juli 1984 simultan gegen fünf englische und fünf amerikanische Schachtalente, wobei die Züge der amerikanischen Teilnehmer über einen Satelliten übermittelt wurden. Weitere Hilfestellung konnte ihnen der Satellit jedoch nicht leisten; die Amerikaner verloren ihre Partien, während die britischen Jugendlichen dem Superstar drei unentschiedene Partien abtrotzten.

14.	**Lf1—g2**	**0—0—0**
15.	**0—0**	**b5—b4**
16.	**Sc3—a4**	**Db6—b5**
17.	**a2—a3**	

Auch nach der einfachen Fortsetzung 17. de6: hat Schwarz kein leichtes Leben, wie Exweltmeister Tal einen Monat später in einer Partie mit der jugoslawischen Schachhoffnung Predrag Nikolić erfahren mußte. Nach 17. ... Lg2: 18. Kg2:! (18. e7? Lf1: 19. ed8:D+ Kd8: 20. Kf1: Dc6! 21. Kg1 Ld6 22. f4 Te8 23. Kf2 Kc7 hatte Schwarz in der Partie Ubilawa-Timoschenko, 1981 die besseren Aussichten.) 18. ... Dc6+ 19. f3 De6: 20. Dc2 Se5 21. Tae1 Td3 22. h4 Ld6 23. b3 befand sich Tal in Schwierigkeiten, rettete aber im weiteren Verlauf den halben Punkt.

17.	**...**	**Sd7—b8**

Keinen Erfolg hatte Schweschnikow im Jahre 1983 mit seinen Versuchen 17. ... Tg8 und 17. ... ed5:.

18.	**a3xb4**	**c5xb4**
19.	**Lg5—e3**	**Lb7xd5**
20.	**Lg2xd5**	**Td8xd5**
21.	**Dd1—e2**	**Sb8—c6**
22.	**Tf1—c1**	**Sc6—e5**

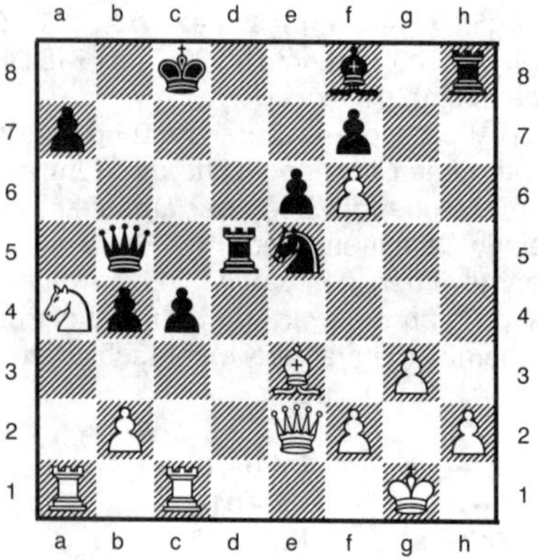

Tals Verbesserungsvorschlag! In den beiden Vorgängepartien spielte der Springer auf a5 eher eine tragische Rolle, da sich der Angriff auf b3 als illusorisch herausstellte.
Kasparow bemerkte in seinen Kommentaren, die zu Beginn des Jahres 1984 in der amerikanischen Schachzeitschrift „Players Chess News" veröffentlicht wurden, daß ihm seine Erwiderung nicht leicht gefallen sei. Zunächst überzeugte er sich, daß die forcierte Folge 23. f4 Sd3 24. Tc4: + Dc4: 25. Tc1 Dc1: + 26. Lc1: Sc1: 27. Dc4: + Kb7 28. Dc1: Ld6 ihm wegen der schlechten Stellung des Sa4 nicht viel einbrachte. Schwerer befand er es, sich gegen 23. La7: zu entscheiden. Nach 23. ... Kb7 muß der Läufer zurückkehren (24. Sb6? c3!). Kasparow glaubte bei den ersten Analysen, daß es zu riskant sei, in einer derartigen Position ein Tempo zu verlieren, so daß er sich für das bekannte Springeropfer entschied, womit er zunächst das Gesetz des Handelns bestimmt. Später vermerkte er im Schachformator den Zug 23. La7: mit einem Ausrufezeichen, ohne seinen Wert mit einer Variante zu belegen.
Verständlicherweise möchte Garri Kasparow bis zur nächsten praktischen Erprobung seine Untersuchung zu 23. La7: der Öffentlichkeit vorenthalten. Fest steht jedenfalls, daß auch ihm die Beurteilung der Tal'schen Neuerung nicht leicht gefallen war. Es seien einige Möglichkeiten nach 23. ... Kb7 24. Le3

Sd3 25. Td1 Tdh5 skizziert. Auf dem ersten Blick scheint 26. Sb6 der „Ausrenker“ zu sein, da 26. ... Th2:? wegen 27. Df3+ Dc6 28. Ta7+ sofort verliert. Doch mit 26. ... Df5! stellt Schwarz den Weißen vor schwer lösbare Probleme, so nach 27. h4 Th4:! 28. gh4: Tg8+ 28. Lg5 Kb6:! mit der Drohung Lc5. Mutig, aber vermutlich unzureichend, ist 27. g4 Tg8 29. f3 Ld6!. Spielt Weiß stattdessen 26. h4, so wird das schwarze Spiel auf der Diagonale mit 26. ... Dc6 nebst 27. ... Se5 sehr gefährlich. Bliebe noch der Damentausch 26. Df3+ Dd5 (26. ... Dc6?!) 27. Dd5: ed5: 28. h4 Te5 mit weiterhin kompliziertem Spiel.

23. b2—b3	**c4—c3**
24. Sa4xc3	**c4xc3**
25. Tc1xc3+	**Kc8—b8**

Ein Reinfall wäre 25. ... Kd8? 26. Ta7:!. Nach 25. ... Kb7 26. Ta7:+ Kb8 27. Db5:+ Tb5: 28. Kg2 hat Weiß im Endspiel vermutlich die besseren Aussichten.

26. De2—c2

Nun wäre 26. La7:+ tatsächlich zu langsam: 26. ... Kb7 27. De4 Db4! 28. Dc2 Ld6, und nach 29 Ta4? folgt ein Lehrbuchmotiv — 29. ... Sf3+ 30. Tf3: De1+ 31. Kg2 Th2:+ 32. Kh2: Th5+ 33. Kg3 Dh1 matt.
Der Textzug basiert auf der Überlegung, daß der Angriff 26. ... Sf3+ 27. Kg2 Th2:+ 28. Kf3: Tf5+ 29. Kg4 abgeschlagen wird.

26. ...	**Lf8—d6**
27. Le3xa7+	**Kb8—b7**
28. b3—b4!	**Se5—c6!?**

Schwierigkeiten hat Schwarz nach 28. ... Ta8 29. Ta5 Dd7 30. Lb6!. Kasparow hält die Vereinfachung der Stellung mit 28. ... Td3! für die beste Verteidigung. Nach 29. Td3: Dd3: 30. Dd3: Sd3 31. Td1 Ka7: 32. Td3: Td8 33. h4 Lc7 sei nach ihm das Remis unvermeidbar. Möglicherweise kann Schwarz in diesem Endspiel noch einige Gewinnversuche anstellen.

29. La7—e3

Tal überlegte eine längere Zeit, schrieb dann 29. ... Tc8 auf sein Partieformular. Schließlich wählte er doch eine weniger ehrgeizige Fortsetzung, die dem Weißen zumindest das Remis sichert. Nach der Partie gab er an, daß er wegen 30. f4 von seiner ursprünglichen Absicht Abstand nahm. Er berechnete 30. ... Lb4: 31. Tb1 Lc3: 32. Tb5: + Tb5: 33. Dc3:, und Schwarz muß ums Remis kämpfen. Kasparow war mit dieser Beurteilung nicht einverstanden. Er zeigte sein Talent bei der Analyse der komplikationsreichen Varianten nach 30. Dh7 und 30. Tb1. Schließlich kam er doch zu dem Schluß, daß bei genauem schwarzen Spiel die Stellung im Gleichgewicht bleibt.

29. ...	Ld6—e5
30. Tc3xc6	Le5xa1
31. Tc6—c7 +	Kb7—b8
32. Le3-a7 +	Kb8—a8
33. La7—e3	Ka8—b8
34. Le3—a7 +	Kb8—a8
35. La7—c5	Ka8—b8
36. Tc7xf7!	

Kasparow gibt sich mit dem Remis durch Zugwiederholung nicht zufrieden. Trotz eines Mehrturmes muß sich Tal sehr umsichtig verteidigen. Zum Verlust führt 36. ... Td7? 37. Ld6 + ! Kb7 38. De4 + Ka6 39. De6: und der Bf6 wird zur Großmacht.

36. ... La1—e5!

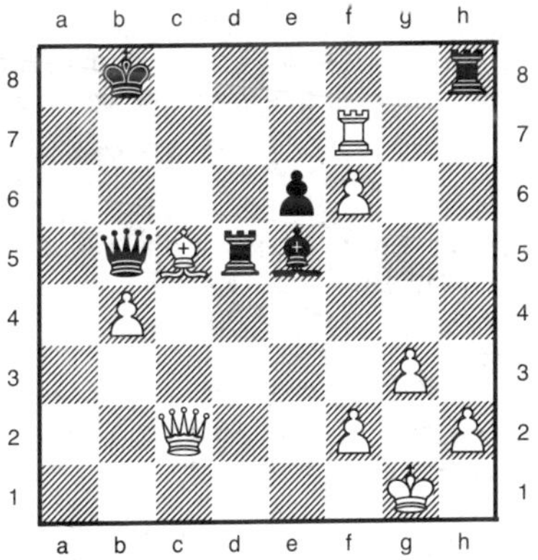

37. Lc5—a7+

Kasparow gibt an, daß er am Brett die Konsequenzen von 37. Te7 Thd8 38. f7 Td1+ 39. Kg2 nicht zu berechnen vermochte. Schwarz verliert nach 39. ... Df1+? 40. Kf3 Dh1+ 41. Kg4, doch nach 39. ... Dc6+! 40. Kh3 Df3 41. Dh7 Lg3: muß Weiß mit 42. Tb7+! Kc8 42. Tc7+ Dauerschach geben.

37. ...	**Kb8—a8**
38. Lc5—e3	**Td5—d7!**

Tal ist auf der Hut! Spielt er stattdessen 38. ... Kb8?, so erweist sich nach 39. Te7! Thd8 40. f7 Td1+ 41. Kg2 der Gegenangriff mit einer weißen Läuferstellung auf e3 als weniger wirksam. In der forcierten Folge 41. ... Dd5+ 42. f3 Td3 43. Te8 Lg7 44. Td8:+ Dd8: 45. Lf4+ Kb7 (45. ... e5 46. Le5:+ Le5: 47. Dd3:) kommt der b-Bauer mit 46. b5!! zu Wort. nach 46. ... Dd7 47. Da4! zeigt sich eine weitere Pointe, Dauerschach 47. ... Td2+ 48. Ld2: Dd2: 49. Kh3 Dh6+ 50. Dh4! ist verhindert.

39. Dc2—a2+!	**Ka8—b8**
40. Le3—a7+	

Kasparow strebt das Remis an, statt mit 40. De6:? einen fragwürdigen Gewinnversuch zu unternehmen: 40. ... Td1+ 42.

Kg2 Df1+ 42. Kf3 Dh1+ 43. Kg4 De4+ 44. Kg5 Tg8+ 45. Tg7 Lf6:+! 46. Kf6: De6:+ 47. Ke6: Tg7: und in dem zumindest ungewöhnlichem Endspiel hat es Weiß schwer, sich zu halten.

40.	**...**	**Kb8—c8**

Ein Spieler wie Tal kommt nicht auf die Idee, sich mit 40. ... Kb7? 41. De6: Tf7: 42. Df7:+ Lc7 43. Lc5 Verlustgefahren auszusetzen.

41.	**Da2xe6**	**Db5—d5**
42.	**De6—a6+**	**Dd5—b7!**
43.	**Da6—c4+**	**Db7—c7!**

Nach 43. ... Kd8 44. Td7:+ Dd7: 45. Lb6+ Lc7! 46. Lc5 steht Schwarz vor einer mühsamen Verteidigung, so aber erzwingt Tal Dauerschach. In einer Sammlung der besten Remispartien der Schachgeschichte sollte diese Auseinandersetzung nicht fehlen.

III. Von Bugojno bis Niksić

Die jugoslawischen Städte Bugojno und Niksić richteten im Mai 82 bzw. im September 83 zwei Großmeisterturniere aus, die mit einem ELO-Durchschnitt von etwa 2590 zu den stärksten Turnieren der 80er Jahre zu rechnen sind. Beidemale siegte Kasparow, der endlich bewies, daß er ebenso wie Weltmeister Karpow imstande ist, Turniere mit Elitebesetzung zu gewinnen.

In dieser Zeitspanne gelang es ihm weiterhin zwei Hürden auf dem Wege zum Weltmeisterschaftskampf erfolgreich zu nehmen. Er qualifizierte sich im Interzonenturnier für die Kandidatenwettkämpfe, sein erster Gegner Alexander Beljawski wurde in einem qualitativ besonders hochwertigem Match bezwungen. Auch Kasparows hervorragendes Ergebnis bei der Schacholympiade zu Luzern im November 82 bildet ein gewichtiges Glied in seiner nicht abreißenden Erfolgskette. Zahlenmäßig schlugen seine Resultate in der Bewertungszahl ELO derart nieder, daß Kasparow nach dem Turnier in Niksić mit dem Weltmeister eine Art Sonderklasse bildet.

In Bugojno zeigte Kasparow den übrigen Turnierteilnehmern sehr früh, was er sich vorgenommen hatte. In den drei Gewinnpartien der ersten vier Runden, herausgespielt mit seiner Lieblingswaffe gegen die Damenindische Verteidigung 4. a3, hatten seine Gegner Gligoric, Ivkow und Najdorf dem energischen Spiel Kasparows wenig entgegenzusetzen. Der argentinische Altmeister Miguel Najdorf nach seiner Niederlage — „Ich habe gegen den nächsten Weltmeister verloren!".

In Runde 6 legte Garri seinen Petrosjan-Komplex ab. Im Gegensatz zu den früheren Begegnungen sprang Kasparow nicht den gegnerischen König an, sondern lenkte das Spiel in positionelle Bahnen. Nach einem ängstlichen Damenrückzug des Exweltmeisters transformierte Kasparow seinen Vorsprung in der Entwicklung in dauerhafte positionelle Vorteile. Bereits im 23. Zuge bevorzugte Petrosjan ein Ende mit Schrecken — in eine Art Zugzwangsstellung geraten, gab er sich nach der glasklaren Erwiderung Kasparows geschlagen. In der Freude über diesen Sieg in einer relativ trockenen Positionspartie erhob er diese zu der bestgespielten in seiner Laufbahn. Noch viele „beste Partien" sollten folgen...

BUGOJNO, V 1982 — cat. XIV (2583) g = 7, m = 4½

				1	2	3	4	5	6	7	8	9	10	11	12	13	14		
1	KASPAROV	g	2640	●	½	½	½	½	½	1	1	½	½	1	1	1	1	9½	1
2	POLUGAEVSKIJ	g	2600	½	●	½	½	1	½	0	½	½	1	½	1	1	½	8	2—3
3	LJUBOJEVIĆ	g	2600	½	½	●	½	½	½	½	½	1	1	½	½	½	1	8	2—3
4	SPASSKIJ	g	2625	½	½	½	●	½	½	1	½	½	½	½	½	1	½	7½	4—5
5	HÜBNER	g	2620	½	0	½	½	●	½	½	½	1	½	½	½	1	1	7½	4—5
6	ANDERSSON	g	2605	½	½	½	½	½	●	0	½	½	1	½	½	1	½	7	6—8
7	LARSEN	g	2605	0	1	½	0	½	1	●	½	0	0	1	1	1	½	7	6—8
8	PETROSJAN	g	2605	0	½	½	½	½	½	½	●	½	1	½	½	½	1	7	6—8
9	IVANOVIĆ	g	2485	½	½	0	½	0	½	1	½	●	1	½	0	0	1	6	9
10	TIMMAN	g	2655	½	0	0	½	½	0	1	0	0	●	1	1	½	½	5½	10
11	KAVALEK	g	2590	0	½	½	½	½	½	0	½	½	0	●	½	½	½	5	11—12
12	NAJDORF	g	2510	0	0	½	½	½	½	0	½	1	0	½	●	½	½	5	11—12
13	GLIGORIĆ	g	2535	0	0	½	0	0	0	0	½	1	½	½	½	●	1	4½	13
14	IVKOV	g	2480	0	½	0	½	0	½	½	0	0	½	½	½	0	●	3½	14

Auch in den nächsten drei Runden sah das jugoslawische Schachpublikum einen Kasparow im Spielrausch. Ein Kampfremis mit Exweltmeister Spasski, Sieg gegen Larsen und ein entfachtes taktisches Feuerwerk in der Partie gegen Lubosh Kawalek. Mit vier Remispartien verabschiedete sich Kasparow aus Bugojno.

19. Kasparow — Najdorf

Bugojno 1982
Damenindisch

1.	d2—d4	Sg8—f6
2.	c2—c4	e7—e6
3.	Sg1—f3	b7—b6
4.	a2—a3	Lc8—b7
5.	Sb1—c3	d7—d5
6.	c4xd5	Sf6xd5
7.	e2—e3	Lf8—e7
8.	Lf1—b5+	c7—c6
9.	Lb5—d3	Sd5xc3
10.	b2xc3	c6—c5
11.	0—0	Sb8—c6

Als weniger genau wurde in Bugojno 11. ... 0—0 erachtet. Als Beweismittel dienten 12. Dc2 g6 13. e4 Sc6 (13. ... Dc7 wie Petrosjan zwei Runden später gegen Polugajewski versuchte, brachte nicht den gewünschten Erfolg) 14. Lh6 Te8 15. Tfd1! und Kasparow-Petrosjan Moskau 1981). Das Endspiel nach 15. ... cd4: 16. cd4: Sd4: Dd4: 18. Lb5 De4: 19. De4: Le4: 20. Le8: Te8: 21. Td7 gibt Weiß deutliche Vorteile, weil Weiß die Türme zum Angriff auf die 7. Reihe verwenden wird. Der schwarze König kann unter Umständen einem spät einsetzenden Mattangriff zum Opfer fallen.

12.	e3—e4	0—0
13.	Lc1—e3	c5xd4
14.	c3xd4	Ta8—c8
15.	Dd1—e2	Sc6—a5

16. Tf1—e1

Auf 16. Tfd1 folgt das Manöver 16. ... Tc3 17. a4 Da8 18. Sd2 Tfc8 19. f3 Sc6 und in einer Partie Gheorghiu-Stean 1979 einigte man sich mit 20. Sb1 Tb3 21. Sd2 Tc3 22. Sb1 auf Remis.

16. ... Dd8—d6

16. . Tc3 17. a4 Da8 Lf4! ist nicht mehr so wirksam, da 18. ... Sc6 mit 19. d5 widerlegt wird. Der Ungar Groszpeter spielte bei der Mannschaftsjunioren-WM in Graz 81 16. ... Kh8. Kasparow führte mit 17. h4 Lh4: 18. Tad1 Le7 19. d5! Verwicklungen herbei, die Partie endete jedoch remis. Bei diesem Turnier, welches Kasparow als Vorbereitung für das im Oktober 81 in Tilburg stattfindende ansah, siegten die UDSSR mit 32,5 Mannschaftspunkten vor England 30,5, Ungarn 28,5. Die Vertretung der BRD teilte sich mit Mannschaften wie der Schweiz, Jugoslawien und Argentinien den siebten bis zwölften Platz. Kasparows Ergebnis mit 9 Punkten aus 10 Partien zeigte, daß er auch in der Altersgrenze bis 26 Jahren wenig Federlesens mit seinen Gegnern machte.
Najdorf befürchtete vielleicht nach 16. ... Kh8 eine Verbesserung. Er wartet seinerseits mit einem neuen Zug auf. Aber auch hier begegnet Kasparow mit einer unverzüglichen Verschärfung des Spieles.

17. d4—d5! e6xd5
18. e4—e5 Dd6—e6
19. Sf3—d4 De6xe5
20. Sd4—f5 Le7—f6!

Der Altmeister reagiert zunächst richtig. Sofort verlor 20. ... g6 21. Ld4!, auch 20. ... Lc5 21. Dh5 Tfe8 22. Se7+ führt zur Katastrophe. Eine weitere Pointe des weißen Angriffsspieles zeigt sich nach 20. ... Sc4 21. Df1!! — Weiß bringt seinen Läufer nach d4, wonach sich die schwarze Position kaum verteidigen läßt: z.B. 22. ... Dc7 23. Ld4 Lf6 24. Lf6: gf6: 25. Te7 Db8 26. De2.

21. De2—g4

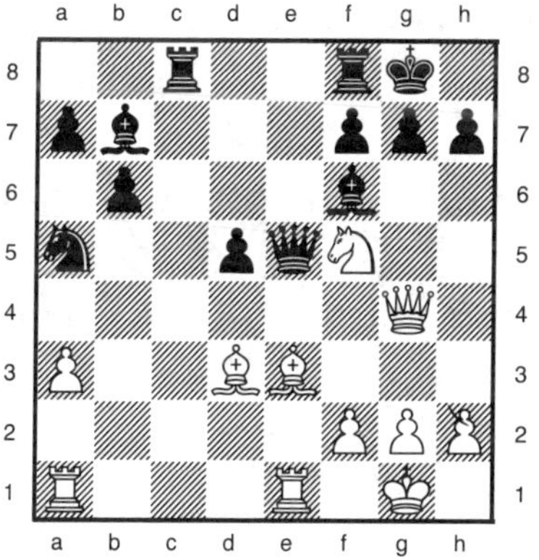

Das Opfer der Zentralbauern fegte Felder für die weißen Leichtfiguren frei. Wie soll Najdorf die handfeste Drohung 22. Ld4 parieren? Der Gegenangriff 21. ... Dc3! bot nach Kasparow Rettungschancen. Nach 22. Tac1 Dd3: 23. Sh6+ Kh8 24. Sf7:+ Kg8 hat Weiß nur Dauerschach und 22. Sh6+ Kh8 23. Lf5 bringt ihn wegen des Zwischenzuges 23. ... Sb3! in ernste Verlustgefahr. Die Falle 22. Tad1 begegnet Schwarz am besten mit 22. ... Tce8! 23. Dh3 g6 wonach er die Drohungen abwehrt. Schwächer ist 22. ... Kh8 23. Se7! Tce8? 24. Lh7: Te7: 25. Dh3 und Weiß gewinnt. Kasparow zeigt die Abwicklung 21. ... Dc3! 22. Se7+! Le7:! (Zum Matt führt 22. ... Kh8? 23. Lh7: Tc4 24. Le4!) 23. Ld4 Dd4: 24. Dd4: Lf6 25. Dg4 La1: 26. Ta1: und nach 26. ... Tfe8 sind hier Turm, Springer und zwei Bauern ausreichende Kompensation für den Damenverlust.

21. ... Tc8—e8?
22. Le3—d2!

Dieser Läuferzug lenkt die Dame von der Verteidigung der Rochadestellung ab. Auch nach 21. ... Tfe8?! wäre er erfolgt, jedoch nicht mit der vernichtenden Wirkung wie in dieser Position, da der Einschlag 24. Sg7: (nach 22. ... Da1: 23. Ta1: La1:) mit 24. ... Lg7: 25. Lh6 Tc1+ 26. Lf1 Tf1:+ 27. Kf1: La6+ 28. Kg1 Te1 matt widerlegt wird. Kasparow beabsichtigte nach

21. ... Tfe8?! mit 22. Ld2 Da1: 23. Ta1: La1: 24. h4! fortzusetzen, womit gefährliche Drohungen aufgestellt werden.

22. ... De5xa1

Resignation. 22. ... Dc7 wird mit Sh6+ Kh8 24. Te8: Te8: 25. Df5 Te4 26. Le4: de4: 27. Tc1 Sc4 28. Lg5! beantwortet. Auch 22. ... Db2 führt wegen 23. Sh6+ Kg8 24. Sf7:+ Kg8 25. Dh5! (25. Sd6? Te7!) g6 26. Lg6: hg6: 27. Dg6:+ Lg7 28. Sg5 in ein Mattnetz.

23. Te1xa1	**Lf6xa1**
24. Sf5xg7	**La1xg7**
25. Ld2—h6	

Schwarz gab auf!

20. Kasparow — Petrosjan

Bugojno 1982

Bogoljubow-Indisch

1. d2—d4	**Sg8—f6**
2. c2—c4	**e7—e6**
3. Sg1—f3	**Lf8—b4+**
4. Lc1—d2	**Dd8—e7**

Petrosjans Lieblingszug in dieser von Bogoljubow in den 20er Jahren eingeführte Variante. Gleichwertige Alternativen sind 4. ... Ld2:+ 5. Dd2: 0—0 6. Sc3 d5 wie Andersson gegen Kasparow in Luzern spielte oder 5. ... a5, was im Turnier zu Niksić 83 an Beliebtheit gewann.

5. g2—g3 Lb4xd2+

Der Kubaner Guillermo Garcia wählte im Moskauer Interzonenturnier gegen Kasparow 5. ... Sc6. Nach 6. Sc3 d5 7. cd5: ed5: 8. Lg2 0—0 9. 0—0 Te8 10. Db3?! Lg4 22. e3 a5 12. a3 Lf3:! 13. Lf3: a4 14. Dd1 Lc3: 15. Lc3: Dd7! stand Schwarz befriedigend, die Partie endete im 23. Zuge mit Remis.

6. Dd1xd2 0—0
7. Lf1—g2 d7—d5

Ein geschlosseneres Spiel ergibt sich nach 7. ... d6 nebst 8. ... e5 wie Petrosjan in früheren Partien spielte.

8. 0—0 d5xc4
9. Sb1—a3 c7—c5

In der ersten Runde in Bugojno erreichte Andersson mit 9. ... Td8 10. Dc2 c5 in der Partie mit Ivkow remis, Weiß hatte jedoch mehr vom Spiel. Petrosjan möchte unverzüglich eine symmetrische Bauernstellung herbeiführen, die den Remiskeim in sich birgt. Jedoch muß Schwarz genau spielen, damit der weiße Entwicklungsvorsprung sich nicht in dauerhafte Stellungsvorteile umsetzt.

10. d4xc5 De7xc5
11. Ta1—c1 Sb8—c6
12. Sa3xc4 Dc5—e7?

Der übervorsichtige Rückzug der Dame bildet bereits die Ursache für die Niederlage Petrosjans. Schwarz kommt nicht mehr zur Entwicklung seines Damenläufers. Erforderlich war 12. ... Td8 mit Ausgleichschancen. Kasparow gibt 13. Dc2 Ld7 14. Db3 mit besserem weißen Spiel an. Ein Urteil, das wegen 14. ... Tb8 15. Tfd1 De7 16. Sce5 Se5: 17. Se5: Le8 angefochten werden kann. Schwarz kann die gefährdeten Felder zuverlässig verteidigen. Den Versuch 13. Df4!? mit der Idee 13. ... Sd4? 14. Sd4: Td4: 15. De5! mit gewinnversprechendem Endspielvorteil, beantwortet Schwarz am besten mit 13. ... Ld7. Weiße Brachialmaßnahmen führen daraufhin nicht zum Ziel: 14. Sd6 Db6 15. Sg5 Tf8 16. Lc6:!? Lc6: 17. e4 (mit der Drohung 18. Sgf7:) 17. ... Tad8! 18. e5 Sd5 19. De4 g6 20. Dg4 h5 und Schwarz kommt nach Abwehr des weißen Angriffs zu starkem Gegenspiel.

13. Sf3—e5!

Der Abtausch des Verteidigers Sc6 und die Öffnung der Läuferdiagonale stellen den weißen Vorteil sicher. Nun ist 13. ...

Ld7 unzureichend, da nach 14. Ld7: Sd7: 15. Sd6 ersatzlos ein Bauer verloren geht. Spielt Schwarz 13. ... Sb4, so kann er sich nach 14. a3 Sbd5 15. Tfd1 kaum rühren.

13. ... Sc6xe5
14. Sc4xe5 Sf6—d5

Auf Kosten eines Bauern möchte Petrosjan zur Entwicklung seines schlummernden Damenflügels gelangen. Doch Kasparow geht auf dieses Angebot nicht ein, sondern steigert den Druck auf den offenen Linien.

16. Tf1—d1 Sd5—b6
16. Dd2—a5! g7—g6

Eine große Wahl an Zügen hat Petrosjan nicht. Nach 16. ... f6 17. Sc4 und Weiß verschafft sich über c7 Zugang in die schwarze Stellung. Etwas besser war der Tausch eines Turmpaares mit 16. ... Td8, womit sich Schwarz seiner Sorgen jedoch nicht völlig entledigen kann.

17. Td1—d3

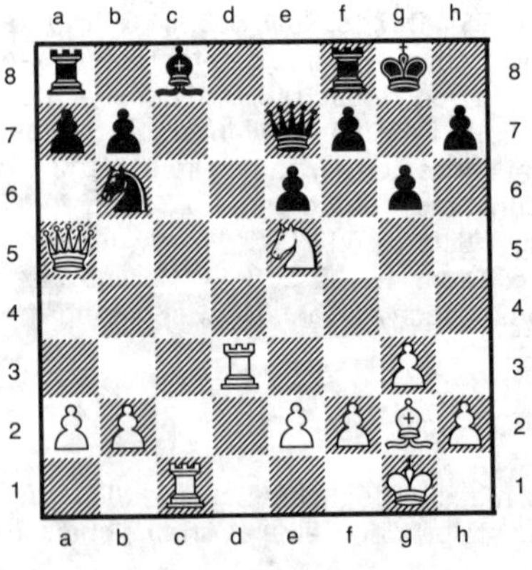

Nun führt 17. ... Td8 wegen der Ablenkung 18. Dc5! immer zu einem gewonnenen Endspiel für Weiß: 18. ... Dc5: 19. Td8: + Df8 20. Tf8: + Kf8: 2. Tc7 Petrosjan, in eine schwierige Lage geraten, verhält sich in der Folge abwartend, während Kasparow sukzessive das Zusammenspiel seiner Figuren verstärkt.

17.	**...**	**Sb6—d5**
18.	**e2—e4**	**Sd5—b6**
19.	**Lg2—f1!**	**Tf8—e8**

Keine Kompensation für den Bauern erhält Schwarz nach 19. ... f6 20. Sc4 Ld7 21. Sb6: ab6 22. Db6 Lc6 23. a3.

20.	**Td3—d1**	**Te8—f8**
21.	**a2—a3**	**Kg8—g7**
22.	**b2—b3**	**Kg7—g8**
23.	**a3—a4**	**Tf8—d8**

Die Drohung 24. Tc5 nebst 25. Dc3 vor Augen, entschließt sich Petrosjan zu einer Verzweiflungstat.

24. Da5—c5!

Und der Übergang ins Endspiel ist für Schwarz hoffnungslos — Petrosjan gab auf!

21. Kawalek — Kasparow

Bugojno 1982

Königsindisch

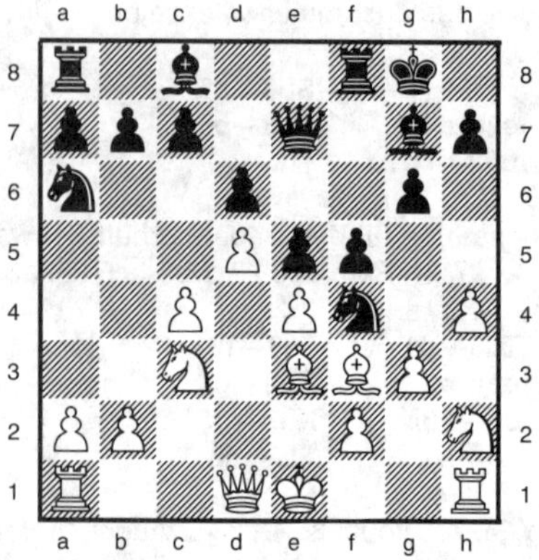

Lubomir Kawalek gewann ein Jahr zuvor die Internationale Deutsche Meisterschaft in Bochum. Auf diesem Turnier kam in einer Partie zwischen Borik und Van Der Wiel eine selten gespielte Variante in der Königsindischen Verteidigung zur Anwendung. Kawalek, der sich selbst häufig als Schwarzer dieser Verteidigung bedient, beschließt, Kasparows Wissen mit diesem ausgefallenen Abspiel zu prüfen. Nach seinem 13. Zuge schien die weiße Strategie vom Erfolg gekrönt. 1. c4 g6 2. Sc3 Lg7 3. d4 Sf6 4. e4 d6 5. Sf3 0—0 6. h3!? e5 7. d5 Sa6! 8. Le3 Sh5 9. Sh2!? De8 10. Le2 Sf4 11. Lf3 f5 12. h4 De7! 13. g3.

13. ... Sa6—b4!!

Kasparow hatte diese Überraschung vorbereitet, die durch die Gegenüberstellung von Dame und König in der e-Linie gerechtfertigt erscheint. Untersuchen wir zunächst die Folgen nach der Annahme des Springeropfers 14. gf4:. Schwarz öffnet die Stellung mit 14. ... fe4:!, da nach 14. ... ef4:? 15. Lf4: fe4: der Zwischenzug 16. Lg5! den weißen Materialvorteil gefahrlos sichert.

a) 15. fe5: Sd3 + ! 16. Kd2 Tf3:! 17. Sf3: (17. Se4: Se5 :!) 17. ... Lg4 18. Se4 Se5: mit strategischer Gewinnstellung.
b) 15. Se4: ef4: 16. Ld2 (schwächer ist 17. Lc1 Lf5 17. De2 Tae8 und gewinnt) 16. ... Sd3 + 17. Kf1! (Kasparow gibt nur das verlustbescherende 17. Ke2? Sc5 an).

Die Sichtweite der schwarzen Partei verdeutlicht das Analysediagramm. Wie setzt Schwarz fort?

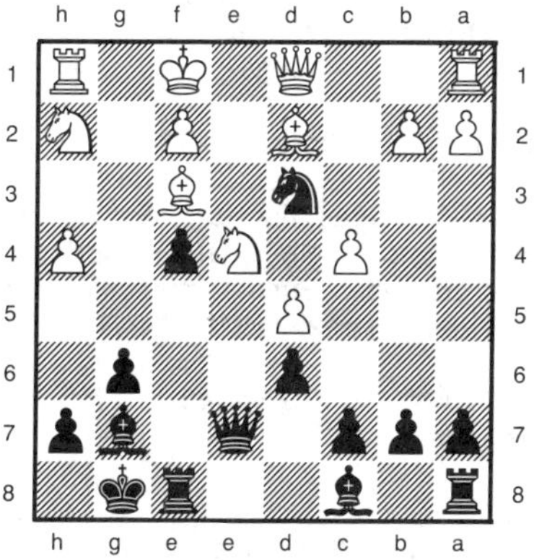

Naheliegend ist 17. ... Lh3 + 18. Kg1 Ld4 mit der Drohung 19. ... De4: nebst 20. ... Lf2: matt. Weiß verteidigt sich am besten mit 19. Le1! wonach längst nicht klar ist, ob der schwarze Angriff durchschlägt. Schwächer wäre 19. De2? Dh4:! und der Springer ist wegen 19. ... Lf2: + 20. Sf2: Dg3 + 21. Lg2 Dg2: matt unantastbar. Schwarz erhält einen starken Angriff: z.B. 20. Le1?! Tae8! 21. Dd3: Te4:! 22. De4: Dg3 + 23. Lg2 f3! und Schwarz gewinnt. Doch nach 19. Le1! steht das Resultat der Partie nicht fest. Statt 17. ... Lh3 + verdient 17. ... Sb2:! 18. Dc2 Sc4: Beachtung, obwohl auch hier von einer klaren schwarzen Gewinnstellung nicht die Rede sein kann.

14. Dd1—b3?

Es ist auch für einen erfahrenen Großmeister nicht leicht, die im vorigen Zuge ausgelöste Schockwirkung zu verdauen. Kawalek hofft einen eindringenden Springer zu erobern, unterschätzt aber die Gefahren um seinen König. Kasparow empfiehlt 14. 0—0! g5! 15. ef5:! mit einer schwer zu bewertenden Position.

14. ...	**Sf4—d3 +**
15. Ke1—e2	**f5—f4**
16. Le3—d2	**f4xg3?**

Kasparow nahm sich für diese Entscheidung weniger als eine Minute Bedenkzeit. Er plant ein Qualitätsopfer, was jedoch nach bestem weißen Spiel nicht zum Gewinn reichen sollte. Nach der Partie zeigte er selbst, daß das Springeropfer 16. ... Sf2:!! das Spiel zu seinen Gunsten entschieden hätte.
a) 17. Db4: fg3: 18. Thf1 gh2: 19. Tf2: Tf3:! 20. Kf3: Dh4: und gewinnt.
b) 17. Kf2: Sd3 + ! 18. (18. Ke2 Sc5 19. Dc2 fg3: 20. Sf1 Df7) 18. ... fg3: 19. Kg3 Tf4!

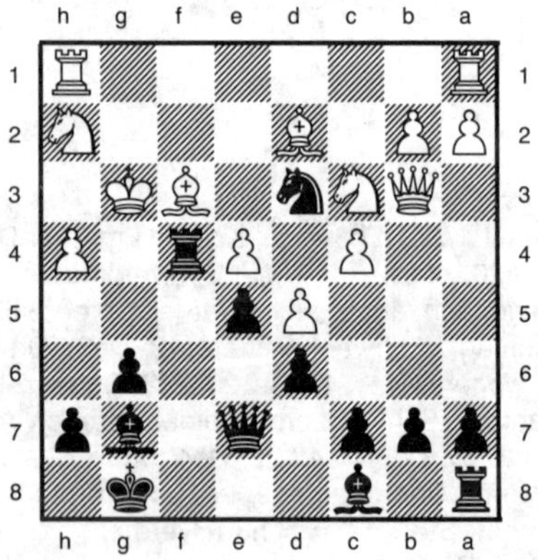

20. Sg4! (20. Lf4:? ef4: + 21. Kg2 Dh4: oder 21 Sf1 Tf3: + 22. Kf3: Df6 + Ke2 Sc5 24. Dc2 Lg4 + 25. Ke1 Df3 jeweils mit baldiger Mattsetzung) 20. ... h5 21. Se3! Lf6! und Schwarz erhält bei anhaltendem Königsangriff den zweiten Bauern für den Springer (22. Sg2 Lh4: + !).

17.	**f2xg3**	**Tf8xf3**
18.	**Sg2xf3**	**Lc8—g4**
19.	**Ta1—f1**	**Ta8—f8**
20.	**Sc3—d1?**	

Es drohte 20. ... Tf3: 21. Tf3: Lf3: + 22. Kf3: Df6 + 23. Kg2 Df2 + 24. Kh3 Df3! mit Gewinn. Die von Kawalek gewählte Überdeckung des Feldes f2 sollte durch 20. Le3! ersetzt werden. Nach 20. ... Df7? 21. a3! Lf3: + 22. Kd2 a5 23. ab4: Sb4 24. Da4 hat Weiß nicht nur den Angriff überstanden, sondern er steht auch aktiver. Kasparow müßte nach 20. Le3!, was dem weißen König Raum verschafft, mit 20. ... Lh6! das Remis forcieren wie eine von ihm demonstrierte Variante erläutert: 21. Lh6:! Tf3: 22. Tf3: Lf3: + 23. Kf3: Df6 + 24. Kg2 Df2 + 25. Kh3 Df3 26. Th2: (Ein Gewinnversuch 26. ... Df1 + ? 27. Kg4!) 26. ... g5! 27. Lg5: Df1 + 28. Kg4 h5 + 29. Kh5: Df3 + 30. Kh6! Df8 + mit Remis durch Dauerschach.

20.	**...**	**De7—f7!**
21.	**Ld2—e3**	

Das kommt jetzt einen Zug zu spät. Dem schwarzen Angriff kann Kawalek weniger entgegensetzen. Es folgte noch 21. ... Lf3: + 22. Kd2 Dd7 23. Thg1 Dh3 24. a3 Le4:! 25. Tf8: + Lf8: 26. ab4: Dh2 + 27. Kc3 Sc1!. Der Springer hat Schwerstarbeit geleistet — Weiß gab auf!

Nach seinem Erfolg in Bugojno kehrte Kasparow nach Baku zurück, wo er sich dem Studium der englischen Sprache widmete. Nachdem er im Sommer die erforderlichen Prüfungen erfolgreich ablegte, konnte er sich intensiv auf das nächste Examen, diesmal schachlichen Inhalts vorbereiten. Im Interzonenturnier zu Moskau, ausgetragen vom 8. bis 26. September 82, galt es für Kasparow einen der beiden Qualifikationsplätze für das Kandidatenturnier zu erringen. In den drei Interzonenturnieren des Jahres 1982 mit einem jeweils 14köpfigen

Teilnehmerfeld wurden die sechs Weltmeisterschaftsanwärter, die sogenannten Kandidaten, ermittelt, die mit dem Verlierer des WM-Kampfes 81 Viktor Kortschnoi und dem Unterlegenem des Finalwettkampfes im Kandidatenturnier 80/81 Robert Hübner, die Teilnehmer des Kandidatenturnieres bilden. In diesem Turnier der Weltelite werden Zweikämpfe nach K.O.-System ausgetragen. Ein Kandidat muß demnach drei Wettkämpfe für sich entscheiden, um das Recht zu erwerben, den amtierenden Weltmeister herauszufordern.
In Moskau fand das letzte der drei Interzonenturniere statt. Zuvor qualifizierten sich im spanischen Las Palmas der Ungar Zoltan Ribli und überraschend der 61jährige Wassili Smyslow, Weltmeister des Jahres 1957. Im mexikanischen Ort Toluca setzte sich mit Lajos Portisch der zweite Ungar durch. Den zweiten Platz errang sensationell der Philippine Eugenio Torre.
Die hocheingeschätzten sowjetrussischen Teilnehmer Spasski, Polugajewski, Balaschow, Tukmakow, Psahis und Petrosjan konnten sich in Las Palmas bzw. Toluca nicht durchsetzen. Aber auch Spitzenspieler des Westens wie Timman und Seirawan blieben in diesen Ausscheidungsturnieren auf der Strecke.
In Moskau überraschte zunächst das Spiel eines Außenseiters. Der Kubaner Guillermo Garcia führte nach 9 Runden gemeinsam mit Beljawski mit 6,5 Punkten das Feld an. Kasparow lag mit 3 Siegen und 6 Remisen gut im Rennen, hatte jedoch manche bange Momente überstehen müssen. Hart umkämpfte, an taktischen Inhalten reiche Partien mit Tal, Beljawski, Velimirovic sahen ihn am Rande der Niederlage. Gegen Andersson stand er sogar glatt auf Verlust, doch der Schwede, etwas in Zeitnot geraten, akzeptiert verwunderlicherweise das Remisangebot. Gerade dieser halbe Punkt sollte ihm in der Endabrechnung fehlen.
3 Siege und 2 Remispartien in den letzten 5 Runden verhalfen Kasparow schließlich doch zum eindeutigen Turniersieg. Um den zweiten Platz entschied die letzte Runde. Es konnten sich Beljawski, Tal, Andersson, Garcia und Geller durch einen Sieg zumindest den geteilten zweiten Platz sichern. Nur Alexander Beljawski konnte sich durchsetzen. Tal spielte gegen Andersson remis. Geller unterlag Sax und Garcia verlor überraschend gegen Rodriguez.

MOSKVA (izt), IX 1982 cat. XII (2545) g = 8, m = 5½

				1	2	3	4	5	6	7	8	9	10	11	12	13	14		
1	KASPAROV	g	2675	●	½	½	½	½	½	1	1	1	1	1	1	1	½	10	1
2	BELJAVSKIJ	g	2620	½	●	1	½	1	1	0	0	1	1	0	1	½	1	8½	2
3	TAL'	g	2610	½	0	●	½	½	½	1	½	½	1	1	½	1	½	8	3—4
4	U. ANDERSSON	g	2610	½	½	½	●	0	½	1	½	½	½	1	1	½	1	8	3—4
5	E. GELLER	g	2565	½	0	½	1	●	½	½	0	1	1	½	½	1	½	7½	5—6
6	GARCÍA GONZÁLEZ	g	2500	½	0	½	½	½	●	1	1	0	1	1	½	0	1	7½	5—6
7	MUREY	m	2500	0	1	0	0	½	0	●	1	½	½	½	½	1	1	6½	7
8	SAX	g	2560	0	1	½	½	1	0	0	●	½	½	0	½	½	1	6	8—9
9	CHRISTIANSEN	g	2505	0	0	½	½	0	1	½	½	●	0	½	½	1	1	6	8—9
10	VELIMIROVIĆ	g	2495	0	0	0	½	0	0	½	½	1	●	½	1	1	½	5½	10
11	VAN DER WIEL	m	2520	0	1	0	0	½	0	½	1	½	½	●	½	0	½	5	11—12
12	GHEORGHIU	g	2535	0	0	½	0	½	½	½	½	½	0	½	●	1	½	5	11—12
13	R. RODRIGUEZ	m	2415	0	½	0	½	0	1	0	½	0	0	1	0	●	1	4½	13
14	QUINTEROS	g	2520	½	0	½	0	½	0	0	0	0	½	½	½	0	●	3	14

Als beste Leistung betrachtete Kasparow seinen Sieg in der ersten Runde gegen den Ungarn Sax. Aber auch die Partien gegen Murey und Gheorgiu, herausgespielt mit derselben Eröffnungsvariante, zeigen die Überlegenheit Kasparows auf schachtaktischem Gebiet.

22. Kasparow — Sax

Moskau 1982
Grünfeldindisch

1.	**d2—d4**	**Sg8—f6**
2.	**c2—c4**	**g7—g6**
3.	**Sb1—c3**	**d7—d5**
4.	**c4xd5**	**Sf6xd5**
5.	**e2—e4**	**Sd5xc3**
6.	**b2xSc3**	**Lf8—g7**
7.	**Lf1—c4**	**0—0**
8.	**Lc1—e3**	

Früher spielte man zuerst 8. Se2, eine Springerentwicklung, die auch nach 8. ... c5 folgen sollte. Doch Sax bevorzugt einen anderen schwarzen Aufbau, wonach Weiß eher Vorteile aus der Zugumstellung ziehen kann.

8.	**...**	**b7—b6**
9.	**h2—h4**	**Lc8—b7**
10.	**Dd1—f3!**	**Dd8—d7**
11.	**Sg1—e2**	

Zu ungestüm ist 11. h5? wegen 11. ... Dc6!.

11.	**...**	**h7—h5**
12.	**Le3—g5**	**Sb8—c6**
13.	**Se2—f4**	**e7—e6**
14.	**Ta1—d1**	**Sc6—a5**
15.	**Lc4—d3**	**e6—e5!**

Das richtige Vorgehen im Zentrum! Selbstmörderisch wirkt der Figurenfang mit 15. ... f6? wegen 16. Sg6: fg5: 17. Dh5: Df7 und der Sicherungszug 18. f3! führt zu überlegenem Spiel zu Weiß. Mit 15. ... c5? ignoriert Schwarz die Drohung 16. Sh5:!! gh5: 17. Lf6 und sein König ist wehrlos: 17. ... Lf6: 18. Df6: Dd8 19. Dh6 und die Aktivierung Th1—h3—g3+ sorgt für den Garaus.

16. d4xe5	**Lg7xe5**
17. 0—0	**Dd7—g4**
18. Df3—e3	**Tf8—e8**

Der Turmzug wurde aufgrund der kommenden Ereignisse kritisiert und stattdessen 18. ... Tae8 empfohlen.

19. Ld3—e2

Der Rückzug 19. ... Dc8 20. Sd5 Ld5: 21. Td5: überläßt Weiß kampflos das Feld. Sax glaubt die Schwäche des Bauern e4 durch eine Kombination ausnützen zu können.

19. ...	**Le5xf4**
20. Lg5xf4	

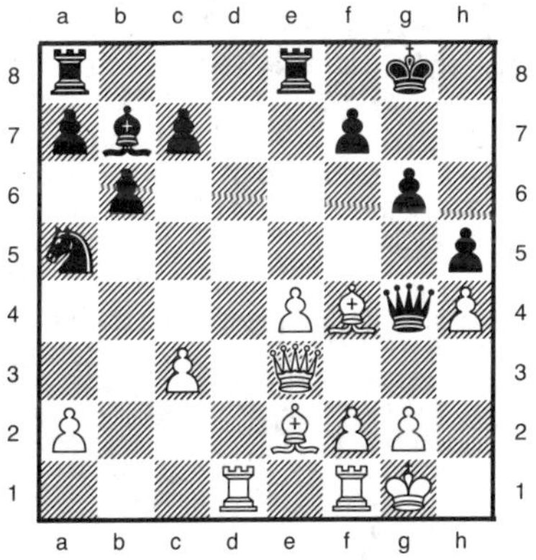

20. ...	**Sa5—c4?**

Hat Kasparow diese Wendung übersehen? Nach 21. Lg4: Se3: zeichnen sich nur allzudeutlich die Vorteile des Zwischenzuges ab. Besser war dennoch die Annahme des Bauernopfers mit 20. ... Dh4:! 21. e5 De7 22. Dg3. Weiß hat mit seinem Spiel auf den geschwächten schwarzen Feldern wohl mehr als ausreichende Kompensation, Schwarz kann sich aber hartnäckig zur Wehr setzen.

21. Le2xc4	**Te8xe4**
22. f2—f3!	**Dg4xf4**
23. Lc4xf7+!!	

Diesen Keulenschlag konnte man leicht bei der Vorausberechnung der mit 20. ... Sc4? eingeleiteten Kombination übersehen. Der Läufer ist wegen der Fesselung in der f-Linie unantastbar.

23. ...	**Kg8—g7**
24. De3—d3	

Der Schlußzug der Gegenkombination! Sax muß in einem Endspiel mit Minusbauern einlenken, in dem sein König weiterhin eine tragikomische Rolle spielt. Es folgte noch 24. ... De3+ 25. De3: Te3: 26. Td7 Kh6 27. Tc7: La6 28. Td1 Ld3 29. Td2 Lf5 30. Kf2 Te5 31. Td5 Td5: 32. Ld5: Td8 33. c4 b5 34. Ke3! (Viel stärker als 34. Ta7:? Ld3! wonach Schwarz noch Remischancen erhält.) 34. ... a5 35. Kf4 (Der König beteiligt sich am Knüpfen des Mattnetzes. So folgt in der Variante 35. ... bc4: 36. Lc4: Td4+ 37. Ke5 Th4: 38. f4 Lb1 39. Lg8 g5 40. f5 g4 41. Kf6! und Matt in zwei Zügen.) 35. ... Lb1 36. g4 hg4: 37. fg4: Tf8+ 38. Kg3 und Sax verspürte wenig Lust mit 38. ... g5 39. cb5: den aussichtslosen Kampf zu verlängern — Schwarz gab auf!

23. Kasparow — Gheorghiu

Moskau 1982

Damenindisch

1.	d2—d4	Sg8—f6
2.	c2—c4	e7—e6
3.	Sg1—f3	b7—b6
4.	a2—a3	Lc8—b7
5.	Sb1—c3	d7—d5
6.	c4xd5	Sf6xd5
7.	Dd1—c2	Sf6xd5

Im Interzonenturnier verzichtete Kasparow auf 7. e3. Der Damenzug beabsichtigt, ohne Tempoverlust mit 8. e4 das Zentrum zu besetzen. Erst nach dem Turnier fanden Großmeister die geeignete schwarze Aufstellung gegen den damals neuartigen Spielplan.

7.	...	c7—c5
8.	e2—e4	Sd5xc3
9.	b2xc3	Lf8—e7?!

Der eindrucksvolle Sieg Kasparows über Murey in demselben Turnier veranlaßt den rumänischen Großmeister, der Variante mit 9. ... Sc6 aus dem Weg zu gehen. In dieser Glanzpartie folgte: 10. Lb2 Tc8? (zu geradlinig, sicherer 10. ... Le7 11. Td1 0—0) 11. Td1! cd4: 12. cd4: a6 (12. ... Sb4? 13. Da4+ Lc6 14. Db3!) 13. Dd2! Sa5 14. d5 ed5: 15. ed5: Ld6? (Der Verlustzug! Besser war nach Kasparow 15. ... De7! 16. Le2 Sc4 17. d6!! Sd6: 18. 0—0 Se4 19. Df4 und die unterentwickelte schwarze Position macht keinen vertrauenserweckenden Eindruck.) 16. Lg7: De7+ 17. Le2 Tg8 18. Dh6! f5 19. Lf6 Df8 20. Dh7: Df7 (oder 20. ... Tg2: 21. Se5!!) 21. Df5: Tg6 22. De4+ Kf8 23. Sg5 Tg5: 24. Lg5: Te8 25. Lh6+ Kg8 26. Dg4+ aufgegeben.

10.	Lf1—b5+	

Zwingt den gegnerischen Läufer nach c6, wonach der Vorstoß d4—d5 als Drohung in der Luft liegt.

10.	...	Lb7—c6
11.	Lb5—d3	Sb8—d7

12. 0—0 h7—h6

Gheorghiu befürchtete auf 12. ... 0—0 13. d5 ed5: 14. ed5: Ld5: 15. Lh7: + Kh8 16. Le4. Diese Stellung ließe sich jedoch nach 16. ... Sf6 17. Ld5: Dd5: trotz des fehlenden Rochadebauern besser verteidigen als nach dem Textzug. Besser war wohl 12. ... Lb7.

13. Tf1—d1 Dd8—c7

Danach startet Kasparow einen Musterangriff gegen den unrochierten König. Die schwarze Stellung ist nach 13. ... 0—0 14. d5 ed5: 15. ed5: Lb7 16. c4 nicht befriedigend. Mit 13. ... cd4: 14. Sd4:! hat es Schwarz noch schwerer: 14. ... Dc7 15. Sc6: Dc6: 16. De2.

14. d4—d5 e6xd5
15. e4xd5 Lc6xd5?

Lehnt Schwarz das Bauernopfer mit 15. ... Lb7 ab, so spielt Weiß am besten 16. c4, statt sich mit 16. Lb5 0—0 17. Ld6: 18. Ld7: Dd7: 19. Lf4 Dg4 zu verkombinieren.

16. Ld3—b5

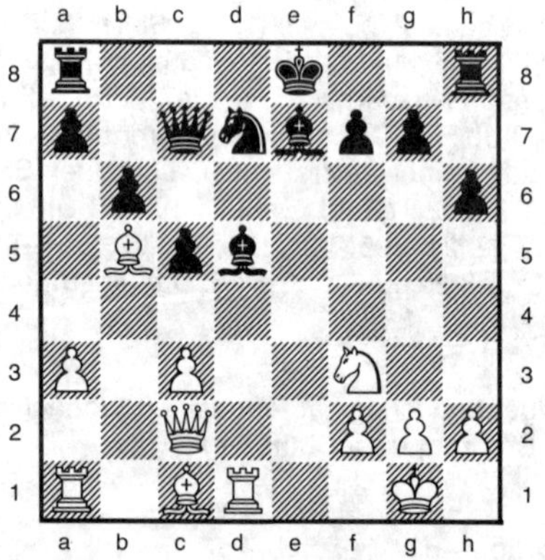

Neutralisiert Schwarz die Wirkung des fesselnden Läufers mit 16. ... Lc6, so wird sein König ebenfalls nach 17. Lf4! in der Mitte festgehalten: 17. ... Db7 18. Lc6: Dc6: 19. Te1! Kf8 20. Tad1 Te8 21. Df5 Sf6 22. Se5 Dc8 und nun gewinnt 23. Sd7 + ! Sd7: 24. Dd7: Dd7: 25. Td7: und die Drohung 26. Tde7: ist nicht zu parieren.

16. ... a7—a6
17. Lc1—f4!

Fällt nicht in die Falle 17. ... Db7 18. c4 Le4! und Schwarz gewinnt.

17. ... Dc7xf4

Unzureichend ist ebenfalls 17. ... Db7 18. Ld7: + Dd7: 19. c4 Dg4 20. Td5: Df4: 21. Te1. Nach 21. ... Ta7 gewinnt Weiß forciert mit 22. Se5 Tc7 23. Sg6! fg6: 24. Dg6: + Df7 25. Td8 + !.

18. Lb5xd7 + Ke8xd7
19. Td1xd5 + Kd7—c7?

Gheorghiu übersieht in schwieriger Stellung, daß dieser Königszug der eigenen Dame den Rückweg abschneidet, was Kasparow unverzüglich ausbeutet. 19. ... Kc8 war erforderlich, obwohl auch dann ein Sieg Kasparows sehr wahrscheinlich wäre.

20. Ta1—e1! Le7—d6

Auch 20. ... The8 21 Tde5 Df6 22. De4 verlor rasch.

21. Td5—f5 Dc4—b5
22. Te1—e4

Natürlich nicht 22. Sd2? The8.

22. ... Dc4—b5
23. Tf5xf7 + Kc7—b8
24. Te4—e6 Th8—d8
25. c3—c4 Db5—c6

Auf 25. ... Da5 folgt 26. De4 Ta7 27. Td6: 28. De8 + .

26. Sf3—e5 Dc6—c8
27. Dc2—b1!

Schwarz gab auf!

Nur ein Monat Ruhezeit war Kasparow nach seiner Qualifikation in Moskau vergönnt. In Luzern fand die 25. Schacholympiade statt, bei der es für die ansonsten erfolgsgewohnte sowjetische Equipe darum ging, die Schlappe in Buenos Aires 78 — damals gewann das ungarische Team — und den wenig überzeugten Wertungssieg auf Malta (bei Brettpunktgleichheit mit den Ungarn) wettzumachen. Die Sowjetrussen setzten sich diesmal mit 42,5 Punkten deutlich von den anderen Mannschaften ab. 2. CSSR 36,0, 3. USA 35,5, 4. Jugoslawien 35,0, 5. Ungarn 33,5. Das bundesdeutsche Team belegte mit 31,5 Punkten mit Mannschaften wie Schweden, Kolumbien und den Philippinen den 15. bis 20. Rang.
Garri Kasparow, eingesetzt am 2. Brett hinter Anatoli Karpow, holte mit 8,5 Punkten aus 11 Partien die meisten Punkte in seiner Mannschaft. Karpow war jedoch mit 6,5 Punkten aus 8 Begegnungen nicht minder erfolgreich. Kasparow startete mit 3 Gewinnpartien, kam aber in den nächsten 4 Runden über Remisen gegen starke Großmeister nicht hinaus. Doch dann sorgten drei Siege in Folge für sein hervorragendes Ergebnis. Der Engländer Nunn, der für die Schweiz spielende Kortschnoi und der Rumäne Suba wurden mit ein und demselben Eröffnungssystem, dem modernen Benoni, besiegt. Mit den weißen Steinen „verprügelte" Kasparow den als Taktiker bekannten Nunn in einer scharfen Variante, während er Suba mit einer positionell gediegenen Fortsetzung konfrontierte. Mit Spannung erwartete das Publikum in Luzern die Begegnung der 10. Runde Kortschnoi — Kasparow. Karpow verzichtete an diesem Tag auf seinen Einsatz. Die atemberaubende Partie konnte Kasparow für sich entscheiden.

24. Kasparow — Nunn

Luzern 1982

Benoni

1. d4 Sf6 2. c4 e6 3. Sc3 c5 4. d5 ed5: 5. cd5: d6 6. e4 g6 7. f4 Lg7 8. Lb5+ Sfd7 9. a4 Sa6!? 10. Sf3 Sb4?! 11. 0—0 a6? 12. Ld7: + ! Ld7: 13. f5! 0—0 (13. ... gf5: 14. Lg5 f6 15. Lf4 Dc7 16. Sd2! mit Gewinnstellung. Die beste Möglichkeit für Schwarz bestand in 13. ... c4 14. Lg5!? Db6+ 15. Kh1 Sd3 16. f6 Lf8 und nach dem von Kasparow empfohlenen 17. a5 setzt Schwarz nicht mit 17. ... Sf2+ 18. Tf2: Df2: 19. Sa4! fort, sondern mutig mit 17. ... Db2:!.) 14. Lg5 f6 (Nach 14. ... Lf6 15. Dd2 De7 16. Tae1 droht der Durchbruch 17. e5.) 15. Lf4 gf5: (Nunn resigniert bereits. Nach 15. ... De7 16. fg6: hg6: 17. Sh4 Kh7 — 17. ... Kf7 ist nicht besser — 18. Db1! erhält Weiß entscheidenden Angriff: a) 18. ... Le8 19. Tf3! b) 18. ... b5 19. Sg6:! Kg6: 20. Ld6: und gewinnt.) 16. Ld6: La4: 17. Ta4: Dd6:

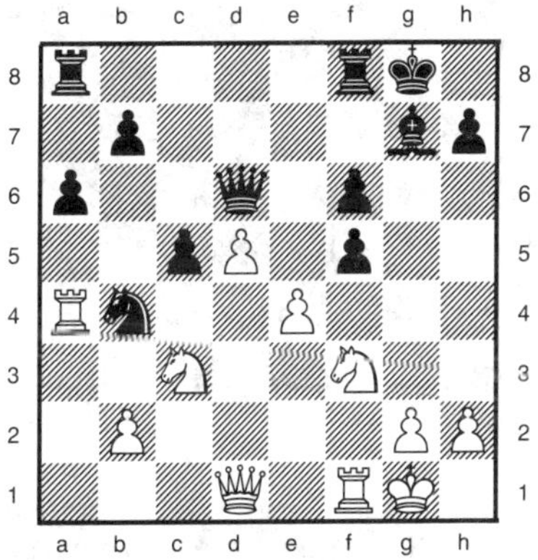

18. Sh4! (Kasparow sammelt mit diesem Zug die schwarzen Trümmer ein.) 18. ... fe4: 19. Sf5 Dd7 20. Se4: Kh8 21. Sc5: und Nunn stellte die Schachuhr ab, da er nach 21. ... Dd5: 22. Dd5: Sd5: 23. Se6 Tf7 24. Td4! nebst Einschlag auf g7 Haus und Hof verliert.

25. Kortschnoi — Kasparow

Luzern 1982

Benoni

Läßt man sich auf langzügige Eröffnungsvarianten ein, die spannungsgeladene Momente bergen, so müssen sich die Spieler stets auf Überraschungen in Form von theoretischen Neuerungen gefaßt machen. Kasparow folgt bis zu seinem 19.(!) Zuge der Partie Alburt-H. Olafsson aus dem Turnier zu Reykjavik 1982. Was er nicht wissen konnte — Kortschnoi war Gast in Reykjavik und fand nach eingehender Analyse eine Verbesserung, die den aggressiven Absichten der schwarzen Partei den „Dampf" nimmt.

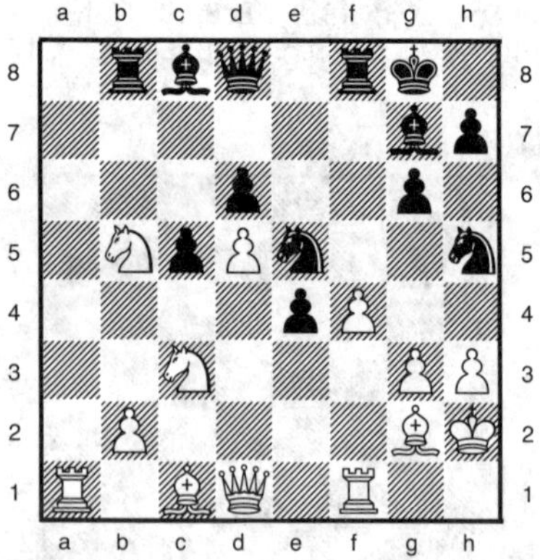

Die Diagrammposition entstand nach dem 19. Zuge von Schwarz: 1. d4 Sf6 2. c4 g6 3. g3 Lg7 4. Lg2 c5 5. d5 d6 6. Sc3 0—0 7. Sf3 e6 8. 0—0 ed5: 9. cd5: a6 10. a4 Te8 11. Sd2 Sbd7 12. h3 Tb8 13. Sc4 Se5 14. Sa3 Sh5 15. e4 Tf8 16. Kh2 f5?! (Nachträglich hielt Kasparow 16. ... Ld7! mit der Idee 17. f4 b5 für stärker.) 17. f4 b5 18. ab5: ab5: 19. Sab5: fe4:.

20. Lg2xe4

Bedeutend stärker als 20. Sa7, wie in der oben erwähnten Partie geschah. Dort folgte 20. ... e3! 21. De2 Sg3:! 22. Kg3: g5 23. f5 Lf5: 24. De3: und an dieser Stelle konnte Schwarz mit 24. ... Sc4! 25. Dg5: Dg5: 26. Lg5: Tb2: eine bedrohliche Initiative entfalten.

20. ... Lc8—d7
21. Dd1—e2!

Sichert seine Stellung, statt mit 21. Sd6:? ein unnötiges Risiko einzugehen: 21. ... Tb6!! 22. fe5: Le5: 23. Sc4 Lg3: + 24. Kg1 (24. Kg2? Lh3: + !) 24. ... Tbf6 und Schwarz erhält für das geopferte Material gute Angriffschancen.

21. ... Dd8—b6
22. Sb5—a3 Tb8—e8

Die kritische Stellung der Partie. Was folgt nach der Annahme des Springeropfers? 23. fe5: Le5: und Schwarz erhält sowohl nach 24. Lf4 Sf4: 25. gf4: Lf4: + 26. Kg2 Dd8! als auch nach 24. Sc4 Lg3: + 25. Kg1 Dd8 aufgrund der unsicheren weißen Königstellung Kompensation für den materiellen Nachteil. Kortschnoi verfügt an dieser Stelle über die vielversprechende Konsolidierung seiner Rochadestellung mit 23. Dg2!. Es ist fraglich, ob Schwarz nach 23. ... Sf7 24. Sc4 Dd8 ausreichendes Gegenspiel für den verlorenen Bauern erhält. Auch Timmanns Vorschlag 23. Dc2 mit der Idee Ld2—e1 ist besser als Kortschnois Wahl, die auf eine Fehlkalkulation basierte.

23. Lc1—d2? Db6xb2
24. f4xe5?

Kortschnoi übersah, daß nach dem ursprünglich geplanten „Damenfang" 24. Tfb1 Schwarz gewinnbringend mit 24. ... Sf3 + ! antwortet.
Nach diesem Versehen patzt Kortschnoi ein weiteres Mal. Die Annahme des Springeropfers führt ihn in eine verlorene Stellung. Erforderlich war 24. Ta2 Db7 25. Dg2 oder 24. Ta2 Db4! 25. Tb1 Dd4 26. Tc2! mit haltbarer Stellung

24. ... Lg7xe5

25. Sa3—c4 **Sh5xg3!**
26. Tf1xf8+ **Te8xf8**
27. De2—e1

Offensichtlich noch der einzig spielbare Zug.

27. ... **Sg3xe4**
28. Kh2—g2 **Db2—c2!**
29. Sc4xe5 **Tf8—f2+?**

Kasparow und Kortschnoi befinden sich in dieser verwickelten Situation bereits in hochgradiger Zeitnot. Mit 29. ... Sd2:! konnte Schwarz den Sieg sicherstellen. Z. B:
a) 30. Tc1 Sf3+!
b) 30. Sd7: Sf3+ 31. De2 Sh4+! 32. Kg1 Dc3: 33. De6+ Kh8 und der weiße König wird schneller mattgesetzt.

30. De1xf2!

Kasparow rechnete nur mit 30. Kg1 Td2: 31. Se4: Tg2+ 32. Kf1 Lb5+ und matt.

30. ... **Se4xf2!**

Besser als 30. ... Lh3:+? 31. Kg1 Sf2: 32. Ta2 Db3 33. Ta8+ Kg7 34. Ta7+ Kf6 35. Sf3 und Weiß erhält plötzlich Gewinnchancen.

31. Ta1—a2 **Dc2—f5**
32. Se5xd7 **Sf2—d3**

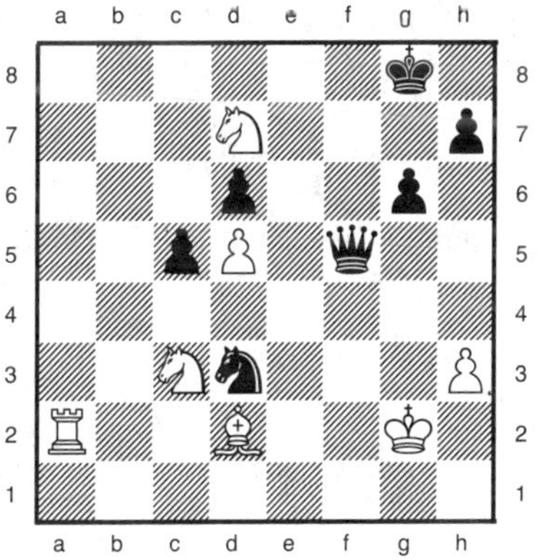

33. Ld2—h6?

Mit nur minimaler Bedenkzeit auf der Uhr waren die Folgen von 33. Ta8+ Kg7 34. Ta7! nicht zu berechnen. Weiß scheint sich halten zu können, z.B.: 34. ... Df2+ 35. Kh1 Dd2:+ 36. Se5+! Kg8 37. Ta8+ Ke7 38. Ta7+ Kd8 39. Sf7+ a) 39. ... Kf8 40. Sd6:+ Kf8 41. Tf7+ Kg8 42. Sce4 b) 39. ... Kc8 40. Sd6:+ Kb8 41. Tb7+ Ka8 42. Scb5.

33. ...	**Df5xd7**
34. Ta2—a8+	**Kg8—f7**
35. Ta8—h8?	

Kasparow beabsichtigt auf die beste weiße Chance 35. Se4 mit 35. ... g5!! fortzufahren. Nach 36, Tf8+! Ke7 37. Th8 müßte er in Zeitnot eine Klippe umschiffen: 37. ... Df5? 38. Lg5:+ Kd7 39. Th7:+! und Weiß gewinnt. Richtig ist 37. ... Sf4+! 38. Kf2 Sh3:+ 39. Kg3 Df5 40. Lf8+ Kd8!! (40. ... Kd7? 41. Th7:+ Kd8 42. Le7+ Kc7 43. Ld6:+ Kc8 44. Th8+ und mindestens remis) 41. Ld6:+ Kd7 42. Th7:+! Dh7:! 43. Sf6:+ Kd6: 44. Sh7: c4!! 45. Sf6 Sf4 46. Se4+ Kd5: 47. Sg5: c3! und Schwarz gewinnt. Ob diese phantastische Zugfolge, die Kasparow im Schachinformator 34 angab, auch in der tatsächlichen Partie erfolgt wäre, bleibt anzuzweifeln. Kortschnoi verliert nach der für ihn unerwarteten Parade völlig den Faden.

35. ... Kf7—f6!
36. Kg2—f3?? Dd7xh3+

und Weiß gab auf. Die spannendste Partie in Luzern!

Die Auslosung der Matchgegner für die 1. Runde des Kandidatenturniers ergab die Paarungen Torre — Ribli, Hübner — Smyslow, Kortschnoi — Portisch und Kasparow — Beljawski. Mit dem 30jährigen Alexander Beljawski fiel Kasparow sicherlich kein Wunschgegner zu. Beljawski, wie Kasparow Jugendweltmeister und Co-Sieger einer UDSSR-Meisterschaft (1974), zählt nach dem Turniersieg in Tilburg 81 zur Weltelite. Ähnlich wie Karpow bevorzugt Beljawski eine solide, positionell gediegene Spielweise. Es war nicht nur den Fachleuten klar, daß Kasparow gegen ihn keinen leichten Stand haben wird. Im Moskauer Hotel „Sport" begann Ende Februar 83 die Auseinandersetzung. Wie häufig bei derartigen Zweikämpfen spielt die Wahl der Eröffnungssysteme eine bedeutende Rolle. Kasparow versuchte auch mit den schwarzen Steinen eine schärfere Gangart einzulegen, während sich Beljawski, nach klassischem Konzept verhaltend, lediglich um den Ausgleich bemühte. In einem qualitativ besonders hochwertigen Wettkampf gewann Kasparow mit 6:3 schließlich die Oberhand. Das Endergebnis täuscht aber über den zeitweilig recht ausgeglichenen Verlauf hinweg. Jede Partie barg vielseitige, zuweilen neuartige taktische und strategische Problemstellungen. In der ersten Runde geriet Beljawski mit seinem bevorzugten Aufbau gegen das von Kasparow gewählte Abtauschsystem im Damengambit rasch in Nachteil. Nach einer Ungenauigkeit Kasparows zeigte Beljawski eine großartige Verteidigungsleistung. Gegen die erstmalige Anwendung der Tarrasch-Verteidigung fand Beljawski in der 2. Partie nicht das rechte Konzept. In schlechter Stellung verlor er die Partie durch Zeitüberschreitung. Nach einer Remispartie glich Beljawski jedoch den Wettkampfstand wieder aus. In verwickelter Position, entstanden aus der Nimzowitsch-Indischen Verteidigung, griff Kasparow als Letzter daneben. Die Revanche folgte prompt in der fünften und vermutlich auch besten Partie des Wettkampfes. Es lohnt sich, diese Angriffspartie einige Male nachzuspielen. Beljawski zeigt sich in den beiden folgenden Remispartien in taktischer und strategischer Hinsicht auf der Höhe. Beim erneuten Wechsel des Eröffnungssystems in der 8. Partie war er jedoch über die Erkenntnisse in einer Nebenvariante nicht im Bilde. Kasparow setzte sich mit einer großartigen Leistung erneut durch. Beljawski hatte in der 9. Partie mit der Wahl seines Verteidigungssystems weniger Erfolg. Kasparow zeigte in einer relativ trockenen Partie den hohen Grad seines Positionsverständnisses.

26. Kasparow — Beljawski

Moskau 1983, 5. Partie
Damengambit

1.	**d2—d4**	**d7—d5**
2.	**c2—c4**	**e7—e6**
3.	**Sb1—c3**	**Sg8—f6**
4.	**c4xd5**	**e6xd5**
5.	**Lc1—g5**	**Lf8—e7**
6.	**e2—e3**	**h7—h6**

Beljawski, Spezialist der Tartakower-Variante, wählt in diesem Wettkampf auch im Abtauschsystem des Damengambit stets die weniger gebräuchliche Fianchettierung seines Damenläufers, die mit der Einschaltung von 9. ... h6 eingeleitet wird.

7.	**Lg5—h4**	**0—0**
8.	**Lf1—d3**	**b7—b6**
9.	**Sg1—f3**	**Lc8—b7**
10.	**0—0**	**c7—c5**
11.	**Sf3—e5**	**Sb8—d7**
12.	**Ld3—f5!**	

Nichts holte Kasparow in der 3. Wettkampfpartie mit 12. Df3 heraus. In der Abwicklung nach 12. ... cd4:! 13. ed4: Se5: 14. de5: Sd7: 15. Le7: De7: 16. Sd5: De5: 17. Se7:+ verfügte Beljawski über die überraschende Antwort 17. ... Kh8!!, womit er das baldige Remis sicherte. Die nicht naheliegende Verbesserung des weißen Aufbaus erfüllt mehrere Aufgaben. Zunächst droht Bauergewinn mit 13. Sd7: nebst Le7:, dc5: und Sd5:. Die Parade 12. ... cd4: ist wegen 13. Sd7: Sd7: 14. Le7: De7: 15. Dd4: mit einem kleinen aber dauerhaften Vorteil nicht mehr so wirksam. Auch nach 12. ... Te8 kann Weiß diese Abwicklung wählen oder mit 13. f4! seinen Springer befestigen. Schwarz bliebe dann auf eine passive Verteidigung beschränkt. Beljawski tauscht den lästigen Springer, wonach die Frage auftaucht, ob sein d-Bauer stark oder schwach ist.

12. ... Sd7xe5
13. d4xe5 Sf6—e8

Noch eine weitere Pointe von 12. Lf5 wird deutlich. Das ansonsten stellungsgemäße 13. ... Se4 ist wegen 14. Sd5:! mit Bauerngewinn nicht möglich.

14. Lh4—g3 Se8—c7?

Bemerkenswerterweise gerät Schwarz nach der scheinbar logischen Überdeckung von d5 in eine schlechte Position. Erforderlich war 14. ... g6!, womit der Läufer befragt und der eigene Springer über g7 aktiviert werden kann. Nach 15. Lc2 Sg7 16. f4?! d4! erreicht Schwarz befriedigendes Spiel. Auch 15. Lg4 kann mit 15. ... d4 begegnet werden. So leicht ist dann der Bd4 nicht zu erobern. Schwarz verfügt über ausreichende taktische Möglichkeiten, Gegenspiel zu erlangen.

15. Dd1—g4 Dd8—e8

Der lästige Druck auf der Diagonale h3—c8 kann mit 15. ... g6 nicht abgeschüttelt werden. Nach dem Einschlag 16. Lg6:! fg6: 17. Dg6:+ Kh8 18. Dh6:+ Kg8 19. Dg6+ Kh8 führt der Bauernangriff 19. f4 d4!? 20. f5! die Entscheidung herbei. Natürlicher als 15. ... De8 erscheint 15. ... Lc8. Nach 16. Tad1 Lf5: (16. ... Le6 17. Sd5: Ld5 18. e4!) 17. Df5: d4 18. De4! Se6 19. f4! erhält Weiß ein gutes Angriffsspiel.

16. Lf5—d7! De8—d8

Nun wird 16. ... Lc8 mit 17. e6! widerlegt.

17.	**Ta1—d1**	**h6—h5**
18.	**Dg4—h3**	**h5—h4**
19.	**Lg3—f4**	**Le7—g5**

Die konsequente Fortsetzung 19. ... g5 ist wegen 20. Lf5! Lc8 21. e4! gf4: 22. Dg4 + Lg5 23. Sd5:! Lf5: 24. ef5: Sd5 25. Td5:! zum Scheitern verurteilt und 19. ... Lc8 verliert wegen 20. Sd5:!.

20. Ld7—f5

Beljawskis Dame findet keinen sicheren Platz. Auch nach 20. ... Lf4: 21. ef4: De7 22. Se4! Se6 23. Sf6 + ! gf6: 24. Dh4: nützt der weiße Springer ihre Notlage aus. Spielt Schwarz 21. ... d4, so erlangt Weiß mit 22. Se4 Le4: 23. Le4: Tb8 24. f5 einen überwältigenden Angriff.

20.	**...**	**g7—g6**

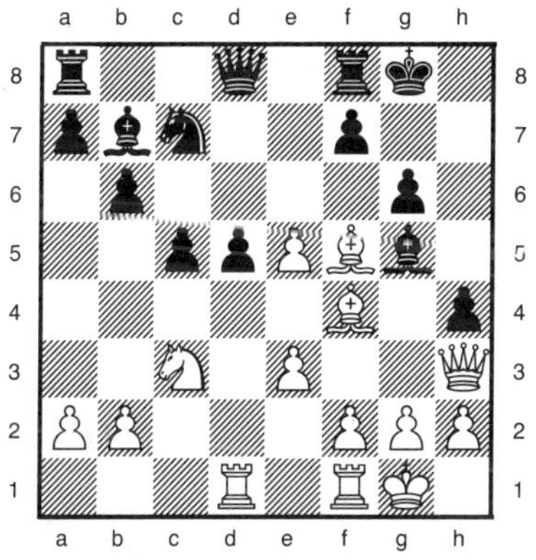

21.	**Sc3—e4!**	**Lg5xf4**
22.	**e3xf4**	**g6xf5**

Schwarz hat nichts Besseres. Im Abspiel mit 22. ... Kg7 23. Sd6 Lc6 24. Lb1 Se8 entscheidet das Figurenopfer 25. f5! Sd6: 26. f6+ Kg8 27. Dh4: Se8 28. Td3 Ld7 29. Tg3 und Schwarz kann sich gegen Dh6 nebst Lg6: nicht zur Wehr setzen.

23. Dh3xf5!

Mit 23. Sf6+ Kg7 24. Dh4: Th8! 25. Dg5+ Kf8 konnte sich Weiß verstolpern.

23. ... d5xe4

Erzwungen, da nach 23. ... f6 24. Dg4+! Kh7 25. Dh4:+ Kg7 26. Dg4+ Kh7 das typische Eingreifen mit 27. Td3 Matt erzwingt.

24. Df5—g4+ Kg8—h7
25. Td1xd8 Tf8xd8
26. Dg4xh4+ Kh7—g8
27. Dh4—e7

Viel stärker als 27. f5 Td7! und Schwarz kann sich hartnäckig verteidigen. Die Deckung 27. ... Tac8 ist nun zu langsam: 28. f5 Lc8 29. e6 fe6: 30. f6 und Weiß gewinnt.

27. ... e4—e3
28. Tf1—e1

Ebenfalls möglich war 28. fe3: Td2 29. Te1, jedoch nicht 28. Dc7: e2 29. Db6: Td1 30. Da8:+ Kg7 und Schwarz gewinnt sogar.

28. ... e3xf2+

Beljawski, wieder in Zeitnot geraten, erleichert die gegnerische Aufgabe, die Gewinnstellung nach „Hause" zu bringen. Stärker war 28. ... e2 (28. ... Tad8 29. f3!) 29. f3 Td1 30. Kf2 La6 31. Dc7: Tad8. Kasparow erzwingt jedoch auch hier mit 32. Da7:! Te1: 33. Da6: T8d1 34. f5! den Sieg.

29. Kg1xf2	Td8—d2+
30. Te1—e2	Td2xe2+
31. Kf2xe2	Lb7—a6+
32. Ke2—f2	Sc7—e6
33. f4—f5	

Schwarz kann gegen den vereinten Angriff von Dame und Bauern keine Verteidigung organisieren. Spielt er 33. ... Sg7, so steht der Springer nach 34. g4 nebst h2—h4—h5 schlecht.

33. ...	Se6—d4
34. e5—e6	Ta8—f8
35. De7—g5+	Kg8—h7
36. e6—e7	

36. ef7: gewann ebenfalls rasch. Kasparow sieht einen Doppelangriff.

36. ...	Tf8—e8
37. f5—f6	Sd4—e6
38. Dg5—h5+	Kh7—g8

Und Beljawski gab gleichzeitig auf. Es könnte noch folgen 39. Dg4+ Kh7 40. Da4! Sc7 41. Dd7!.

27. Beljawski — Kasparow

Moskau 1983, 8. Partie
Königsindisch

1. d2—d4	Sg8—f6
2. c2—c4	g7—g6
3. Sb1—c3	Lf8—g7
4. e2—e4	d7—d6

Die Königsindische Verteidigung zählt zu den Lieblingswaffen Kasparows. Beljawski wählt wie in einer Partie aus dem Jahre 1981 mit demselben Gegner das Sämisch-System.

5. f2—f3	0—0

6. Lc1—e3 a7—a6

Im Moskauer Großmeisterturnier '81 wurde die Partie mit der Modevariante 6. ... Sc6 7. Dd2 a6 8. Sge2 Te8 fortgesetzt. Nach verwickeltem Verlauf behielt Kasparow die Oberhand. In dieser Partie sucht er den Kampf in einem weniger gebräuchlichen Abspiel, das ein Bauernopfer einschließt.

7. Lf1—d3 c7—c5!?
8. d4xc5

Nach 5 d5 b5! 9. cb5: ab5: 10. Lb5 La6 erhält Schwarz für den Bauern ebenfalls aureichende Kompensation.

8. ... d6xc5
9. Le3xc5

Als vorsichtiger gilt 9. e5 Sfd7 10. f4 Sc6 11. Sf3 f6 12. e6 Sb6 13. Lc5: Le6: 14. De2 und Schwarz hat noch nicht das Spiel ausgeglichen. Es ist die Frage, welche Verbesserung Kasparow nach der Ablehnung des Bauernopfers parat gehabt hätte.

9. ... Sb8—c6
10. Sg1—e2?

Dieser natürlich erscheinende Entwicklungszug bringt Weiß bereits in Schwierigkeiten. Notwendig war der Rückzug des exponierten Läufers mit 10. Le3. Nach 10. ... Sd7 11. Tc1?! Da5 12. Sge2 Sc5 befindet sich Weiß ebenfalls unter Druck. Besser ist 11. f4, um Einfluß auf die Zentralfelder zu erlangen.

10. ... Sf6—d7!

Viel stärker als 10. ... Se5 11. Sd5 wie in einer zuvor gespielten Partie im Halbfinale zur UDSSR-Meisterschaft zwischen Anikaev und Ermolinski geschah.

11. Lc5—f2

Auch andere Läuferrückzüge führen zur schwarzen Initiative. 11. Le3 Sde5 12. Sc1 Sb4! mit Rückgewinn des Bauern, da 13.

Le2? Dd1: + 14. Kd1:? Td8 + noch ärger wird. Nach 11. La3 Sde5 12. Sc1 Lh6! sind die weißen Läufer schlecht postiert, während 12. Sd5? mit 12. ... e6! 13. Lf8: Lf8: widerlegt wird.

11.	**...**	**Sd7—e5**
12.	**Se2—c1**	**Lg7—h6**
13.	**Sc3—d5**	

Der Gegenangriff zeigt nicht den gewünschten Erfolg. Mühsame Verteidigung mit 13. Le2 Dd1: + 14. Sd1: Le6 15. Le3 war erforderlich. Der Bauer ist nicht zu halten, da 14. b3? wegen 14. ... Sb4! 15. 0—0 Sc2 16. Tb1 Sa3 17. Ta1 Lg7 zu einer „mittleren" Katastrophe auf der langen Diagonale führt.

13.	**...**	**e7—e6**
14.	**Lf2—b6**	**Dd8—g5**

Der Doppelangriff kann mit 16. Se3? Sd7 nicht pariert werden.

15.	**0—0**	**e6xd5**

Besser als 15. ... Sd3: 16. f4! und Weiß kann noch rudern.

16.	**f3—f4**	

Nach 16. cd5: Sd7 stellen zwei Bauern keine ausreichende Kompensation für den verlorenen Springer dar.

16.	**...**	**Dg5—h4**
17.	**f4xe5**	**d5—d4!**

Wieder ein Kraftzug, der diesmal die unterschiedliche Aktivität der schwarzfeldrigen Läufer unterstreicht. Auf 17. ... de4: folgt der Zwischenzug 18. g3! und Weiß hat erheblich bessere Verteidigungschancen. Auch das aggressive 17. ... Lf4 ist nicht so wirksam wie der Textzug.

18.	**Sc1—e2**	**Lh6—e3 +**
19.	**Kg1—h1**	**Sc6xe5**
20.	**Lb6—c7**	**Dh4—e7**
21.	**Lc7xe5**	**De7xe5**

22. Dd1—e1 Lc8—d7

Die Massage des Be4 setzt ein. Weiß bleibt auf passive Verteidigung beschränkt.

23. De1—g3 Ta8—e8
24. Se2—f4

Damentausch führt bemerkenswerterweise in eine Verluststellung: 24. De5: Te5: 25. Sf4 f5!! und nach 26. ef5: Lf5: ist Figurenverlust unvermeidbar.

24. ... Ld7—c6
25. Sf4—d5 De5xg3
26. h2xg3

Etwas hartnäckiger war das Zwischenschach 26. Sf6+, obwohl Weiß ebenfalls auf seinen Bauerschwächen sitzen bleibt.

26. ... Te8—e5
27. g3—g4

27. Se3: de3: 28. Tae1 Le4: kommt zu spät.

27. ... h7—h5
28. Sd5—f6+

Jetzt lähmt nach 28. Se3: de3: 29. Tae1 hg4:! 30. Te3: f5 der erscheinende Bauernblock f4—g3 das weiße Spiel vollständig.

28. ... Kg8—g7
29. g4xh5 Tf8—h8
30. g2—g3

Rasch bergab geht es nach 30. g4 Te6! 31. Sd5 gh5:.

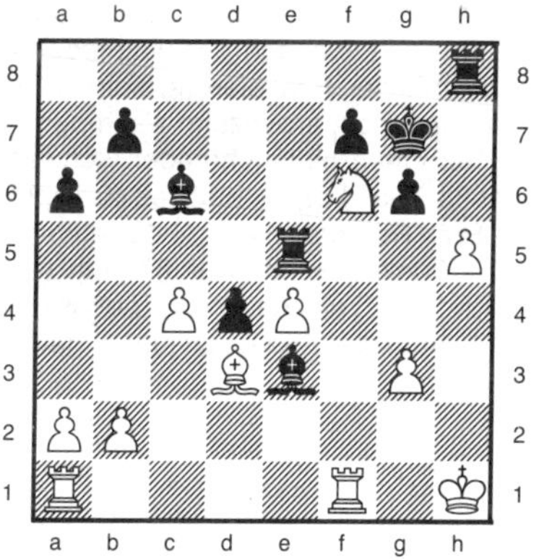

30. ... **Te5xh5+**

Kasparows energisches Spiel führte zur schwarzen Gewinnstellung. An dieser Stelle konnte er jedoch die Partie schneller beenden. Statt des sofortigen Qualitätsopfers gewann die Einschaltung von 30. ... Lg5!. Nach 31. Sd5 f5! 32. ef5: ist das Qualitätsopfer noch effektiver: 32. ... Td5:! 33. cd5: Ld5:+ 34. Kg1 Le3+ 35. Tf2 Th5: und gewinnt Haus und Hof. Spielt Weiß nach dem Sprengungszug 31. ... f5 32. Tae1, so bricht nach 32. ... The8! mit dem Angelpunkt e4 das weiße Spiel zusammen.

31. Sf6xh5+ **Th8xh5+**
32. Kh1—g2 **f7—f5**
33. Ta1—e1

Natürlich läßt sich e4 nicht decken: Kf3? fe4:+ 34. Le4: Tf5+ und gewinnt.

33. ... **f5xe4**
34. Ld3—b1 **Th5—c5**
35. b2—b3 **b7—b5**
36. Te1xe3

In Zeitnot setzt Beljawski seine Hoffnungen auf die sofortige Rückgabe der Qualität, wonach Schwarz jedoch keine große Schwierigkeiten mit der Realisierung seines Stellungs- und Materialvorteils hat. Kasparow zeigt nach dem besseren 36. cb5: ab5: 37. Te2 einen einleuchtenden schwarzen Gewinnplan: 37. ... b4! 38. Tee1 Lb7 39. Kh2 Tc7 40. Kg2 (Weiß hat nur Abwartezüge) Te7!. Nun droht 41. ... Ld2 nebst Vormarsch der Freibauern. Die Rückgabe der Qualität führt nach 41. Te3: de3: 42. Te1 Kf6! 43. Te3: Ke5 nicht nur wegen der unterschiedlichen Aktivität der Könige zu einem gewonnenen Endspiel für Schwarz.

36. ...	**d4xe3**
37. Tf1—e1	**b5xc4**
38. b3xc4	

Oder 38. b4 Tf5! 39. Te3: Tf3! und Schwarz gewinnt nach Turmtausch: 40. Tf3: ef3: + 41. Kf2 La4!. Auch 40. Te2 e3 ist hoffnungslos.

38. ...	**Tc5xc4**
39. Te1xe3	**Tc4—b4**

Stellt den Sieg sicher. Weiß muß Turmtausch unter ungünstigen Bedingungen zulassen. Der schwarze Mehrbauer ist in einem Läuferendspiel leicht zu verwerten.

40. Te3—b3	**e4—e3 +**
41. Kg2—f1	**Lc6—b5 +**
42. Kf1—e1	

Nach 42. Kg2 e2 43. Kf2 entscheidet 43. ... Td4 nebst 44. ... Td1.

42. ...	**a6—a5!**
43. Lb1—e4	**Tb4xb3**
44. a2xb3	**Kg7—f6**
45. Ke1—d1	**g6—g5**
46. Kd1—c2	**Kf6—e5**

Weiß gab auf. 46. Ld3 e2 oder 46. Lg6 Kd4 und Schwarz stellt seinen Läufer nach e4.

In den übrigen Begegnungen der Kandidatenwettkämpfe setzte sich Kortschnoi überraschend deutlich gegen den sogar stärker eingeschätzten Ungarn Portisch durch. Ribli bezwang Torre, während der hohe Favorit Hübner gegen Smyslow selbst nach zwei Verlängerungen über ein 1:1 bei 12 Remispartien nicht hinauskam. Der im Reglement vorgesehene Losentscheid begünstigte Smyslow. Kasparow — Kortschnoi und Ribli — Smyslow lauteten die Paarungen des Halbfinales, das am 5. August 83 beginnen sollte. Doch ein Machtkampf zwischen dem Präsidenten des Weltschachbundes, dem Philippinen Campomanes, und dem sowjetischen Schachverband gefährdete den weiteren Ablauf des WM-Zyklus 82—84.

Im Zentrum des Interesses stand der Wettkampf Kasparow — Kortschnoi, wofür sich zunächst die Orte Rotterdam und Las Palmas bewarben. Kortschnoi bevorzugte Rotterdam, Kasparow Las Palmas. Inmitten der Verhandlungen kam ein Angebot aus Pasadena, USA. Die kalifornische Stadt, Wohnort von Bobby Fischer, wurde von dem FIDE-Präsidenten Campomanes relativ eigenmächtig als Austragungsort bestimmt, der mit seinem Entschluß die Interessen des Weltschachbundes optimal zu vertreten glaubte. Seine Entscheidung wurde zwar später in einem FIDE-Gremium mit 8:2 Stimmen unterstützt, doch die sowjetische Schachförderation faßte es als Provokation auf, den ohnehin im politischen Sinne brisanten Wettkampf Kortschnoi — Kasparow in die USA zu verlegen. Campomanes bestand bei einer Zusammenkunft in Moskau auf seine Haltung. Das sowjetische Sportministerium protestierte zwei Tage vor Wettkampfbeginn auf eine besonders energische Weise. Sie zog gleich beide Kandidaten Kasparow und Smyslow, der im arabischen Abu Dhabi auf Ribli treffen sollte, von dem Halbfinale des Kandidatenturniers zurück. Kortschnoi und Ribli wurden am 6. August zu Siegern erklärt. Es war abzusehen, daß ein Wettkampf zwischen diesen beiden Spielern ebenfalls nicht zustande kommt. Der Weltmeisterschaftszyklus 82—84 schien geplatzt, die Spaltung der Weltschachorganisation nur eine Frage der Zeit zu sein.

Garri Kasparow, der Favorit unter den vier Bewerbern um den Titelwettkampf mit Anatoli Karpow, mußte sich zunächst damit abfinden, daß sein Weg durch Auseinandersetzungen am grünen Tisch der Schachfunktionäre gestoppt wurde.

Wenig befriedigt über den kampflos zugesprochenen Wettkampfsieg zeigte sich der seit 1976 im Westen lebende Exilrusse Kortschnoi. In einem Interview mit Ludek Pachman spekulierte er über politische Beweggründe, die zum Rückzug der sowjetischen Kandidaten, insbesondere Kasparow, führten. „Die von den Sowjets angegebenen Gründe waren zu lächerlich, um ernst genommen zu werden. Meine feste Überzeugung ist, daß die Sowjets überhaupt nicht gegen Pasadena, sondern gegen den Wettkampf schlechthin waren. Karpow ist der Musterknabe des Regimes der idealste aller möglichen Weltmeister. Kenner der beiden Großmeister sind einhellig der Meinung, daß Karpow mit seinem Stil im Wettkampf gegen Kasparow so gut wie keine Chance hat. Man sprach sich gegen Pasadena nur deshalb aus, um den Wettkampf zu verhindern, damit Karpow weiter Weltmeister bleiben kann."

In dieser Situation kam Hilfe aus der jugoslawischen Schachwelt, die in ihrem Land über Um- und Seitenwege ein Gespräch zwischen Kortschnoi und Kasparow ermöglichte.

Kasparow wurde Mitte August als zusätzlicher Teilnehmer des Superturniers in Niksić eingeladen. Bei dem im Anschluß hieran stattgefundenen Blitzturnier im benachbarten Herzeg Novi sah man neben acht Großmeistern aus Niksić auch Kortschnoi am Start. Der jugoslawische Großmeister Svetozar Gligoric, mit 60 Jahren ältester Teilnehmer in Niksić, soll maßgeblich an das Zustandekommen dieses Treffens beteiligt gewesen sein. Im Blitzturnier, das eine ähnlich starke Besetzung wie das „Blitzturnier aller Zeiten" in Zagreb 1970 aufwies, siegte Kasparow ebenso deutlich vor Kortschnoi und Tal wie 13 Jahre zuvor Bobby Fischer vor Tal und Kortschnoi das Turnier gewann.

Bedeutender als das sportliche Ergebnis war die Tatsache, daß sich Kortschnoi seit 1976 mit sowjetischen Großmeistern, auch Tal und Spasski waren beim Blitzturnier anwesend, in normaler Sprechweise verständigen konnte. Der erste Schritt zur Aufhebung des von der sowjetischen Schachföderation seit 1976 verhängten Kortschnoi-Boykott war de facto getan. Kasparow und Kortschnoi unterhielten sich darüber wie ihr Wettkampf doch noch stattfinden kann. Kortschnoi forderte für seine Bereitschaft, auf den kampflosen Wettkampfsieg zu verzichten, daß der sowjetische Schachverband

ihre Elitemeister auch zu Turnieren sende, von denen er, Viktor Kortschnoi, ebenfalls eine Einladung erhält.
Welche weiteren Kräfte schließlich den Ausschlag dafür gaben, daß die Halbfinalwettkämpfe Kasparow — Kortschnoi und Ribli — Smyslow mit zweimonatiger Verspätung in London ausgetragen wurden, kann nicht so leicht ausgemacht werden. Mitglieder des Spielerrates der FIDE glaubten, daß ihre Anwesenheit in Niksić und zusätzliche Gespräche mit der Führung des sowjetischen Schachverbandes in Moskau verantwortlich seien. Wie von ihm gewohnt hob Kortschnoi die Tatsache, daß sich der sowjetische Schachverband in Manila für sein Verhalten entschuldigte und bereit war jeden vorgeschlagenen Austragungsort zu akzeptieren, auf eine politische Ebene. „Der Protest nichtrussischer Mitglieder im Moskauer Politbüro gegen die Diskriminierung Kasparows habe diesen Entschluß der sowjetischen Schachfunktionäre erzwungen."
Sicherlich bildet dieser Vorfall im Weltmeisterschaftszyklus ein geräumiges Feld für Spekulationen. Spekulationen politischer Natur werden gerne von der Tagespresse verbreitet, da es ihr spätestens seit seit dem WM-Kampf zwischen Bobby Fischer und Boris Spasski aus dem Jahre 1972 für ausgemacht erscheint, daß ein Weltmeisterschaftswettkampf im Schach mit einem Machtkampf zwischen Ost und Wet, Nord und Süd etc. gleichzusetzen ist.
Positives jedenfalls rangen die jugoslawischen Veranstalter den Ereignissen um Kasparow — Kortschnoi ab. In Niksić konnte Garri Kasparow den hohen Grad seiner Schachspielkunst demonstrieren. Er erteilte den teilnehmenden Großmeistern, die fast ausnahmslos zu der absoluten Elite der Welt zählen, Schachlektionen. Die Art und Weise wie Kasparow den Turniersieg errang kann nur mit den Leistungen verstorbener bzw. nicht mehr aktiver Schachkoryphäen (wie die Turniersiege Laskers um die Jahrhundertwende, das Auftreten Aljechins in San Remo 1930 und Bled 1931 oder an die Erfolgsserie Fischers vom Interzonenturnier 1970 bis zum WM-Kampf mit Spasski in Reykjavik 1972), verglichen werden. Zwar kann Karpow ähnliche sportliche Resultate erzielen, aber seinen Partien fehle der Glanz, war der Tenor der Schachkenner.

NIKŠIĆ, VIII—IX 1983 cat XIV (2590) g = 7½, m = 5

				1	2	3	4	5	6	7	8	9	10	11	12	13	14	15		
1	KASPAROV	g	2690	●	1	0	1	½	½	½	1	1	1	1	1	1	½	1	11	1
2	B. LARSEN	g	2565	0	●	½	½	0	1	½	1	1	½	1	½	½	1	1	9	2
3	SPASSKIJ	g	2605	1	½	●	½	½	½	½	½	0	½	½	½	1	½	1	8	3—4
4	L PORTISCH	g	2600	0	½	½	●	½	½	1	½	0	½	½	1	1	1	½	8	3—4
5	A. MILES	g	2585	½	1	½	½	●	0	0	½	½	1	½	½	½	1	½	7½	5—6
6	U. ANDERSSON	g	2640	½	0	½	½	1	●	½	½	½	½	0	1	1	½	½	7½	5—6
7	TAL'	g	2620	½	½	½	½	1	½	●	½	0	½	½	½	½	½	½	7	7—8
8	TIMMAN	g	2605	0	0	½	½	½	½	½	●	½	1	1	½	½	½	½	7	7—8
9	SEIRAWAN	g	2605	0	0	1	1	½	½	1	½	●	0	½	½	0	0	1	6½	9—10
10	LJUBOJEVIĆ	g	2645	0	½	½	½	0	½	½	0	1	●	½	0	½	1	1	6½	9—10
11	GLIGORIĆ	g	2505	0	0	½	½	½	1	½	0	½	½	●	½	½	½	½	6	11—12
12	T. PETROSJAN	g	2580	0	½	½	0	½	0	½	½	½	1	½	●	½	½	½	6	11—12
13	P. NIKOLIĆ	g	2540	0	½	0	0	½	0	½	½	1	½	½	½	●	½	½	5½	13
14	SAX	g	2570	½	0	½	0	0	½	½	1	0	½	½	½	½	●	0	5	14
15	B. IVANOVIĆ	g	2490	0	0	0	0	½	½	½	½	0	0	½	½	½	1	●	4½	15

Kasparows Gegner in Niksić bekamen nicht nur sein dynamisches Angriffsspiel zu spüren, sondern auch sein Vorsprung in schachtechnischer Hinsicht gegenüber erfahrenen Endspielkennern konnte das jugoslawische Schachpublikum bestaunen.
In der ersten Runde genügt ein unter Zeitdruck im 40. Zuge wenig bedachter Bauernzug des amerikanischen Großmeisters syrischer Abstammung Seirawan und Kasparow führt eine 14zügige Gewinnvariante in einem Bauernendspiel forciert aus. Die Endspiele gegen Petrosjan und insbesondere gegen den Dänen Larsen zeigen die Spezialität Kasparows, noch bei stark reduziertem Figurenmaterial Mattangriffe einzufädeln.
Die beste Partie des Jahres 1983 spielte Kasparow in der Begegnung mit Lajos Portisch, der sich mit den schwarzen Steinen auf die Lieblingsvariante Kasparows gegen die Damenindische Verteidigung einließ. Im Gegensatz zu der Partie Nr. 18 entwickelt Kasparow seinen Damenläufer nach „hypermoderner" Manier auf der langen Diagonalen. Zwei eigene Bauern verstellen ihm zwar zunächst die Sicht, doch fünf Züge später, im 17. Zuge, zeigt der Läufer seine bedrohliche Fernwirkung. Ein weitsichtiges Opfer dieses Läufers gegen einen Rochadebauern des gegnerischen Königs leitete im 21. Zuge einen schwer parierbaren Angriff ein. Portisch ist in den Schwierigkeiten nach anfänglich gut geführter Verteidigung nicht gewachsen, seinen 35. Zug mochte er wegen des unabwendbaren Mattgebotes des mittlerweile bis nach f3 gereisten König nicht ausführen.
6,5 Punkte aus 7 Runden lautete das Resultat Kasparows bei Halbzeit des Turnieres. In der 8. Runde mißlang eine höhere Deklassierung der anwesenden Großmeister. In hochgradiger Zeitnot befinden sich beide Spieler, als Boris Spasski in schwieriger Situation im 28. Zuge eine Gegendrohung aufstellt. Kasparow verpaßt die Gewinnfortsetzung, opfert verfrüht Material und nach einigen Schachgeboten ist der König Spasskis gesichert und der Gegenangriff erfolgreich. In verlorener Position überschreitet Kasparow die Bedenkzeit.
Doch diese Niederlage trübte seine Spiellaune keineswegs, drei Remis und drei Gewinnpartien sind die Ausbeute der letzten Runden in Niksić.

28. Seirawan — Kasparow

Niksić 1983

Damengambit

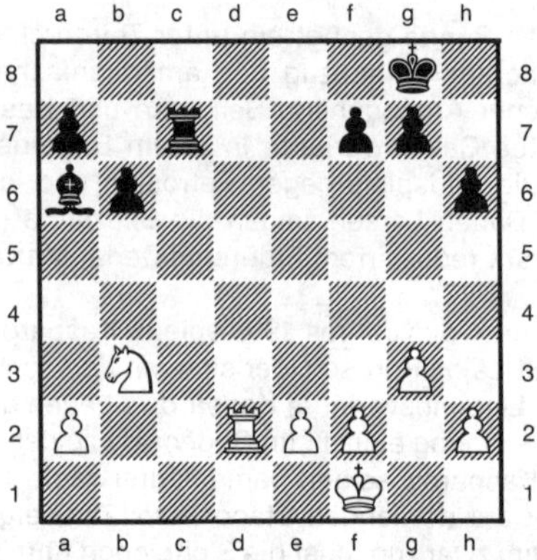

Das Endspiel entstand nach der Zugfolge: 1. d4 d5 2. c4 e6 3. Sc3 c5 4. cd5: ed5: 5. Sf3 Sc6 6. g3 Sf6 7. Lg2 Le7 8. 0—0 0—0 9. Lg5 cd4: 10. Sd4: h6 11. Lf6: Lf6: 12. Sb3 d4 13. Se4 Le7 14. Tc1 Db6 15. Sec5 Td8 16. Tc4 Lc5:! 17. Sc5:! Db2: 18. Dc2 Dc2: 19. Tc2: Tb8 20. Tb2?! (Besser 20. Sb7: mit Ausgleich) 20. ... Td6 21. Td1 b6 22. Sb3 Lb7 23. Tbd2 Tbd8 24. Kf1 La6 25. Lc6: Tc6: 26. Sd4: Tc4: Tc5 27. Sb3 Td2: 28. Td2: Tc7.

Der Läufer steht hier aktiver als der Springer, die Bauernmehrheit am Damenflügel kann einen gefährlichen Freibauern hervorbringen. Kasparow besitzt positionelle Vorteile, doch zunächst verteidigt Seirawan seine Position sehr hartnäckig.

29. Td2—d8 +	**Kg8—h7**
30. Kf1—e1	**La6—c4**

Der Läufer übt sofort einen spürbaren Druck aus.

31. Ke1—d2	**g7—g6**

Kasparow bereitet zunächst die Zentralisierung des Königs vor, ohne dem Gegner die Möglichkeit zu einem Bauernsturm am Königsflügel zu geben. Verfehlt wäre deshalb 31. ... Kg6?! wegen 32. e4 Kf6 33. f4 Ke7 34. Tg8 g6 35. g4 mit starkem Gegenspiel.

32. Sb3—c1

Der Springer kann nur über Umwege in das Geschehen eingreifen.

32. ...	**Kh7—g7**
33. a2—a3	**Kg7—f6**
34. e2—e3	**Kf6—e7**
35. Td8—d4	**Tc7—d7**

Schwarz hält das Läufer-Springer-Endspiel offenbar bereits für gewonnen. Vorzuziehen war aber dennoch zunächst 35. ... b5. Schwarz könnte dann unter günstigen Umständen Turmtausch herbeiführen.

36. Kd2—c3	**Td7xd4**
37. Kc3xd4	**b6—b5**
38. Sc1—d3!	

Die einzige Möglichkeit, um noch Widerstand zu leisten. Schwarz muß sich jetzt auf das Bauernendspiel einlassen, da sonst die weißen Figuren durch ihre aktive Aufstellung den Ausgleich garantieren. Schlecht wäre 38. Kc5 Ke6 39. a4 a6 und Schwarz gewinnt.

38. ...	**Lc4xd3**
39. Kd4xd3	**Ke7—d6**
40. e3—e4?	

Seirawan verliert in Zeitnot die Nerven und läßt den schwarzen König entscheidend vordringen. Das naheliegende 40. Kd4 läßt dem Weißen erheblich bessere Resourcen, obwohl er auch dann noch viele Gelegenheiten zu Fehlern hätte.
Beispielsweise 40. ... g5 41. f4! f6 42. e4! a5 43. h4! (nicht 43. e5?? + fe5: 44. fe5: Ke6 45. Ke4 b4 mit schwarzem Gewinn)

und Weiß sollte das Gleichgewicht wahren: 43. ... gh4: (Gefährlich für Schwarz ist 43. ... g4? 44. h5 Kc6 45. e5!) 44. gh4: Kc6 45. e5 fe5: + 46. Ke5: b4 47. ab4: ab4: 48. Kd4 und später erreicht der weiße König das Schlüsselfeld f1. Ebenfalls zum Remis führt 40. ... f5 41. f4 a5 42. e4! fe4: 43. Ke4: Kc5 44. g4 mit ausreichendem Gegenspiel.

40. ... g6—g5!

Wegen der Drohung 41. ... g4 mit vollständiger Lahmlegung der weißen Bauernmasse zwingt Kasparow seinen Gegner, zunächst seinen Königsflügel zu lockern, ehe er mit seinem König eindringt. Die Möglichkeit, einen entfernteren Freibauern zu bilden, gibt Schwarz die notwendigen Tempi, Gewinnpläne durchzuführen.

41. f2—f4 g5xf4
42. g3xf4 Kd6—c5
43. Kd3—c3 a7—a5
44. Kc3—d3 h6—h5!
45. h2—h4

Erzwungen! Auf 45. Kd3—c3 hätte die genau berechnete Folge 45. ... b4 + 46. ab4: ab4: + 47. Kd3 h4! 48. h3 b3 49. Kc3 b2 50. Kb2 Kd4 51. e5 Ke4 52. Kc3 Kf4: 53. Kd4 Kg3! entschieden. Jetzt allerdings gibt es einen anderen, sehr feinen Gewinnweg wie Kasparow überzeugend nachweist.

45. ... b5—b4
46. a3—a4

Leichter gewinnt Schwarz nach 46. ab4: ab4: und der b-Bauer lenkt den weißen König von der Verteidigung seiner Bauern ab.

46. ... f7—f6!

Weiß befindet sich im Zugzwang.

47. f4—f5

Was sonst? Königszüge verlieren rasch.

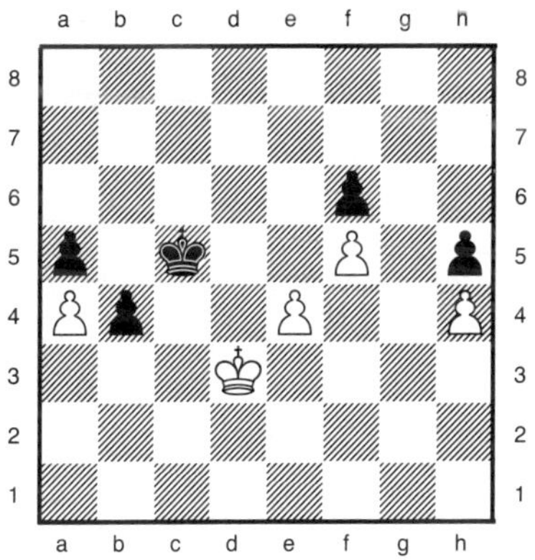

47. ... Kc5—c6!!

Kasparow steht in dieser Stellung vor dem Problem, das Zugrecht an die weiße Partei abzutreten. Das Stellungsmerkmal des gedeckten Freibauern gestattet Schwarz, ein sogenanntes Dreiecksmanöver durchzuführen. Schwächer war es mit 47. ... b3? fortzusetzen, in der Folge nach 48. Kc3 b2 49. Kb2: Kd4 50. Kb3 Ke4: 51. Kc4 Kf5: 52. Kb5 Kg4 53. Ka5: f5 54. Kb4 f4 55. a5 usw. hat Weiß große Chancen, das resultierende Damenendspiel remis zu halten.

48. Kd3—c4 Kc6—c7
49. Kc4—d3 Kc7—d7!!

Fernopposition!

50. Kd3—e3

Oder 50. Kc4 Kc6 51. Kd3 Kc5 mit der Partiefortsetzung

50. ... Kd7—c6
51. Ke3—d3 Kc6—c5
52. Kd3—e3 b4—b3
53. Ke3—d3 Kc5—b4

54. e4—e5 Kb4—a3!

Präzise bis zum Schluß. Eine hervorragende Leistung Kasparows!
Weiß gab auf!

29. Kasparow — Portisch

Niksić 1983
Damenindisch

1.	d2—d4	Sg8—f6
2.	c2—c4	e7—e6
3.	Sg1—f3	b7—b6
4.	Sb1—c3	

Läßt den Übergang in Nimzowitsch-Indisch zu (4. ... Lb4 5. Dc2) und schränkt die Auswahl der Verteidigungssysteme gegen a3 im Dameninder ein. Seit der Schacholympiade zu Luzern bevorzugt Kasparow diese Zugfolge.

4.	...	Lc8—b7
5.	a2—a3	d7—d5
6.	c4xd5	Sf6xd5
7.	e2—e3	

Kasparow kehrt zu der älteren Fortsetzung zurück. In einer Partie mit Sosonko (Luzern '82) wählte er vorläufig zum letzten Male die 7. Dc2-Variante. Nach 7. ... c5 8. e4 Sc3: 9. bc3: Sd7! 10. Ld3 Dc7 11. Dd2 g6 12. 0—0 Lg7 wurde die Partie schon remis gegeben.

7.	...	Sd5xc3
8.	b2xc3	Lf8—e7
9.	Lf1—b5+	c7—c6
10.	Lb5—d3	c6—c5
11.	0—0	Sb8—c6
12.	Lc1—b2	

Wohin gehört dieser Läufer? Kasparow scheint mit dem Aufbau 12. e4 0—0 13. Le3 nicht zufrieden zu sein, was er zuvor mit Erfolg erprobte (siehe Kasparow — Najdorf).

12. ... Ta8—c8
13. Dd1—e2 0—0
14. Ta1—d1 Dd8—c7

Portisch hofft mit dieser Aufstellung Druck in der c-Linie ausüben zu können. Die Alternative 14. ... cd4: 15. ed4: Lf6 fand in der Partie Kasparow — Tukmakow (UDSSR '82) ihre Erprobung.

15. c3—c4!

Wenig erreichte Polugajewski gegen Portisch mit 15. e4 Sa5 16. Tfe1 mit späterem Remisausgang. Diese Partie aus dem Moskauer Eliteturnier '81 nahm Kasparow unter die Lupe. Seine Methode, mit den Hängebauern d4, c4 den schwarzen Aufbau zu bekämpfen, sorgt für den ersten Überraschungsmoment. Ist der Bc4 nicht anfällig?

15. ... c5xd4
16. e3xd4 Sc6—a5
17. d4—d5! e6xd5

Portisch wagt wegen der Öffnung der Diagonale a1—h8 nicht, seinen Plan mit 17. ... Sc4: konsequent auszuführen. Nach 18. De4 g6 19. Lc4: Dc4: 20. De5 f6 21. De6: + Tf7 22. Tc1 Da6 23. d6 steht Weiß nach 23. ... b5 24. Tcd1 positionell überlegen (24. ... Tc2?! 25. Tfe1). Kasparow gibt eine phantasievolle Variante an: 23. ... Tc1:? 24. Tc1: Ld8 25. Sg5 fg5: 26. Tc7!! Lc7: 27. De8 + Tf8 28. De5 und gowinnt.

18. c4xd5 Lb7xd5

Portisch muß sich auf das Tauschgeschäft einlassen, da sonst De4 nebst Dd4 äußerst lästig gewesen wäre.

19. Ld3xh7 + Kg8xh7
20. Td1xd5 Kh7—g8

Es drohte Sg5 +, doch der schwarze König findet nach zwei Kraftzügen Kasparows keine Ruhe.

21. Lb2xg7!!	Kg8xg7
22. Sf3—e5	

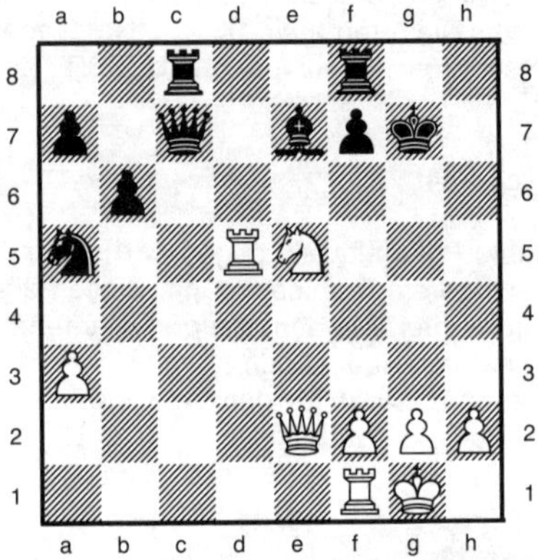

Diese Stellung kann als Resultat der Kasparow'schen Neuerung im 15. Zuge angesehen werden. Portisch hat es schwer, seinen exponierten König zu schützen. Die folgenden Varianten verdeutlichen die weißen Angriffsmöglichkeiten:

a) 22. ... Dc2 23. Dg4 + Kh7 24. Td3 Tc6 25. Df5 + ! Kg7 26. Tg3 + Kh8 27. Sf7: + Tf7: 29. Df7:.

b) 22. ... Th8 23. Dg4 + Kf8 24. Df5 f6 25. Te1! Dc2 (oder 25. ... Sc6 26. Sd7 + Kf7 27. Te7: + Ke7: 28. Df6: + und gewinnt) 26. Sg6 + .

c) 22. ... Tcd8 23. Dg4 + Kh7 24. Sd7 f5 25. Sf8: + Tf8: 26. Tf5: Tf5: 27. Df5: + Kg7 28. Td1 mit Gewinnstellung.

d) 22. ... f5 23. Td7 Dc5 24. Sd3 Da3: 25. Te7: + Tf7 26. De5 + und gewinnt.

Daher bleibt nur der Textzug, der das Feld f7 ohne Deckung läßt.

22. ... Tf8—d8
23. De2—g4+ Kg7—f8
24. Dg4—f5 f7—f6

Zum Matt führt 24. ... Lf6 25. Df6: Td5: 26. Sg6+ Ke8 27. Te1+ Kd7 28. Te7+ Kd8 29. Dh8 matt. Auch 24. ... Ld6 löst wegen 25. Df6! nicht das Verteidigungsproblem, z.B.: 25. ... Kg8 26. Dg5+ Kf8 27. Dh6+ Kf8 27. Dh6+ Kg8 (27. ... Ke8 28. Te1) 28. Sg4 und gewinnt.

25. Se5—d7+ Td8xd7

Nach 25. ... Kf7? 26. Dh7+ Ke6 27. Te1+! findet die Treibjagd des schwarzen Königs auf e6 ihr Ende. Auch 25. ... Kg7 ist zum Scheitern verurteilt: 26. Td3 Th8 27. Tg3+ Kf7 28. Te1! Ke8 29. Sf6:+ Kd8 30. Td3+ Ld6 31. De6 mit der Drohung 32. De8+.

26. Td5xd7 Dc7—c5
27. Df5—h7 Tc8—c7
28. Dh7—h8+!

Mit 28. Td3? Df2:+!! konnte Kasparow in eine sehenswerte Falle tappen: 29. Tf2:?? Tc1+ 30. Tf1 Lc5+; 29. Kf2: Lc5+ 30. Kg3 Th7: 31. Tf6:+ Ke7 mit ausgezeichneter Remischance.

28. ... Kf8—f7
29. Td7—d3 Sa5—c4
30. Tf1—d1! Sc4—e5?

In der Verdoppelung der weißen Türme bestand die Verstärkung der Kasparow'schen Angriffsführung. Der zentralisierte Springer bietet seinem König wenig Hilfe, wie die forcierte Folge beweist. Hartnäckiger war 30. ... Ld6!, wonach Weiß mit 31. Td5 Dc6 (31. ... Da3:? 32. Td6:) 32. h4 fortsetzen konnte bei guten Gewinnchancen.

31. Dh8—h7+ Kf7—e6

32. Dh7—g8 +	Ke6—f5
33. g2—g4 + !	Kf5—f4
34. Td3—d4 +	Kf4—f3
35. Dg8—b3 +	

Portisch führte nicht mit 35. ... Dc3 seinen zweiten Damenzug aus, sondern gab sich in dieser Glanzpartie geschlagen.

30. Larsen — Kasparow

Niksić 1983

Damengambit

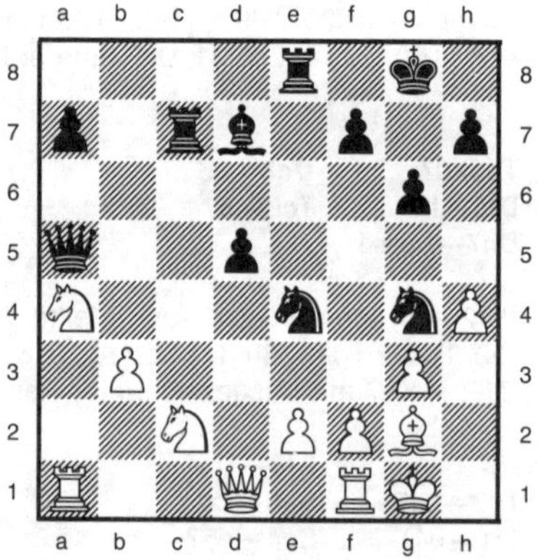

Die Diagrammstellung entstand nach den Zügen: 1. c4 e6 2. Sc3 d5 3. d4 c5 4. cd5: ed5: 5. Sf3 Sc6 6. g3 Sf6 7. Lg2 Le7 8. 0—0 0—0 9. b3 Se4 10. Lb2 Lf6 11. Sa4 Te8 12. Tc1 b6!? 13. dc5: Lb2: 14. Sb2: bc5: 15. Sa4 La6 16. Te1 c4 17. Sh4? Da5! 18. Sf5 g6 19. Sd4 Tac8 20. h4? Se5! 21. Lh3 Tc7 22. Sc2 cb3:? (Kasparow hält nachträglich Züge wie 22. ... Lc8 oder 22. ... c3 für besser) 23. ab3: Lc8 24. Lg2 Sg4 25. Tf1 Ld7 26. Ta1.

Weiß droht, sich mit 27. b4! Db5 28. Le4:! de4: 29. Sc5 zu befreien. Schwarz wählt daher den Übergang in ein vorteilhaftes Endspiel, wobei er allerdings die nun entstehenden Verwicklungen richtig einzuschätzen hatte.

26. ...	**Ld7xa4!**
27. Ta1xa4	**Da5—c3**
28. Lg2xe4	

Die einzig spielbare Fortsetzung! Ein Zug des bedrohten Springers nach beispielsweise d4 wird gewaltsam widerlegt: 28. ... Sef2:! 29. Tf2: Sf2: (oder sofort 29. ... De3) 30. Kf2: De3 + nebst 31. ... Tc1. Auch 28. Se1 scheitert an einer kombinatorischen Wendung: 28. ... Sgf2:! 29. Tf2: Sf2: 30. Kf2: De3 + 31. Kf1 Tc1 32. Dd3 Dd3:.

28. ...	**d5xe4**
29. e2—e3!	

Larsen verteidigt sich noch sehr geschickt. Nach etwa 29. Sd4 e3! wäre die Partie positionell bereits zu seinen Ungunsten entschieden. Kasparow findet dennoch eine Möglichkeit, seinen Vorteil festzuhalten.

29. ...	**Dc3xb3**

Natürlich nicht 29. ... Se5? 30. Sd4 mit unklarer Stellung.

30. Ta4xe4!	**Te8xe4**
31. Dd1—d8 +	**Kg8—g7**
32. Dd8xc7	**Te4—c4**
33. Se2—d4!	**Tc4xc7**
34. Sd4xb3	**Tc7—c2!**

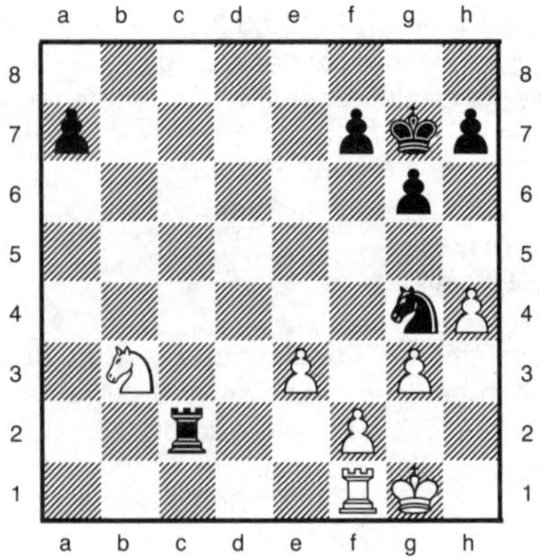

Durch den Druck auf der zweiten Reihe und den starken Freibauern auf der a-Linie scheint Schwarz sehr aussichtsreich zu stehen. Weiß verfügt jedoch über Verteidigungsmanöver, die Kasparow ein äußerst präzises Spiel abverlangen.

35. Sb3—d4 Tc2—a2
36. e3—e4!

Mit der Absicht 37. f3 nebst Tf2.

36. ... Ta2—d2?!

Eine Ungenauigkeit, die zum unentschiedenen Ausgang hätte führen können. Der schmale Weg zur Realisierung des schwarzen Stellungsvorteils bestand in dem sofortigen Vormarsch des Freibauern: 36. ... a5 37. f3 Se5 38. Tf2 Ta4!! (Bedeutend stärker als der von Kasparow angegebene Turmtausch 38. ... Tf2:? 39. Kf2: a4, da das Springerendspiel aufgrund der zentralisierten weißen Position kaum für Schwarz zu gewinnen ist) 39. Sc2 Tc4! 40. f4 (40. Kg2? verliert wegen 40. ... Sd3 nebst 41. ... Tc2: sofort) 40. ... Sg4 41. Te2 Tc3! und wieder scheitert 42. Kg2 an 42. ... Tc2:. Spielt Weiß nach 38. ... Ta4!! 39. Sb5, so wird der Freibauer nach 39. ... Ta1+ 40. Kg2 a4 sehr gefährlich.

37. Sd4—c6 a7—a6
38. e4—e5?!

Das glänzende Verteidigungsspiel Larsens erforderte viel Bedenkzeit. In Zeitnot geraten kommt er vom rechten Wege ab. Konsequent war 38. f3 Se3 39. Tf2 und Weiß sollte sich halten können.

38. ... Td2—e2
39. Tf1—a1

Noch die beste Möglichkeit. 39. f4 hätte sofort den Punkt abgegeben wegen 39. ... Te3 40. Kg2 Tc3 41. Kh3 h5 42. Sd4 Td3 43. Sf3 a5 und Weiß ist vollständig gelähmt.

39. ... Te2xf2?!

Einen Zug vor der Zeitkontrolle gibt Kasparow seine Trümpfe wieder aus der Hand. Besser war 39. ... Sf2: 40. Ta6: Sg4! mit Stellungsvorteil.

40. Ta1xa6

Die Ausgleichsidee bestand nun in 40. e6!! (droht 41. Se5) Tf3 41. Kg2 oder 40. ... Te2 41. ef7:.

40. ... Tf2—c2
41. h4—h5 Kg7—h6

Wie schwierig die Stellung zu beurteilen war, erleuchtet folgende von Kasparow angegebene Variante: 41. ... Se3?! 42. hg6: hg6: 43. e6! fe6: 44. Sd4 Tg2+ 45. Kh1 e5 46. Se6+! Kh6 47. Ta4! g5 48. Te4 Te2 49. Kg1! mit gleichem Spiel.

42. h5xg6 h7xg6
43. Ta6—a4 Kh6—g5

Hier zeigt sich die Pointe der feinen Spielführung: der schwarze König beteiligt sich aktiv am Geschehen.

44. Sc6—d4 Tc2—c3

45. e5—e6!

Larsen verteidigt sich mit unerhörter Zähigkeit. Der Ausgang der Partie hängt an einem seidenen Faden.

45. ...	**Tc3xg3+**
46. Kg1—h1	

Einfacher war 46. Kf1! f5 47. e7 Te3 48. Sc6 Te6 49. Ta8 Sf6 50. Tf8 f4 51. Kf2! und Schwarz kommt nicht weiter.

46. ...	**f7—f5**
47. e6—e7	**Tg3—e3**
48. Sd4—c6	**f5—f4**
49. Ta4—a5+?	

Mit seinem König auf h1 ist auch 49. Ta8? unzureichend: 49. ... Te1+ 50. Kg2 Te2+ 51. Kf1 f3! 52. e8D Sh2+ 53. Kg1 f2+ und gewinnt. Larsen verpaßt die Gelegenheit, mit dem von Timman angegebenen 49. Sd4!!, seine Bemühungen um das Remis zu einem krönenden Abschluß zu bringen. Nach 49. ... Te7: 50. Sf3+ Kf5 51. Sh4+ Kf6 52. Tf4:+ Kg5 53. Sg6: Kg6: reicht das Übergewicht von Turm und Springer gegenüber Turm bekanntlich nicht aus, den Gewinn zu erzwingen. Versucht Schwarz stattdessen 49. ... Sf6, so hält 50. Ta6! mit der Drohung 51. Se6+ nebst 52. Sf4: das Gleichgewicht. Erwähnenswert bleibt noch 49. Se5? Te5: 50. Ta5 Ta5: 51. e8D Tf5 und Schwarz sollte gewinnen.

49. ...	**Kg5—h4**
50. Ta5—a8	

Möglicherweise war ursprünglich 50. Te5 geplant, was aber mit 50. ... Se5: 41. e8D Te1+ 52. Kg2 f3+ 53. Kf2 Sd3+ erwidert worden wäre.

50. ...	**Sg4—f6**
51. Kh1—g2	**f4—f3+**
52. Kg2—f1	**Kh4—g3**
53. Sc6—d4	

Zu spät kommt 53. Tf8 Sg4! 43. e8D Sh2+ 55. Kg1 Te8:

53.	**...**	**Sf6—g4**
54.	**Sd4xf3**	**Te3xf3+**
55.	**Kf1—g1**	**Sg4—h2**
56.	**Ta8—f8**	**Tf3—c3!**

Natürlich nicht sofort 56. ... Te3?? 57. e8D, sondern erst nach 57. Tf1 Te3!
Weiß gab auf!

31. Kasparow — Spasski

Niksić 1983
Königsindisch

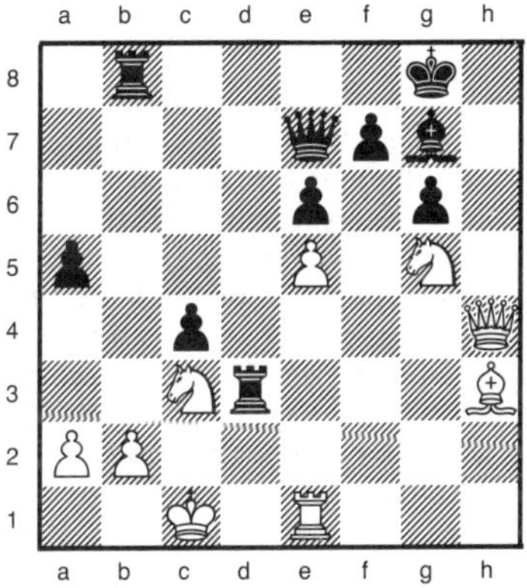

Spasski opferte frühzeitig einen Läufer für zwei Bauern, um den weißen Angriff die Spitze zu nehmen. Nach undurchsichtigem Spielverlauf geraten beide Spieler schon frühzeitig in Zeitnot. Kasparow verpaßte im 19. Zuge eine forcierte Gewinnvariante, aber auch Spasski versäumt vielversprechende Möglichkeiten. Schließlich ergibt sich nach dem 28. schwarzen Zuge die kritische Diagrammstellung, in der Kasparow die

Frage lösen mußte, wie er sowohl die gegnerische Drohung pariert als auch den eigenen Angriff fördert.

Die Position entstand aus der Sämisch-Variante gegen die Königsindische Verteidigung: 1. d4 Sf6 2. c4 g6 3. Sc3 Lg7 4. e4 d6 5. f3 Sc6 6. Le3 a6 7. Sge2 Tb8 8. Dd2 0—0 9. h4 b5 10. h5 bc4: 11. g4! Lg4:!? 12. fg4: Sg4: 13. 0—0—0! Se3: 14. De3: e6 15. hg6: hg6: 16. Td2?! (16. Sg1!) 16. ... Te8? (16. ... Df6!) 17. Sg1! d5 18. Sf3 a5 19. e5 (Stärker war es, den Turm nach h7 zu überführen. 19. Tdh2 e5 20. Th7! ed4: 21. Tg7: + ! Kg7: 22. Dh6 + Kf6 23. Sd5: + Ke6 24. Sg5 + und Weiß gewinnt!) 19. ... Se7! 20. Lh3? (20. Sa4!) 20. ... c5 21. dc5:?! Dc7 22. Df4 Sc6! 23. Te1 d4! 24. Td4:! Sd4: 25. Sd4:! Dc5: 26. Sf3 Ted8? (26. ... Db6! 27. Te2 Ted8! und Schwarz steht sogar etwas besser.) 27. Sg5! De7 (Die Deckung 27. ... Td7 scheitert an 28. Le6:!! fe6: 29. Dh2 Lh8 30. Dh6!) 28. Dh4 Td3.

29. Dh4—h7 + ?

Der Einleitungszug einer Fehlkombination! Mit 29. Sce4! entkräftet Weiß die Drohung 29. ... Tc3: + und transportiert entscheidend eine Angriffsfigur zum gegnerischen König. Nach 29. ... Le5: 30. Dh7 + Kf8 wird mit 31. Tf1!! der neuralgische Punkt f7 beschossen — 31. ... f5 32. Dg6: Lb2: + 33. Kc2 Lg7 34. Se6: + Kg8 35. Lf5: nebst baldigem Matt. Wahrt Schwarz mit 29. ... c3 seine Schwindelchancen, so folgt ebenfalls 30. Tf1!!. Reagiert Schwarz mit der Flucht nach vorne 30. ... Db4, so verliert er nach 31. Sf6 + Kf8 32. Sgh7 + Ke7 33. Sd5 + seine Dame. Spasski bliebe demnach nach der Zentralisierung des Sc3 und der Korrektur der weißen Turmstellung mit Tf1 ohne Verteidigung.

29. ...	**Kg8—f8**
30. Sg5xe6 +	

Zu spät kommt 30. Sce4 Db4 31. Te2 c3! und Schwarz gewinnt.

30. ...	**f7xe6**
31. Te1—f1 +	**Kf8—e8**
32. Dh7—g8 +	**Lg7—f8!**

Die Widerlegung des Springeropfers. Nach 32. ... Kd7? 33. Db8: Th3: 34. Db5+ hätte sich der weiße Angriff durchgesetzt.

33. Dg8xg6+ Ke8—d8

und Kasparow überschritt in verlorener Position seine Bedenkzeit. Schwarz kommt zum entscheidenden Gegenangriff: 34. Le6: Db4! 35. Sa4 (der einzige Zug) Le7! 36. Dg8+ Kc7 37. Dh7 Tbd8 mit der Drohung 38. ... c3.

Die Siege gegen Iwanowitsch und Ljubojevic in 28 bzw. 25 Zügen zeigten einmal mehr die Gefährlichkeit Kasparows beim Übergang von der Eröffnung zum Mittelspiel. Ljubojevic, nach seinem hervorragenden Resultat bei der Schacholympiade zu Luzern zeitweise die Nummer 3 der Weltrangliste, kam besonders arg unter die Räder.

32. Ljubojevic — Kasparow

Niksić 1983
Sizilianisch

1. e4 c5 2. Sf3 e6 3. d3 Sc6 4. g3 d5 5. Sbd2 g6 6. Lg2 Lg7 7. 0—0 Sge7 8. Te1 b6 9. h4 h6 10. c3 a5! 11. a4 Ta7! 12. Sb3?! (Natürlicher sind Spielpläne wie 12. e5 La6 13. Sf1 oder 12. ed5: ed5: 13. Sf1. Ljubojevic findet gegen die ungewöhnliche schwarze Aufstellung kein geeignetes Konzept) 12. ... d4 13. cd4: cd4: 14. Ld2? (Danach steht der Damenspringer sehr schlecht. Erforderlich war 14. e5 La6 15. Te4 Td7 16. Lf4 mit etwas besserer schwarzer Position) 14. ... e5! 15. Sc1 Le6 16.Te2?! 0—0 17. Le1 f5! 18. Sd2 f4 19. f3 (oder 19. gf4: ef4: 20. Sf3 Se5 mit strategischer Gewinnstellung) 19. ... fg3: 20. Lg3: g5! 21. hg5: Sg6! 22. gh6: Lh6: 23. Sf1 Tg7 24. Tf2 Le3! 25. b3 (25. Se3: de3: 26. Tf1 Dg5 27. Se2 Sf4 — aus!) 25. ... Sf4! und Weiß gab auf! Eine der möglichen Varianten lauten: 26. Taa2 Tg3: 27. Sg3: Dh4 28. Sh1 Sg2: 29. Kg2: Dh3+ 30. Kg1 Tf6 und gewinnt..

IV. Qualifikationswettkämpfe

Am 20. November 1983 wurden die Ausscheidungskämpfe im Weltmeisterschaftszyklus 82—84 wieder aufgenommen. Das Ringen um die Austragungsorte hatte ein Ende gefunden. In London richtete man die Halbfinalbegegnungen Kasparow — Kortschnoi und Ribli — Smyslow aus. Als Hauptsponsor dieses Schachereignisses des ausklingenden Jahres 1983 fungierte eine britische Computerfirma, die 300 000 DM in diese Veranstaltung steckte.

Der Wettkampf Ribli — Smyslow fand weniger Beachtung, obwohl der 62-jährige Exweltmeister glänzende Partien vortrug. Smyslow besiegte seinen halb so alten Kontrahenten mit 6,5:4,5 Punkten.

Bei den Buchmachern in London galt Kasparow als 3:1 Favorit, auch ein Computer bescheinigte ihm bessere Aussichten in Höhe von 89:11. Kortschnoi beeindruckte dies wenig. „Auch wenn ich der Einzige bin, der es glaubt: Unsere Chancen sind ausgeglichen! Kasparow gilt gegenwärtig als der beste Angriffsspieler der Welt. Ich wurde früher als der beste Verteidiger geschätzt. Nun muß ich also versuchen, diesen früheren guten Ruf zu rechtfertigen. Wir werden sehen.“

Die erste Wettkampfpartie zeigte nach der fünfstündigen Sitzung ein überraschendes Zwischenergebnis. Die Hängepartie wurde mit deutlichen Vorteilen für Kortschnoi abgebrochen. Nach Wiederaufnahme führte er eine gewonnene Turmendspielposition auch tatsächlich zum Siege.

Mit den weißen Steinen unterlag Kasparow; zum ersten Male verlor er mit seiner Leib- und Magenvariante gegen die Damenindische Verteidigung. Nach 1. d4 Sf6 2. c4 e6 3. Sf3 b6 4. Sc3 Lb7 5. a3 6. cd5: Sd5: 7. e3 lenkte Kortschnoi mit 7. ... g6!? das Spiel in bis daher weniger gebräuchliche Geleise. Kasparow verbraucht im Anfangsstadium viel Bedenkzeit, während Kortschnoi ungewöhnlich rasch zog, ihm zu verstehen gebend, daß die vorliegende Spielsituation längst schon Gegenstand intensiver Hausanalysen war. 80 Minuten gegenüber 3 Minuten lautete der Uhrenvergleich nach dem 14. Zuge Kasparows. Im 24. Zuge vermied er eine remisträchtige Fortsetzung, übersah dabei eine positionelle Drohung Kort-

schnois. Schwarz vergrößerte Zug um Zug seine Gewinnaussichten, schließlich verliert Kasparow durch eine „kleine“ Kombination einen Bauern, kann zwar das materielle Gleichgewicht kurzzeitig wiedererlangen, doch das resultierende Turmendspiel bot keine Rettungschancen.
Mit den schwarzen Steinen vertraute Kasparow in der zweiten Partie auf die Tarrasch-Verteidigung. Welches Abspiel bevorzugt sein erfahrener Gegenspieler? Kortschnoi wählte in der Hauptvariante des Systems (9. Lg5) im 12. Zug mit a3 einen bescheiden anmutenden Aufbau. Bemerkenswerterweise wandte auch Smyslow im Finalwettkampf mit Kasparow in vier Partien diese Fortsetzung an.
Kortschnoi erlangte in dieser Partie keinen Vorteil — Remis im 31. Zug. Auch die dritte Partie endete unentschieden, allerdings in nicht ausgekämpfter Position. Kasparows Verbesserungsversuch gegenüber der 1. Partie mit 7. Da4+ führte zu einer originellen Stellung. Das Qualitätsopfer bringt Kasparow wohl einen Zug zu spät an, Kortschnoi konsolidiert seine Position, verzichtet jedoch seinerseits im 18. Zuge auf ernstzunehmende Gewinnversuche. Er akzeptierte das Remisangebot seines Gegners.
In der 4. und 5. Partie wählten beide Kontrahenten die Katalanische Eröffnung (1. d4 Sf6 2. c4 e6 3. g3 d5 4. Lg2). In beiden Remispartien hatte man den Eindruck, daß Kortschnoi den Ton angab.
Wettkampfstand 3:2 gegen Kasparow, der die ausgezeichnete Vorbereitungsarbeit Kortschnois anerkennen mußte.
Als Schlüsselpartie des Wettkampfes ist die 6. Partie anzusehen. Kortschnoi kramte in seiner positionellen Trickkiste. In der von Kasparow erneut gewählten Tarrasch-Verteidigung zögerte er im 8. Zuge die übliche Entwicklung seines Damenspringers hinaus. Kasparow fiel es nicht leicht, auf den originellen Spielplan zu reagieren. Für seinen 11. Zug verbraucht er 51 Minuten seiner Bedenkzeit. Kortschnoi setzte seinen Damenspringer nach Klärung der Bauernstellung flexibel ein und vergrößerte Zug um Zug das weiße Druckspiel am Damenflügel. Mit seinem 27. Zuge geht Kortschnoi zu ungeduldig ans Werk, wonach Kasparow erstmalig Gegenchancen erhält. Stattdessen konnte Kortschnoi mit zwei nicht schwer zu entdeckenden Vorbereitungszügen Linienöffnung erzwingen, wonach sein Gegner in große Schwierigkeiten geraten wäre.

Nach einem gewagten Gewinnversuch von Kortschnoi im 30. Zuge überstürzten sich die Ereignisse. Hochgradige Zeitnot führte zu Ungenauigkeiten. Kortschnoi überspannte den Bogen, Kasparow nimmt eine ausgezeichnete Gewinnchance einen Zug vor Zeitkontrolle nicht wahr. Die Partie wurde nach dem 41. Zuge Kasparows abgebrochen.

33. Kortschnoi — Kasparow

London 1983, 6. Partie

Damengambit

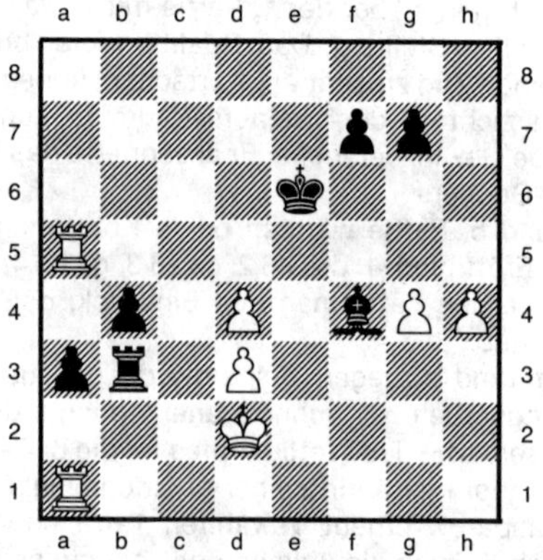

Die Abbruchstellung, sie entstand nach: 1. d4 d5 2. c4 e6 3. Sf3 c5 4. cd5: ed5: 5. g3 Sc6 6. Lg2 Sf6 7. 0—0 Le7 8. Le3!? c4 9. Se5 0—0 10. b3! cb3: 11. Db3: Db6 12. Tc1! Db3: 13. ab3: Sb4 14. Sa3 a6 15. Ld2 Tb8 16. Lb4:! Lb4: 17. Sd3 Ld6 18. Sc2 Lg4!? 19. Kf1 Lf5?! 20. Sc5 Tfc8 21. Se3 Le6 22. b4 Kf8 23. Tc2! Ke7 24. Ke1 h5 25. Tb2! Tc7 26. Sd3 Ta8 27. b5? (Zu früh — 27. Tba2! nebst 28. Ta5 wonach der Hebel b5 zu deutlichem weißen Übergewicht führt.) 27. ... a5 28. b6 Tc6 29. Tb5 a4 30.

Sd5: + !? Sd5: 31. Ld5: Ld5: 32. Td5: Tb6: 33. Th5: Tb3 34. Kd2 b5 35. h4 Tc8 36. g4? (36. Tg5) 36. ... a3 37. f4 Tcc3 38. Td5 Ke6 39. Th5 b4? (39. ... Td3: + ! 40. ed3: Lf4: + 41. Ke2 Tb2 + ! 42. Kf3 Ld6! mit ausgezeichneten Gewinnchancen.) 40. Ta5 Td3: + 41. ed3: Lf4: +.

Der Abgabezug Kasparows. Die Experten kamen nach eingehender Analyse zu dem Schluß, daß das Endspiel remis enden sollte.

42. Kd2—e2	**Tb3—c3!**
43. g4—g5	

Mit 43. Kf3 kann Weiß einen hinreichenden Gegenangriff einleiten. Z. B. 43. ... Lc1 44. Ke4 Kd6 45. d5 b3 (eine typische Umwandlungskombination erkennt man nach 45. ... Kc7 46. Ta7 + Kb6 47. d7!!) 46. Ta6 + Kd7 47. Ta7 + und das Spiel endet mit Remis durch Dauerschach, da der schwarze König die c-Linie wegen Ta3: nicht betreten kann.

43. ...	**Lf4—c1**
44. h4—h5	**b4—b3**
45. Ta5xa3	**Lc1xa3**
46. Ta1xa3	**b3—b2**
47. Ta3—a6 +	**Ke6—f5**
48. Ta6—b6	

Erzwungen, da 48. Ta5 + ?? Kf4 49. Tb5 Tc2! sofort verliert.

48. ...	**Tc3—c2 +**
49. Ke2—e3	**Kf5xg5**

Die Ausgangsstellung eines Turmendspieles, das sicherlich in die lange Geschichte dieses Endspieltypes eingehen wird. Zunächst stellt sich die Frage, ob Weiß seinen d-Bauern in Bewegung setzen soll oder mit 50. Tb5 + das materielle Gleichgewicht wahren muß. Klammert sich Weiß an das Material, so fehlt ihm in der Endabrechnung ein einziges Tempo zum Re-

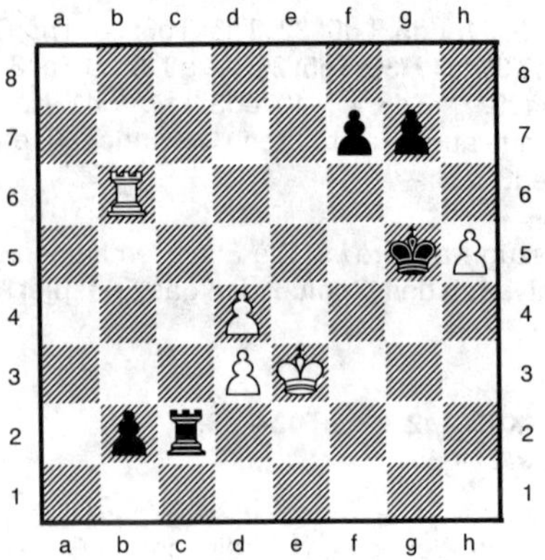

mis. Die folgenden Varianten verdeutlichen den Wettlauf. 50. Tb5+ f5 51. Kf3 (51. d5 Kh5: 52. d6 scheitert an 52. ... Tc5!) 51. ... Kh5: 52. Tf5:+ g5 53. Tb5 Kh4 54. d5 g4+

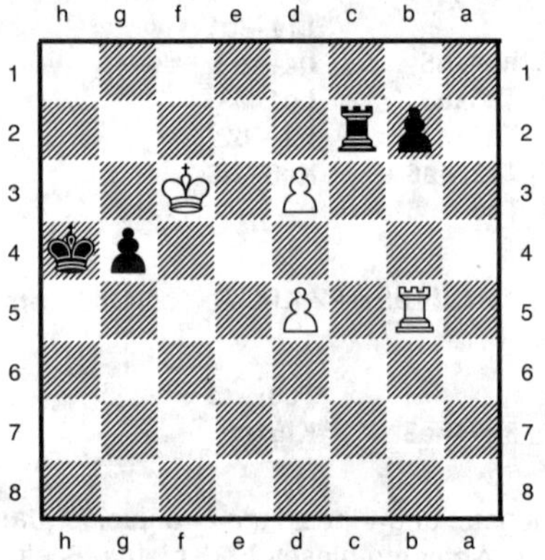

a) 55. Ke4 Te2+ 56. Kf4 g3 57. d6 g2 58. d7 Tf2+ nebst Tf8
b) 55. Kf4 g3 56. Tb8 Kh3 57. Kf3 Kh2 58. d6 g2 59. d7 Tf2+ — und wieder gewann Schwarz das Wettrennen.

Kortschnois Entscheidung, ohne Zeitverlust seinen Freibauern in die Nähe seines Umwandlungsfeldes zu führen, sollte das Remis sichern.

50. d4—d5! Kg5xh5
51. Ke3—d4 g7—g5

Kasparows Verbesserungsversuch 51. ... Kg4, bei einer nachträglichen Analyse vorgeschlagen, begegnet Weiß mit 52. Tb7!. Schwarz hat keine höheren Gewinnchancen, sein König blockiert den freien Lauf der Bauern.

52. Tb6—b8!

Völlig verfehlt ist natürlich 52. d6?? Tc6, aber auch 52. Ke5? führt zum Verlust: 52. ... g4 53. d6 Tc5+ 54. Kf6 Tc6! 55. Tb5+ Kh4 56. Ke7 f5 57. d7 Tc7 58. Ke8 Td7: 59. Kd7: g3 und die verbundenen Freibauern kann der weiße Turm nicht bändigen.

52. ... g5—g4

Presseberichten zufolge soll Kasparow an dieser Stelle das Remis angeboten haben. Vermutlich sah er die mögliche weiße Zugwiederholung im 55. Zuge. Vielleicht war ein Remisangebot aus psychologischen Gründen erfolgt, vielleicht irren sich die Berichterstatter. Das Endspiel sollte noch einige spannende Momente zu Tage bringen.

53. d5—d6 Tc2—c6

Die Alternative 53. ... Tc8 führt auch zum Remis: 54. Tb2: g3 (oder 54. ... Kg5 55. Tb7 f5 56. Ke5 Tg8 57. Te7 mit ausreichender weißer Aktivität) 55. Ke3 Kg4 56. Tb4+ Kh3 57. Tb5! und der g-Bauer wird gestoppt — 57. ... Kh2 58. Tb2+ g2 59. d7 Td8 60. Kf3.

54. Kd4—e5!

Der König bleibt in Reichweite zu dem gefährlichen g-Bauern. Ein entscheidender Tempoverlust resultiert nach 54. Kd5?, ein

Königszug, der nur vom offensiven Geist getragen ist. Nach 54. ... Tc8 55. Tb2: g3 56. d7 Td8 57. Kd6 f5 ist der schwarze Gewinn sichergestellt. Eine studienartige Gewinnführung sieht der Leser nach dem Versuch 54. ... Tc8! 55. Tc8: b1D 56. d7. Schwarz schlägt nicht den Bauern mit Schach, sondern setzt mit 56. ... Db5+!! fort: 57. Kd6 Db6+ 58. Tc6 Dd4+ 59. Ke7 g3 60. d8D Dd8:+ 61. Kd8: f5 und wieder entscheidet das verbundene Freibauernpaar das Spiel zugunsten von Schwarz.

54. ...	**Tc6—c5+**
55. Ke5—f6?	

Kortschnoi begibt sich in Verlustgefahr. Es ist nicht auszuschließen, daß er die Kenntnisse seines jugendlichen Kontrahenten unterschätzt. Nach 55. Kd4 hat Kasparow nichts Besseres als das Remis durch Zugwiederholung anzustreben. Weniger klar sind die weißen Remischancen nach 55. Kf4?! wegen 55. ... Td5 56. Tb2: Td4+ 57. Kf5 Kh4!.

55. ...	**g4—g3**
56. Tb8xb2	**Tc5—d5**
57. Kf6xf7	**Td5xd6**
58. Tb2—d2	**Kh5—g4**

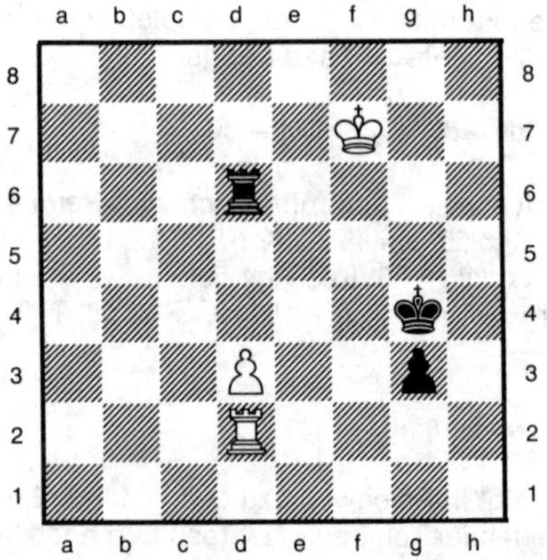

Die Situation erscheint bedrohlich für Kortschnoi. Sein König ist zunächst vom Schauplatz des Geschehens abgeschnitten. Der Versuch ihn mit 59. Ke7? ins Spiel zu bringen, ist zum Scheitern verurteilt wie unschwer ersichtlich: 59. ... Td4 60. Ke6 Kf4 und Schwarz gewinnt.

Doch mit seinem nächsten raumgreifenden Zug sichert sich Kortschnoi Remischancen, sein Bauer droht Tuchfühlung mit dem abgesperrten König aufzunehmen. Angriffe auf diesen begegnet Weiß mit einem Gegenangiff auf den g-Bauern. Schwarz kann in einigen Varianten die Umwandlung seines Bauern mit dem König unterstützen und somit den gegnerischen Turm gewinnen, doch dann rettet die Vereinigung von d-Bauer und König das weiße Spiel.

59. d3—d4 Kg4—f5

Verhindert die Rückkehr des Königs, läßt aber den eigenen Bauern ohne Unterstützung. Der Gewinnversuch mit 59. ... Kf4 führt in der Folge 60. Ke7 Tg6 61. Tg2! Kf3 (Nach 61. ... Ke4 rettet 62. Kf7! Tg4 63. Ke6 Kd4: 64. Kf5) 62. Tg3: + (Weiß kann das Turmopfer auch später erfolgen lassen, aber bereits hier reicht es zum Remis) 62. ... Tg3: 63. d5 Ke4 64. d6 Ke5 65. d7 Tg7 + 66. Ke8 Ke6 67. d8S + zu einer bekannten Remisstellung im Endspiel Turm gegen Springer.

60. Kf7—e7 Td6—d5
61. Td2—d3! Kf5—f4
62. Ke7—e6 Td5—g5
63. d4—d5??

Der Endspielvirtuose Kortschnoi greift in dieser beinahe elementaren Position tüchtig daneben. Ihm entging, daß der Bauernzug das Feld e5 dem gegnerischen König zugänglich macht. Mit der Sicherung der 1. Reihe konnte Kortschnoi in den Remishafen einfahren: 63. Td1! g2 64. Tg1 und nun droht der eigene Bauer vorzurücken. Nach 64. ... Ke4 65. d5 Tg6 + 66. Kf7! kann Schwarz seine Position nicht verstärken.

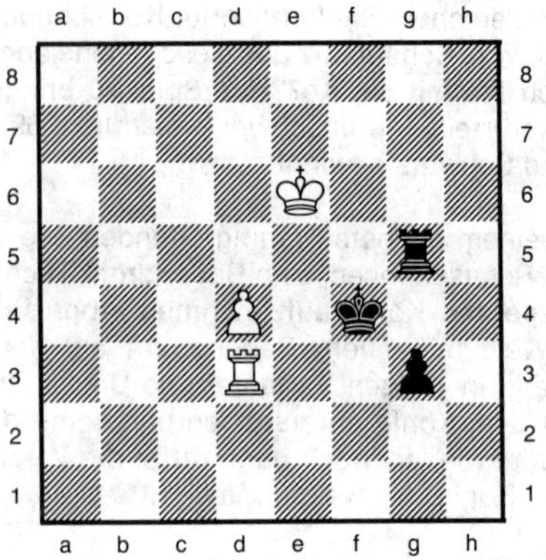

63. ...	**Tg5—g6+!**

Nun rächt sich die schlechte Position des weißen Turmes: 64. Kf7 g2 65. Td1 Td6 mit der nicht parierbaren Drohung Td5:.

64. ...	**g3—g2**
65. Td3—d1	**Kf4—e5!**
66. d5—d6	**Tg6—e6+**
67. Ke7—d7	**Te6xd6+**

Statt aufzugeben ließ sich Kortschnoi noch das Endspiel Dame gegen Turm vorführen. Es folgte noch: 68. Td6: g1D 69. Te6+ Kf5 70. Td6 Da7+ 71. Kd8 Ke5 72. Tg6 Da5+ 73. Kd7 Da4+ 74. Ke7 Dh4+ 75 Kf8 Dd8+ 76. Kf7 Kf5 77. Th6 Dd7+ und den Rest ersparte sich Kortschnoi doch (78. Kg8 Kg5 79. Th7 De8+ 80. Kg7 De4 80. Kg8 Kg6 81. Tg7+ Kh6) — Weiß gab auf!

Die Katalanische Phase in dem Wettkampf wurde mit der 7. Partie fortgesetzt. Offenbar verspürte Kasparow wenig Lust, weiterhin die Kenntnisse Kortschnois in der Damenindischen Verteidigung auf die Probe zu stellen. Die Katalanische Eröffnung, erstmalig im Oktober des Jahres 1929 in Barcelona, der

Hauptstadt Kataloniens, in die Turnierpraxis eingeführt, zählt zu den sogenannten hypermodernen Eröffnungssystemen. Diese Eröffnungen zeichnen sich durch die Flankierungen der Läufer in der Anfangsphase aus, womit aus der Ferne Einfluß auf die Zentralfelder genommen wird. Kortschnoi, ein Kenner der Katalanischen Eröffnung, wählte nach dem für ihn enttäuschenden Ausgang der 6. Partie ein weniger gebräuchliches Verteidigungssystem. Er versäumte mit seinem 10. Zug die gegnerische Initiative einzudämmen. Kasparow wickelt zielstrebig in ein leicht vorteilhaftes Endspiel ab. Schon ein sorglos ausgeführter Deckungszug Kortschnois im 17. Zuge läßt den Vorteil erheblich anwachsen. Kurioserweise gab die Randstellung seines Springers den Ausschlag für die Überleitung in ein technisch gewonnenes Endspiel für Kasparow.

1. d4 Sf6 2. c4 e6 3. g3 d5 4. Lg2 dc4: 5. Sf3 Ld7!? 6. Dc2 c5 7. 0—0 Lc6 8. Dc4: Sbd7 9. Lg5 (9. Sc3? b5! 10. Sb5:?? Sb6 nebst 11. ... c4 mit Springergewinn!) 9. ... Tc8 10. Lf6:! Sf6:?! (Besser 10. ... Df6:! 11. Sc3 Le7 12. e4 0—0! 13. d5 Sb6 mit gleichen Chancen.) 11. dc5: Lf3: 12. Lf3: Lc5: 13. Db5+ Dd7 14. Sc3: Db5: 15. Sb5: Ke7 16. b4! Lb4: 17. Sa7:

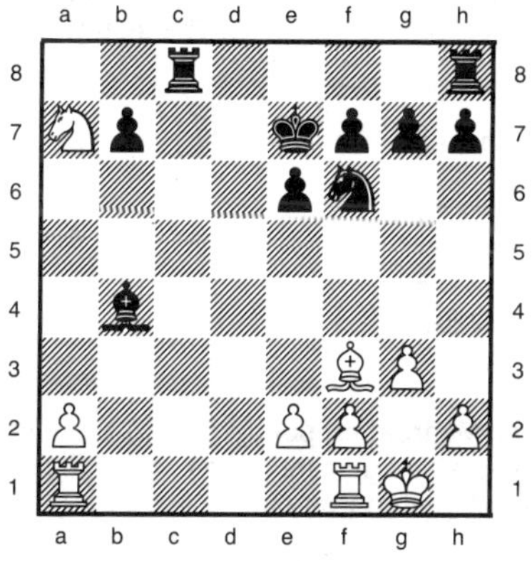

17. ... Tc8—c7?

Erstaunlicherweise kann Kortschnoi nach dieser plausibel erscheinenden Deckung des b-Bauern das Spiel nicht mehr halten. Schwarz pariert zwar 18. Tab1? Lc5, übersieht jedoch, daß nach 18. Tfc1! ausgerechnet der Randspringer die für Schwarz lebenswichtigen Felder am Damenflügel kontrolliert. Erforderlich war 17. ... Ta8!, wonach Schwarz Chancen auf ein verteidigungsfähiges Spiel erhält. Kortschnoi zeigt die phantasievolle Variante 18. Sb5 Ta5 19. a4 Tb8 20. Tac1: Kf8 (Eine „hübsche" Verlustvariante ergibt sich nach 20. ... Ta4: 21. Tc4 Tba8 22. Lb7: Tb8 23. Lc6 Ta6 24. Tb4: Tc6: 25. Sd4!!) 21. Tc4 Le7 22. Tfc1 g6 23. Sd4 La3 24. Tb1 Tc5 und Schwarz kann den Druck auffangen. Kasparow betrachtet nach 17. ... Ta8 18. Tfb1! Ta7: 19. Tb4: und Weiß enfaltet aufgrund der Schwäche von b7 weiterhin eine unangenehme Initiative. So folgt auf 19. ... Tb8 das Vorrücken des a-Bauern. Auch nach 19. ... Sd5 20. Ld5: ed5: 21. Tab1 Tb8 22. a4 b6 hat Schwarz Schwierigkeiten, das Remis zu erreichen.

18. Tf1—c1! Tc7—d7

Wie unsicher der schwarze König steht zeigt das Abspiel 18. ... Tc1: + 19. Tc1: Ta8 20. Tc7 + Kf8 21. Tb7: Lc5 22. Sc6 Ta2: 23. Se5 Ta7 24. Tb8 + und Weiß gewinnt. Kasparow gewinnt den Bb7, da die Deckung mittels Tb8 sich wegen Sc6 + verbietet.

19. Ta1—b1 Lb4—d2

Oder 19. ... Ta8? 20. Sc8 + nebst 21. Sb6.

20. Tc1—c2 Th8—d8
21. Lf3xb7 Ke7—f8
22. Sa7—c6

Nicht nur der Mehrbauer, sondern auch die ideal postierten weißen Spielsteine gewährleisten den Sieg. Kortschnoi kämpft auf verlorenem Posten.

Es folgte noch 22. ... Tc7 23. Tbb2 Td6 24. a4 Le1 25. Tb1 Sd5 26. La8 Tc8 27. Lb7 Tc7 28. Tc4 Se7 29. Se5! La5 30. Tb5 Sg6 31. Sc6 Td1 + 32. Kg2 Le1 33. a5 Se7 34. a6 Sc6: 35. Tc6: Tc6:

36. Lc6: Ta1 37. Tb8+ (Kasparow erntet die Früchte für seine technisch einwandfreie Endspielführung.) 37. ... Ke7 38. Tb7+ Kd6 39. Lb5 Lc3 30. Tf7: Lf6 31. Td7+ Kc5 42. Ld3 h6 43. Tb7! Ta3 44. a7 Kd5 45. f3! Kd6 (Oder 45. ... Kd4 46. Td7+ Kc5 47. Le4. Auch jetzt entscheidet der Freibauer das Spiel). 46. Tb6+ und angesichts der Absperrung 46. ... Kc7 47. Ta6 mußte sich Kortschnoi geschlagen geben!

In der 8. Partie verwendete Kasparow überraschend das Verteidigungskonzept Kortschnois aus der vorherigen Partie. Als Weißer erreicht auch Kortschnoi einen leichten Vorteil, der jedoch nicht zum Gewinn der Partie reicht. Die 9. Partie brachte die Vorentscheidung des Wettkampfes. Kortschnoi wählte wiederum gegen Katalanisch eine wenig bekannte Verteidigung; eine asymmetrische Bauernverteilung resultierte nach der Auflösung des Zentrums im 10. Zuge. Der Spielverlauf verschärft sich rasch, Kortschnoi zeigt Risikobereitschaft. Er vermeidet zunächst sichere Fortsetzungen, überspannte dann aber mit seinem 20. Zuge den Bogen. Nach dem Verlust der Qualität bricht seine Stellung zusammen.

35. Kasparow — Kortschnoi

London 83, 9. Partie

Katalanisch

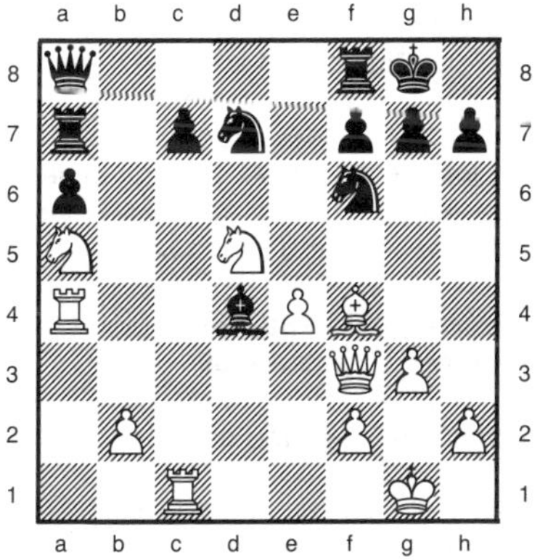

Vor einer schweren Entscheidung stand Kortschnoi nach den Zügen 1. d4 Sf6 2. c4 e6 3. g3 d5 4. Lg2 dc4: 5. Sf3 Sbd7 6. 0—0 Tb8?! 7. a4 b6 8. Sfd2! e5 9. Sc4: ed4: 10. Dd4: Lc5 11. Dd3 0—0 12. Sc3 Lb7 13. Lb7: Tb7: 14. Df3! (Auch nach dem Tausch der weißfeldrigen Läufer entwickelt Kasparow auf der Diagonalen h1—a8, „der großen Milchstraße" nach Tartakower, ein Druckspiel. Außerdem räumt die Dame die d-Linie, was sich nach 14. ... Tb8 15. Lf4 a6 16. Tfd1 bemerkbar macht). 14. ... Da8 15. Lf4 a6 16. e4 Ta7 17. Sd5 (Kasparow verschärft das Spiel. Kortschnoi kann mit 17. ... Sd5: 18. ed5: Sf6 19. Tad1 Td8 einen Bauern gewinnen, müßte dafür aber eine unsichere Königsstellung in Kauf nehmen: 20. Lg5! Td5: 21. Lf6: Td1: 22. Dd1: gf6: 23. Te1!. Der weiße Angriff kann rasch durchschlagen, so nach 23. ... b5? 24. Dg4 + Kf8 25. Dh5! bc4: 26. Dh7: Zäher ist 23. ... Dc8, doch Kortschnoi findet wenig Gefallen an der schwarzen Position. Weiß stellt mit Dh5 und Te4—g4 gefährliche Drohungen auf.) 17. ... b5!? (17. ... c6) 18. Sa5! ba4: 19. Tfc1 Ld4 (Kortschnoi liebt Gratwanderungen, die er mit 19. ... Sd5:! 19. ed5: Ld6! weitgehend vermeiden konnte.) 20. Ta4:. Wie muß er bei der vorliegenden Spannung im Zentrum verfahren? Kortschnoi greift daneben, er verwechselt die Zugfolge. Zunächst sollte der gefährliche Springer getäuscht werden, bevor das Bauernopfer angenommen wird.

20. ... Ld4xb2??

Kortschnoi „vergißt" seinen gefährdet postierten Ta7. Nach 20. ... Sd5: 21. Td4:! Sf4: 22. Df4: c5 ist der Kampf längst nicht beendet. Optimistisch beurteilt Kasparow seine Chancen nach 21. ed5: Lb2: 22. Tc2 Lf6 23. Le3 Sb6 24. Tg4. Obwohl die schwarzen Figuren nicht gerade gut stehen, läßt sich ein gewinnbringender weißer Angriff nach 24. ... Kh8 nicht entdecken: 25. Sc6 Tb7 26. Lh6 Tg8 mit komplizierter Stellung.

21. Sd5—e7 + Kg8—h8
22. Tc1—c2 Da8—e8

Entscheidender Materialverlust läßt sich nicht mehr abwenden:

a) 22. ... Se5 23. Le5: Le5: 24. Sac6! De8 25. Ta5!
b) 22. ... Sb6 23. Tb4 La1 24. Sec6.

Kortschnoi kämpft in einem bereits verlorenen Kampf. Es folgte noch 23. Tb2: De7: 24. Sc6 Dc5 25. Sa7: Da7: 26. e5 Sg8 27. Le3 Da8 (In hoffnungsloser Position glaubt Kortschnoi nicht an Schwindelchancen mit etwa 27. ... c5 28. Tb7? Se5: 29. Dd5 Da8. Weiß deckt zunächst seine Dame mit 28. De4, bevor ihm weiteres Material zufällt.) 28. Da8: Ta8: 29. f4 Se7 30. Td2 Schwarz gab auf!

In der nächsten Partie verzichtete Kortschnoi auf die Fianchettierung. Das Spiel wurde ins Damengambit gelenkt, Kasparow wählte die als solide geltende Tartakower-Variante. Kortschnoi, der gegen dieses Verteidigungssystem im Meraner WM-Kampf 1981 mit Karpow wenig ausrichtete, legte das Spiel äußerst schwerblütig an. Erst im 29. Zuge öffnete sich nach einer langen vorbereiteten weißen Aktion im Zentrum die Stellung. Kasparow reagierte zu optimistisch, doch die Bestrafung blieb aus. Kortschnois Zeitnotkrankheit brach wieder aus. Im 34. Zuge verpaßte er seine gewinnträchtige Fortsetzung. Das Spiel endete im 42. Zuge mit Remis. Die letzte Partie brachte für die Zuschauer in London noch einen schachlichen Leckerbissen. Kasparow verwertete zum dritten Male seinen Anzugsvorteil. Endergebnis: 7:4 für den „weißen Riesen" Kasparow.

36. Kasparow — Kortschnoi

London 83, 11. Partie
Benoni

1.	**d2—d4**	**Sg8—f6**
2.	**c2—c4**	**e7—e6**
3.	**g2—g3**	**c7—c5**
4.	**d4—d5**	**e6xd5**
5.	**c4xd5**	**b7—b5!?**

Nach 5. ... d6 Lg2 g6 7. Sf3 Lg7 8. Sc3 0—0 entsteht eine Variante des modernen Benoni, die in der ersten Begegnung Kortschnoi — Kasparow, Luzern 82, zur Anwendung kam. Ebenfalls auf der Schacholympiade in Luzern experimentierte Kortschnoi als Nachziehender in seiner Partie mit Portisch mit 5. ... b5. Der Ungar suchte nicht nach einer Widerlegung

des schwarzen Aufbaus, sondern begnügte sich mit der Entwicklung seiner Figuren. Nach 6. Lg2 d6 7. Sf3 g6 8. Sfd2 Sbd7 9. Sc3 a6 10. a4 b4 11. Sce4 a5 12. Db3 Le7! stand Kortschnoi befriedigend. Die Partie endete nach wechselreichem Kampf unentschieden. Eine kompromißlose Erwiderung auf das ungewöhnliche schwarze Vorgehen am Damenflügel fand noch im selben Jahr Großmeister Sosonko.

6. Lf1—g2 d7—d6
7. b2—b4!?

Nach dem Motto, daß ungewöhnliche Stellungen originelle Maßnahmen erfordern. In der Partie Sosonko — Timman nahm Schwarz das Bauernopfer an: 7. ... cb4: 8. a3! ba3: 9. Sa3: Dd7?! und nun konnte Weiß mit der prosaischen Folge 10. Lh3 Db7 11. Lc8: Dc8: 12. Sb5: in Vorteil kommen. Besser erscheint 9. ... Ld7, obwohl Weiß am Damenflügel Druck entfaltet. Er stellt seinen Springer nach d4, der Bd5 zeigt seine einengende Wirkung.

7. ... Sb8—a6
8. b4xc5 Sa6xc5
9. Sg1—f3 g7—g6
10. 0—0 Lf8—g7
11. Sf3—d4 0—0?!

Die Rochade, so selbstverständlich sie auch erscheinen mag, ist in dieser Stellung als Tempoverlust zu bewerten. Mit 11. ... Lb7! konnte Kortschnoi eine gesicherte zentralisierte Position einnehmen. Nach 12. Sb5: Sfe4! 13. Sd4 Ld5: wird der Ausfall 14. Sb5!? kaltblütiger mit 14. ... Tb8! pariert.

12. Sb1—c3 a7—a6

Das Spiel auf der Diagonalen mit 12. ... b4 kontert Weiß mit 13. Sc6, worauf die schwarze Dame an den Bd6 gebunden ist, da sowohl 13. ... Db6? 14. Tb1 als auch 13. ... De8? 14. Sb5 Sfe4 15. Lf4! La1: 16. Da1: in schlechte Stellungen führen. Nach 13. ... Dd7 14. Sb5! hat Schwarz die Gelegenheit zu einer Fehlkombination mit 14. ... Sd5:? 15. Dd5: La1: 16. Sd6:

Se6 17. Sc8:! und Weiß gewinnt Material. Besser ist 14. ... Sfe4 15. Sbd4 Sc3 16. Dc2 La6 16. Te1, wonach jedoch Weiß die wirkungsvoller postierten Leichtfiguren besitzt. Er droht mit Le3 und a3 bereits eine entscheidende Aktion am Damenflügel durchzuführen.

13. Sd4—c6 Dd8—c7
14. Lc1—e3

Mit der handfesten Drohung 15. Lc5: nebst 16. d6.

14. ... Lc8—b7
15. Le3—d4! Tf8—e8
16. a2—a4

Nach vollendeter Entwicklung setzt Kasparow mit diesem typischen Hebel den gegnerischen Damenflügel unter Druck. Taktische Motive wie 16. ... Sa4: 17. Sa4: ba4: 18. Ta4: Sd5:? 19. Ld5: Lc6: 20. Tc4! oder 16. ... Lc6:? 17. dc6: b4 18. Lf6:! bc3: 19. Lg7: Kg7: 20. Dd4+ Kg8 21. Ta2! jeweils mit weißer Gewinnstellung, rechtfertigen den weißen Angriff.

16. ... b5xa4
17. Ld4xc5!

Undogmatisch gespielt, Kasparow trennt sich von seinem starken Läufer, da der gegnerische Springer den Damenflügel zusammenhielt. Eine unklare Position entsteht nach 17. Sa4: Sd5:! 18. Lg7: Dc6: 19. Lb2 Se6. Weiß kann die Fesselstellung nicht leicht ausbeuten, so folgt auf 20. Sc3? einfach 20. ... Sc3:.

17. ... d6xc5
18. Dd1xa4

Schwach ist 18. Sa4:? wegen der Entwurzelung 18. ... Sd5:, und nach 18. Ta4: Sd7! 19. Ta3 Se5 20. Sa5 Tad8! steht Schwarz nicht schlechter.

18. ... Sf6—d7

19. Da4—b3?!

Noch stärker war es mit 19. Da3! den Bc5 unter Beschuß zu nehmen, wonach sich Schwarz kaum noch rühren kann. Zum Verlust führt beispielsweise 19. ... Lc3: 20. Dc3: Te2: wegen 21. Tab1 mit der nicht parierbaren Drohung 22. d6.

19. ...	**Lb7xc6!**
20. d5xc6	**Sd7—b6**
21. Ta1—b1	

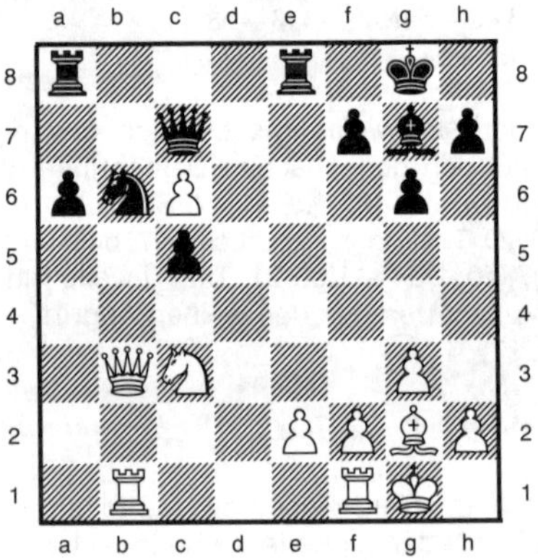

21. ...	**Ta8—b8?**

Kortschnoi versäumt eine ausgezeichnete Rettungschance, die in 21. ... c4! bestand. Der Übergang ins Endspiel mit 22. Db6: Db6: 23. Tb6: Lc3: bietet dem Weißen keine Gewinnperspektiven aber nach 22. Da3 De5! erhält Schwarz die Zeit, mit Lf8 und Lc5 eine Blockadeposition zu errichten.

22. Db3—a3!

Korrigiert die ungünstige Stellung seiner Dame und stellt eine teuflische Falle. Nach 22... Ld4 23. e3 Sc4 folgt nicht 24.

Da6:? Se3:!, sondern 24. Sd5! mit der Abwicklung in ein gewonnenes Endspiel: 24. ... Sa3: 25. Sc7: Sb1: 26. Se8: Te8: (oder 26. ... Sd2 27. Sd6!) 27. ed4: Sc3 28. d5.

22. ... c5—c4
23. Tf1—c1 Lg7xc3
24. Da3xc3! Te8xe2
25. Dc3—d4! a6—a5?

Wieder in Zeitnot geraten, ruiniert Kortschnoi mit einem schwächenden Bauernzug seine ohnehin schon schwierige Stellung. Mit 25. ... Te5 26. Te1! Tb5! konnte zunächst die Gefahr in der b-Linie gebannt werden. Doch nach 27. Tbd1 mit der Drohung g4 und Df6 erhält der weiße Angriff weiteren Aufwind. Man beachte die unterschiedliche Aktivität von Läufer und Springer.

26. Tb1—b5! a5—a4
27. Lg2—f3 Te2—e8

Nichts geht mehr! In der Variante 27. ... Tee6 27. Tcb1 a3 29. Tb6: Tb6: 30. Db6: a2 31. Db8+! Db8: 32. Tb8:+ Kg7 33. Ta8 Te1+ 34. Kg2 a1D 35. Ta1: kommen Läufer und Freibauer mit 36. c7 zum kräftig vorgetragenem Schlußwort.

28. Dd4—c5 Dc7—e7

Verzweiflung! Gegen die Drohung 29. Tcb1 gab es kein Heilmittel.

29. c6—c7 De7xc5
30. Tb5xc5 Tb8—c8
31. Lf3—b7 Sb6—d7
32. Tc5xc4

Der Schlußzug in dieser hartumkämpften Partie und das Ende der Halbfinalbegegnung Kasparow — Kortschnoi. Schwarz gab auf! An spannungsgeladenen Momenten reich galt der Wettkampf bei den Kennern der Schachszene als das vorgezogene Finale der Kandidatenwettkämpfe 83—84. Nach anfänglich gutem Spiel konnte sich Kortschnoi nach der Nieder-

lage in der 6. Partie gegen den Ansturm seines jugendlichen Kontrahenten nicht mehr erwehren. In der amerikanischen Schachzeitschrift 'Players Chess News' gab Kortschnoi nach dem Londoner Match eine Stellungnahme zur Spielweise von Garri Kasparow. „Glauben Sie mir, Kasparow fehlt eine wichtige Eigenschaft des Schachspielers: Geduld. Er bringt es nicht fertig, kleine Vorteile anzusammeln. In allen seinen Partien spielt er Da4, Dh5, La6 — immer möglichst lange Züge. Er kann nicht auf Defensive umstellen, und wenn man gegen starke Gegner antritt, ist das sehr wichtig."
Es ist sehr wahrscheinlich, daß Kasparow vor dem Finalkampf mit Wassili Smyslow diese Kritik zumindest zur Kenntnis nahm.

Der Finalwettkampf Smyslow—Kasparow

Es stand für die Fachwelt außer Zweifel, daß das Finale eine runde Sache für Kasparow sein würde. 4 Gewinnpartien und 9 Remisen sprechen eine nur zu deutliche Sprache, obwohl sich bei Smyslow, der in den Eröffnungsphasen noch hochinteressante Neuerungen in der Tarrasch-, Botwinnik- und Cambridge-Springs-Variante anzubringen wußte, die seinen Gegner jedesmal in langes Grübeln versetzten, im Mittel- und Endspiel dann doch Zaghaftigkeit und Nachlassen bemerkbar machten. Da ist man schnell mit dem Wort von „Tribut des Alters" bei der Hand, und man hätte Smyslow doch wenigstens in der zweiten Partie einen verdienten Ehrentreffer gewünscht, wenn er nach seiner ausgefuchsten Neuerung 13. Kh1! getreu Kasparows Spielauffassung: „Vorwärts! Zurück kann ich immer noch . . ." im 20. Zug konsequent Sb5 statt Se2 gewagt hätte. So aber blieb Kasparows Minuskonto gänzlich unbelastet, ja — ausgelassene Gewinnchancen in der 5. und 11. Partie hätten das Gesamtergebnis eigentlich sogar noch krasser erscheinen lassen können.
Garri Kasparow qualifizierte sich kurz vor der Vollendung seines 21. Lebensjahres für den Titelkampf mit Anatoli Karpow. Er ist der jüngste Herausforderer der Schachgeschichte.
Der knappe Kommentar des 63-jährigen Wassili Smyslow: „Mein Gegner spielte technisch einwandfrei und gab mir keine Chance."

37. Kasparow — Smyslow

Wilnus 1984, 3. Partie

Damengambit

1.	d2—d4	d7—d5
2.	Sg1—f3	Sg8—f6
3.	c2—c4	c7—c6
4.	Sb1—c3	e7—e6
5.	Lc1—g5	Sb8—d7
6.	e2—e3	Dd8—a5
7.	c4xd5	Sf6xd5
8.	Dd1—d2	Lf8—b4
9.	Ta1—c1	0—0
10.	Lf1—d3!?	

In der altbekannten Cambridge-Springs-Variante stellt Kasparows Zug eine Neuerung gegenüber dem bisher gespielten 10. e4 dar. Smyslows Reaktion, das Zentrum zu öffnen, ist stellungsgemäß und korrekt.

10.	...	e6—e5
11.	0—0	

Nach 11. de5:? Sc3: 12. bc3: La3 13. Tc2 Se5: steht Schwarz deutlich günstiger.

11.	...	e5xd4
12.	e3xd4	f7—f6

12. ... S7f6 12. Tfe1 Le6 (13. ... h6? 14. Lh6:!) 14. a3! Lc3: (14. ... Le7? 15. Sd5: Dd5: 16. Lc4 Dd6 17. Le6: fe6: 18. De2) 15. bc3: Da3: 16. c4 Sb4 17. Lb1 mit weißer Gewinnstellung.

13.	Lg5—h4	Tf8—d8
14.	a2—a3!	

Gegen 14. Dc2 hatte Schwarz sich mit 14. ... Sf8 15. Sd5: cd5: 16. Lg3 Ld6 gewappnet.

14.	...	Lb4xc3

Kasparow gibt an, daß die Aufgabe eines Bauern mit 14. ... Ld6 15. Sd5: (15. Lc4 Kh8! 16. Sd5: Dd2: 17. Sd2: cd5: 18. Ld5: Sb6 19. Lb3 Lf4 20. Tcd1 Td4: 21. Sc4 Td1: 22. Td1: Lf5 23. Sd6 Ld6: 24. Td6: Tc8 25. h3 h6 mit leichtem weißen Vorteil) 15. ... Dd2: 16. Sf6: + Sf6: 17. Sd2: Lf8 18. Tcd1 Td4: zwar nur vorübergehend wäre, nach dem weiteren 19. Sf3 Td7 20. Tfe1 Schwarz jedoch völlig unharmonisch stände. Interessanter — weil aktiver — ist aber 17. ... Lf4!? 18. Tcd1 Lg4! 19. f3 Td4: 20. Lc4 + (20. fg4: Le3 + 21. Kh1 Td3: 22. Se4 Td1: 23. Sf6: + gf6: 24. Td1: Tf8! =) 20. ... Kh8 21. fg4: Ld2: (21. ... Td2:?? 22. Td2: Ld2: 23. Tf6:! + —) 22. Td2:! (22. Tf6:? Le3 + 23. Kf1 Td1: + 24. Ke2 Td4! — + ; 22. Lf6: gf6: 23. Le2 =) 22. ... Td2: (22. ... Tc4:? 23. Lf6: gf6: 24. Tf6: Tg4: 25. Tf7 + —) 23. Tf6: Td4 24. Le2 Te8 25. Tf2 Td2 26. Lf1 Tf2: 27. Lf2: mit geringfügigem weißen Vorteil.

15. b2xc3 Sd7—f8

15. ... Da3:? 16. c4 Sb4 17. Lf5 Sa6 18. Tfe1 würde sich wieder als eine Art Bauernraub herausstellen, die man gerade gegen Kasparow niemals begeht.

16. Lh4—g3 Lc8—e6

Naheliegener sah wohl 16. ... Lg4 aus, aber Kasparows Analysen belehren uns eines Besseren: 17. c4! Dd2: 18. Sd2: Se7 (18. ... Sb6 19. Sb3 Se6 20. c5! Sd4: 21. cb6: Sb3: 22. Lc4 + + —) 19. Sb3 Se6 20. d5! cd5: 21. Tfe1 Kf7 22. f3 Lh5 (22. ... Lf5 23. cd5: Ld3: 24. de6: + Ke8 25. Sc5) 23. cd5: Sd5: 24. Lc4 mit einer der typischen Fesselstellungen, in denen man den Eindruck nicht los wird, daß der Gefesselte daran zugrunde gehen wird.

17. Tf1—e1 Le6—f7
18. c3—c4

Die andere Möglichkeit, leichten weißen Vorteil zu behalten, bestand in 18. Db2 b5 19. c4 bc4: 20. Tc4:, da Weiß im Hinblick auf die offene b-Linie und den Schwächling c6 absoluter Herrscher am Damenflügel würde.

18. ...	**Da5xd2**
19. Sf3xd2	**Sd5—b6**
20. Sd2—b3	**Sb6—a4!**

Ein abseits wirkender aber dennoch guter Springerstützpunkt, der sich vor allem gegen die Ausfälle Sa5 und Sc5 feit. Ansonsten waren die Varianten 20. ... Se6 21. c5 Sd4: (21. ... Sd5 22. Sa5; 21. ... Sa4 22. Ld6) 22. Sd4: Td4: 23. Tcd1 Tad8 24. Lc7! Td3: (24. ... T8d7? 25. cb6: Td3: 26. ba7: + —; 25. ... ab6: 26. Lc2 Td1: 27. Td1: Tc7: 28. Td8+ + —) 25. Ld8: jeweils für Weiß gewinnträchtig.

21. Ld3—f1	**Td8—d7**

Wesentlich besser war 21. ... b6, um den schwarzen Spingern im Falle des in der Luft liegenden Vorstoßes d4—d5 das Feld c5 zu garantieren. Kasparow nimmt nun sofort die Chance wahr, die Stellung für sein Läuferpaar noch weiter zu öffnen.

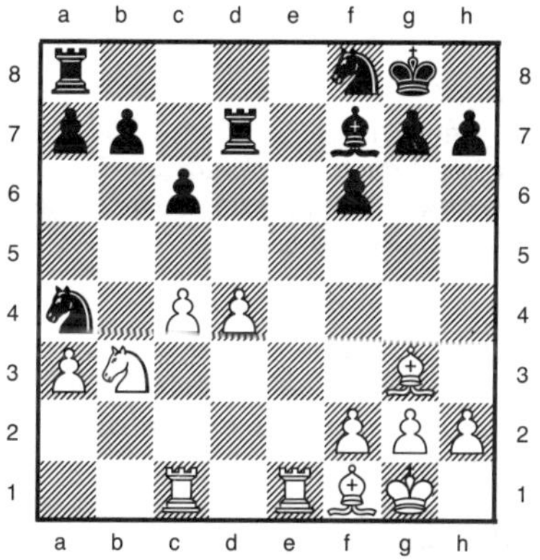

22. Sb3—a5!	**Sf8—e6**

Schlägt Schwarz den d-Bauern, so wird der weiße Springer sich via b7 auf d6 breitmachen.

23. d4—d5! **Se6—d4!**

Falls 23. ... cd5: 24. cd5: Td5: 25. Sb7: nebst Lc4 und/oder Sd6, wonach Schwarz bald irgendwo materiell ins Minus geraten wird.

24. d5xc6 **Sd4xc6**
25. Sa5xc6 **b7xc6**
26. c4—c5!

Kündigt an, mit Läufer- und Turmpaar bald dem Springer a4 zu Leibe zu rücken.

26. ... **Ta8—e8**
27. Te1xe8+ **Lf7xe8**
28. Lg3—d6

Nicht voreilig 28. Tc4? Td1! 29. Ta4: Lg6 30. Ta7: Ld3 31. h3 Tf1:+, und Weiß wird sich, um zu gewinnen, strecken müssen.

28. ... **Le8—f7**

Würde Schwarz mit 28. ... Tb7 die b-Linie in Beschlag nehmen, so würde Weiß nach 29. g3! Ld7 30. Te1 auf die wertvollere e-Linie umschwenken. Smyslows Zug sichert wenigstens dem Läufer das Zentralfeld d5.

29. Tc1—b1 **Lf7—d5?**

Ein schwerer Fehler, statt dessen besser 29. ... h5 ein Luftloch zur anderen Seite geschaffen hätte, da nun der schwarze Turm unerwartet in die Bredouille kommt.

30. Tb1—b8+ **Kg8—f7**
31. Tb8—f8+ **Kf7—e6**
32. g2—g3 **g7—g6**

Resistenter, wenn auch auf Dauer ebenfalls aussichtslos, war 32. ... f5!? (32. ... Lf5? 33. f3! +—) 33. La6 Tf7 34. Te8+ Kf6 35. Le5+ Kg6 36. Ld4

33. Lf1—a6

Da nun der Turm d7 wegen Lc8 matt nicht ziehen darf, geht Qualität und Partie verloren.

33.	**...**	**Td7xd6**
34.	**c5xd6**	**Ke6xd6**
35.	**Tf8xf6 +**	**Kd6—e5**
36.	**Tf6—f8**	**c6—c5**
37.	**Tf8—e8 +**	**Ke5—d4**
38.	**Te8—d8**	**Kd4—e5**
39.	**f2—f4 +**	**Ke5—e4**
40.	**La6—f1**	**Ld5—b3**
41.	**Kg1—f2**	**Sa4—b2**

In Erwartung von 42. Tb8 c4 43. Lc4: **gab Schwarz auf.**

38. Smyslow — Kasparow

Wilnus 1984, 4. Partie

Damengambit

1.	**d2—d4**	**d7—d5**
2.	**Sg1—f3**	**Sg8—f6**
3.	**c2—c4**	**e7—e6**
4.	**Sb1—c3**	**Lf8—e7**
5.	**Lc1—f4**	**0—0**
6.	**e2—e3**	**c7—c5**
7.	**d4xc5**	**Le7xc5**
8.	**Lf1—e2**	

Im Vergleich zu dem üblichen Aufbau 8. Dc2 nebst 9. Td1 wirkt dieser Entwicklungszug sehr bescheiden. Auch die als solide geltende Fortsetzung 8. cd5: verspricht dem Weißen keinen Vorteil. In der Fernsehpartie Hübner—Karpow (1983) stand der Weltmeister nach 8. ... Sd5:! 9. Sd5: ed5: 10. a3 Sc6 11. Ld3 Lb6 befriedigend. Der Isolani kann mit d5—d4 günstig aufgelöst werden.

8. ... d5xc4
9. Le2xc4 a7—a6
10. Dd1—e2 b7—b5
11. Lc4—d3 Lc8—b7
12. 0—0 Sb8—d7
13. e3—e4

Smyslow möchte im Zentrum aktiv werden, doch sein e-Bauer wird sich im weiteren Verlauf als Sorgenkind entpuppen. Mit 13. Tfd1 nebst 14. Tac1 oder auch 13. Se5 ist die schwarze Position zwar nicht zu erschüttern, immerhin weist die weiße Stellung keine Schwächen auf.

13. ... Sf6—h5
14. Lf4—d2

Natürlich erscheint 14. Le3, doch Schwarz entwickelt nach 14. ... Db6! 15. Tfe1 Le3: 16. De3: Tfd8 in der d-Linie und gegen den Be4 Druck.

14. ... Dd8—c7
15. g2—g3

Ein schwächender Zug, der die weiße Position disharmonisch erscheinen läßt. Das schärfere 15. b4! wurde nachträglich vorgeschlagen. Die Abwicklung 15. ... Lb4: 16. Sb5: Da5 17. Sd6 Ld2: 18. Sb7: Sf4! 19. Dd2: Dd2: 20. Sd2: Sd3: führt zu einem gleichstehenden Endspiel. Nach 15. ... Lb6 16. a4! entwickelt Weiß zumindest einen sinnvollen Spielplan.

15. ... Ta8—d8
16. Ld2—e3

Kasparow ließe sich nach 16. Lg5 die Opferwendung 16. ... Sg3:! nicht entgehen. Die Verwicklungen führen nach 17. hg3: Dg3: + 18. Kh1 Dh3 + 19. Sh2 Ld6 20. f3 f6 21. Le3 Se5 zu günstigem schwarzen Spiel. Er gewinnt bei anhaltendem Druck einen dritten Bauern für die Figur: 22. Lc2 Sc4 23. Lg1 Le5.

16. ... Lc5xe3
17. De2xe3 Dc7—c5!

Ohne Damen macht sich der schwarze Entwicklungsvorsprung unangenehm bemerkbar. Aus diesem Grunde sollte Smyslow sich auf eine Verteidigung mit 18. De2 einrichten. Nach 18. ... Se5 19. Se5: De5: 20. a3 wird Weiß später in der d-Linie zu entlastendem Turmtausch kommen.

18. Tf1—e1?!	**Sh5—f6**
19. a2—a3	**Sf6—g4**
20. De3xc5	**Sd7xc5**
21. Ld3—c2	**f7—f5!**
22. Sf3—g5	

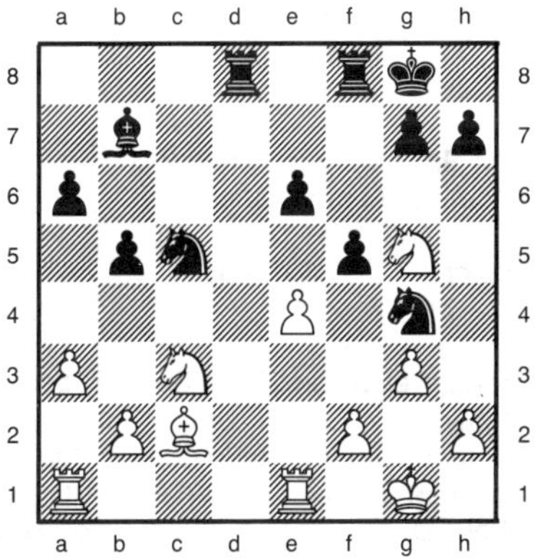

In schwieriger Situation hofft Smyslow mit der Drohung 23. Se6: Se6: 24. Lb3 nebst 24. ef5: den schwarzen Angriff zu stoppen. Die taktische Wendung erscheint stärker als sie wirklich ist. Kasparow kann mit 22. ... Td2! seinen Vorteil festhalten: 23. Se6:?! Se6: 24. Lb3 Sf2:! 25. Le6: + Kh8. Sichert Weiß mit 23. Te2 die 2. Reihe, so gerät er nach einer langzügigen, von Kasparow angegebenen Variante, in ein schwer haltbares Turmendspiel: 23. ... Te2: 24. Se2: fe4: 25. Sf4 Ld5 26. f3! Se5! 27. Le4: h6! 28. Sd5: hg5: 29. Se7 + Kf7 30. Sc6 Sc6: 31. Lc6: Tc8 32. Le4 Se4: 33. fe4: Kf6 34. Tf1 + Ke5 35. Tf7 g6. Auch weiße Alternativen in dieser Zugfolge erreichen nicht zum Ausgleich der Chancen.

22. ...	f5—f4
23. Ta1—d1	Td8xd1
24. Lc2xd1	

Smyslow starrt nur auf das gefährdete Feld f2, statt sich mit 24. Td1:! aktive Möglichkeiten offenzuhalten. Nach 24. ... fg3: 25. hg3:! kann Kasparow auf zweierlei Weise den Bf2 erobern, doch Weiß erhält immer genügend Gegenspiel:

a) 25. ... Tf2:?! 26. b4! h6! 27. bc5: hg5: 28. Lb3 Tf3! 29. Le6: + Kh7 30. Se2!.

b) 25. ... Sf2: 26. Td6 h6 27. Se6: Se6: 28. Lb3! (Einen Reinfall erlebt Weiß nach 28. Te6: Sh3 + 29. Kg2 Tf2 + ! 30. Kh3: Lc8) 28. ... Sh3 + 29. Kg2 Sg5 30. Le6: +.

24. ...	Sg4—e5

Überlegen steht Schwarz auch nach 24. ... fg3: 25. fg3: Se5, doch Kasparows Wahl enthält mehr Gift.

25. g3xf4	Se5—d3
26. b2—b4?	

Smyslow verspricht sich von 26. ... Se1: 27. bc5: Tf4: 28. Se6 Tf6 29. Lb3 Schwindelchancen. Doch Kasparows Zwischenzug hinterläßt ihm eine ruinierte Position. Erforderlich war 26. Te3, obwohl Schwarz das Geschehen eindeutig bestimmt: 26. ... Sf4: 27. b4 h6! 28. Sf3 Scd3 oder 27. Lc2 Td8 28. Sf3 g5!.

26. ...	h7—h6!
27. b4xc5	h6xg5
28. Te1—e3	Sd3xf4
29. a3—a4	b5—b4
30. Sc3—e2	

Auf 30. Sa2 erwidert Schwarz mit 20. ... Td8 31. Lg4 Td2 mit raschem Gewinn — 32. Sb4:?! a5 33. c6 Lc8. Doch auch nach dem Partiezug hat Kasparow keine nennenswerten schachtechnischen Schwierigkeiten.

30. ...	Tf8—c8
31. Lc2—b3	Tc8xc5

32. Se2xf4	**g5xf4**
33. Lb3xe6+	**Kg8—f8**
34. Te3—e1	**Tc5—e5!**
35. Le6—b3	

Noch ärger ist 35. Lf5 g6!.

35. ...	**Te5xe4**
36. Te1—d1	**Kf8—e7**
37. Td1—c1	**Ke7—f6**
38. Kg1—f1	**a6—a5**
39. h2—h3	**g7—g5**
40. Tc1—c7	**Te4—e7**
41. Tc7—c5	**Te7—e5**

und Kasparow beabsichtigte in der Abbruchstellung 42. Tc7 mit einfach 42. ... Lf3 zu begegnen. Smyslow gab das hoffnungslose Endspiel auf.

39. Kasparow — Smyslow

Wilnus 1984, 9. Partie
Damengambit

1. d2—d4	**d7—d5**
2. Sg1—f3	**Sg8—f6**
3. c2—c4	**c7—c6**
4. Sb1—c3	**e7—e6**
5. Lc1—g5	**Sb8—d7**
6. e2—e3	**Dd8—a5**
7. c4xd5	**Sf6xd5**
8. Dd1—d2	**Lf8—b4**
9. Ta1—c1	**e6—e5?!**
10. a2—a3	

Keine Alternative stellt 10. Se5:? Se5: 11. de5: Sc3: 12. bc3: La3: 13. Tb1 f6! oder 10. de5:? Sc5 11. Ld3 Sa4 dar.

10. ...	**Lb4—d6**

Nach 10. ... Lc3: 11. bc3: Da3: 12. e4 Sc7 13. Ld3 läge die weiße Kompensation nicht allein in der harmonischeren Stellung

und im Läuferpaar, sondern vor allem auch in der Möglichkeit, sich mittels d4—d5 jederzeit einen Zentralfreibauern verschaffen zu können.

11. d4xe5

Nur Ausgleich erzielt Weiß mit der Fortsetzung 11. Sd5: Dd2:+ 12. Kd2: cd5: 13. de5: Se5: 14. Se5: Le5: 15. Lb5+ Ld7 16. Tc5 Lb5: 17. Tb5: f6 18. Lh4 0—0—0!

11. ...	**Sd7xe5**
12. Sf3xe5	**Ld6xe5**

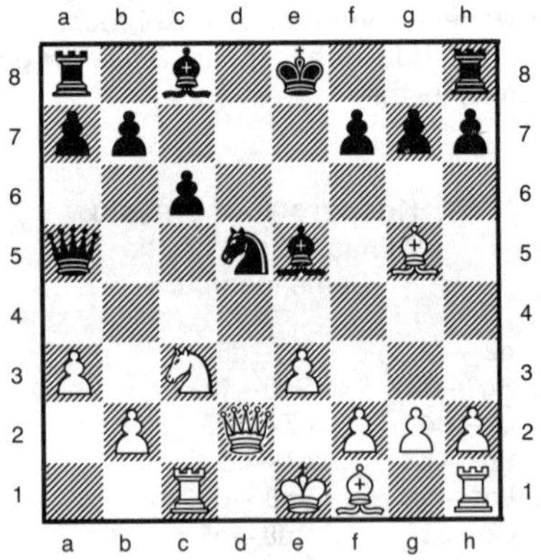

13. b2—b4	**Le5xc3**

Völlig unrealistisch wäre der Bauernraub 13.... Da3:? 14. Sd5: ed5: 15. Lb5+ Kf8 15. 0—0.

14. Dd2xc3

Nach 14. Tc3: gibt Kasparow folgende Phantasievariante an: 14.... Sb4: 15. e4 (15. Tc5? Sd3+! —+) 15. ... Sa6 16. La6:

ba6: 17. 0—0 0—0? 18. Lf6! mit der Idee, in der Folge ein Damenopfer mit Tg3 nebst Matt anzubringen. Er selbst verbessert die Variante für Schwarz im 15. Zug mit f6 und im 17. Zug mit h6, wovon die erste Verbesserung die Variante für Weiß tatsächlich nicht empfehlenswert macht, die zweite jedoch nach 18. Dd6! hg5: 19. Dc6: + Kf8 20. Tfc1! zur baldigen schwarzen Aufgabe führen sollte.

14. ...	**Sd5xc3**

Nicht 14. ... Sb4:? 15. Lf4 + —

15. b4xa5	**Sc3—e4**
16. Lg5—f4	**0—0**
17. f2—f3	**Se4—f6**
18. e3—e4	**Tf8—e8**
19. Ke1—f2	**a7—a6**

19. ... Le6 wird mit 20. a6, 19. ... Ld7 mit 20. Tb1 b6 21. La6! Lc8 22. Le2 Ld7 23. Thd1 beantwortet.

20. Lf1—e2	**Lc8—e6**
21. Tc1—b1	**Te8—e7**
22. Th1—d1	**Ta8—e8**
23. Tb1—b2	**Le6—c8**
24. Tb2—d2	**Te7—d7**
25. Td2xd7	**Sf6xd7**
26. g2—g4	**Sd7—c5?**

Der scheinbar belanglose Randbauernzug 26. ... h6 hatte die spätere kräftige Entfaltung einer weißen Bauernkette eingedämmt.

27. Lf4—e3	**Sc5—d7**

Es ist auffallend, daß die ansonsten sehr inhaltsreichen und exakten Kasparow-Analysen im Falle dieser Partie sehr unausführlich und fehlerhaft sind. Z. B. gibt er die Variante 27. ... Se6 18. f4 g6 29. f5 Sc7 30. Lc4 (ohne zu erwähnen, daß 30. ... Te4: jetzt nicht an 31. Td8 + Te8 sondern an 31. Lb6! Tc4: 32. Td8 + Kg7 33. Lc7: + — scheitert) 30. ... Kh8? (30. ... Sb5

31. Td3 nebst 32. a4 findet keine Beachtung) 31. a4? (der Einzüger 31. Lf7: findet keine Beachtung). Daß 27. ... Sb3 28. Lb6 Le6 29. f4 f6 30. f5 Lf7 31. Td7 großen weißen Vorteil nach sich zöge, versteht sich von selbst.

28. g4—g5	**Sd7—e5**
29. Le3—d4	**Se5—g6**
30. Kf2—g3	**Sg6—f8**
31. h2—h4	**Te8—d8**
32. f3—f4	**Lc8—e6**
33. Ld4—c3!	

Zu unklar bliebe die Stellung nach 33. f5 Lb3 34. Td2 c5 35. Lc3 Td2: 36. Ld2: Sd7 37. Lc3 f6! 38. Kf4 Kf7 39. e5 fe5: + 40. Le5: Ld5 41. Lg4 Lc6

...	**Td8xd1**
34. Le2xd1	**Sf8—d7**
35. f4—f5	**Le6—c4**
36. h4—h5	

Die Variante aus der letzten Anmerkung sähe hier schon anders aus und wäre nach 36. Kf4 f6 37. e5 fe5: + 38. Le5: Kf7 39. Lg4 ebenso erfolgversprechend wie die Textfortsetzung.

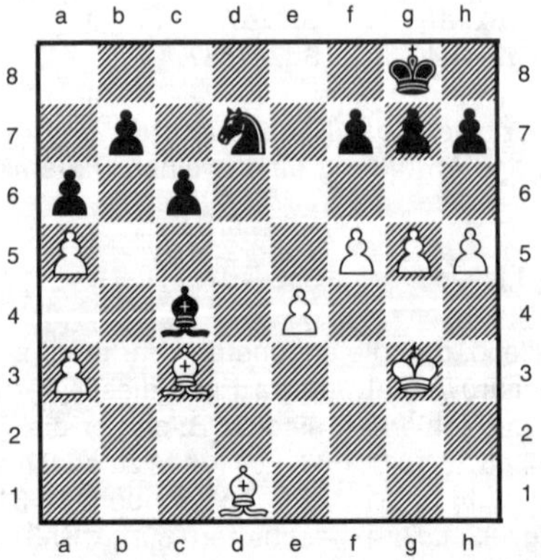

36. . . . h7—h6

Der Blockadeversuch 36. . . . f6 wird mit 37. h6! Sc5 38. Lf3 Ld3 39. Kf4 fg5: + 40. Ke3! gh6: 41. Ld4 durchbrochen.

37. g5xh6 g7xh6
38. e4—e5 Sd7—c5
39. Kg3—f4 Lc4—d5
40. Ld1—c2 f7—f6?

Ein Zeitnotfehler, der die weiße Aufgabe ungemein erleichtert. Schwarz befindet sich in einer Art Zugzwang, aber mit 40. . . . Sd7 hätte er sich noch zur Wehr setzen können.

41. e5—e6 Kg8—g7
42. Lc3—b4

42. Ld4 Sb3 43. e7 Kf7 44. Lf6: Sa5: 45. Lh4 hätte schneller gewonnen.

42. . . . Sc5—b3
43. Kf4—e3 c6—c5

Auch nach 43. . . . Lc4 44. Ld3 Ld5 45. Le4 Lc4 46. Lc3 Lb5 (46. Sc1 Kd4) 47. e7 Kf7 48. Lf6: würde Schwarz durch Zugzwang Material verlieren.

44. Lb4—c3 Kg7—f8

44. . . . Sc1 45. La4 und 44. . . . c4 45. Le4 Lc6 46. Lc6: bc6: 47 Ke4 war ebenso aussichtslos. In Anbetracht von 45. Le4 Le4: 46. Ke4: Ke7 47. Kd5 **gab Schwarz auf.**

40. Smyslow — Kasparow

Wilnus 1984, 12. Partie

Damengambit

1.	d2—d4	d7—d5
2.	Sg1—f3	c7—c5
3.	c2—c4	e7—e6
4.	c4xd5	e6xd5
5.	g2—g3	Sg8—f6
6.	Lf1—g2	Lf8—e7
7.	0—0	0—0
8.	Sb1—c3	Sb8—c6
9.	Lc1—g5	c5xd4
10.	Sf3xd4	h7—h6
11.	Lg5—e3	Tf8—e8
12.	a2—a3	Lc8—e6
13.	Sd4xe6	

Smyslow verzichtet auf 13. Kh1, was er zuvor in 3 Partien erprobte. In der Auszeit, die sein Gegner vor dieser Partie nahm, hat er einen neuen Spielplan entworfen. Das schwarze Bauernzentrum wird so rasch wie möglich unter Druck gesetzt.

13.	...	f7xe6
14.	Dd1—a4	Ta8—c8
15.	Ta1—d1	Kg8—h8
16.	Kg1—h1	a7—a6
17.	f2—f4	Sc6—a5
18.	f4—f5	

Die Situation erscheint nach diesem Hebel für Schwarz bedrohlich, die Gegenüberstellung von Turm und Dame in der d-Linie fällt zunächst auf. Doch auch das weiße Vorgehen hat im eigenen Lager das Feld e3 geschwächt, die weiße Dame ist ebenfalls Angriffen ausgesetzt. In komplizierten Stellungen dieser Art entscheiden konkrete Berechnung von Varianten und weniger allgemeine positionelle Erwägungen über die Güte des gewählten Zuges.

18.	...	b7—b5

Der sofortige Angriff auf e3 mißfiel Kasparow: 18. ... Sc4 19. Lc1 Sg4 20. fe6: Sge3 21. Le3: Se3: 22. Sd5:! Sd1: 23. Td1:. Schwarz steht sehr passiv, nach 23. ... Lf6 ist schon 24. e7 Dd6 25. Sf4 möglich. Wohl zu pessimistisch beurteilt Kasparow seine Stellung nach 18. ... Tc4 19. Dc1 e5 20. Dd1 d4 21. Lh6: gh6: 22. Dh6: + Sh7! (er berücksichtigte nur 22. ... Kg8, wonach die weiße Bauernlawine rollt — 23. g4!). So leicht schlägt der Angriff nicht durch, nach 23. f6?! Lf6: 24. Le4 Tc7 25. Sd5 verfügt Schwarz über den Zwischenzug 25. ... Lg5. Kasparows Entscheidung, die Dame auf ein exponiertes Feld zu zwingen, gewinnt jedenfalls Zeit auf eine andere, versteckte Weise Gegenspiel zu erlangen. Schwach wäre jetzt 19. Dc2? e5 20. Ld5:? Sd5: 21. Lg1 b4 und Schwarz gewinnt.

19. Da4—h4 Sf6—g8!

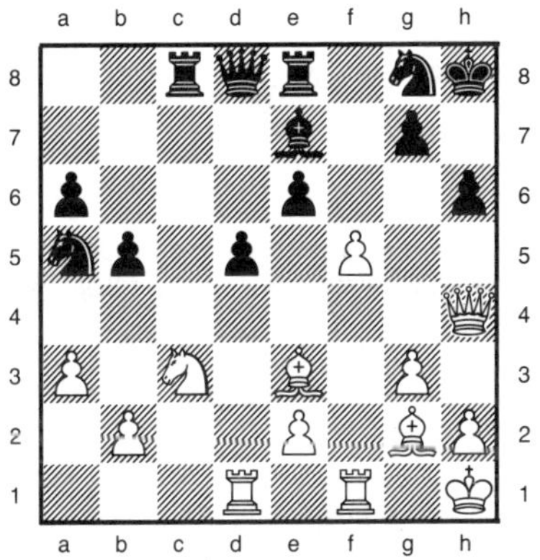

20. Dh4—h3

Smyslows Sekundant Viktor Kupreitschik entdeckte nach dem aktiveren 20. Dg4! eine Opferkombination, die schließlich zum Remis durch Dauerschach führt. 20. ... Sc4 21. Lc1 Lg5 22. fe6: Lc1: 23. Td5:! Db6 24. Td7 Lg5 25. Tg7:! Kg7: (Schwächer ist 25. ... De6:? 26. Tff7! Sf6 27. De6: Te6: 28. Lh3 Tce8 29.

Le6: Te6: 30. h4! Lc1 31. Tg6 mit gewonnenem Endspiel) 26. Tf7 + Kh8 27. Df5 Sf6 28. Le4 Sf6 29. Tf6: Lf6: 30. Df6: + Tg7 31. Dh6 + Kg8 32. Lh7 + ! Th7: 33. Dg6 + Kf8 34. Df6 + . Eine phantastische Variante, die das dynamische Gleichgewicht in dieser scharfen Stellung unterstreicht.

20. ...	**Sa5—c4**
21. Le3—c1	**Le7—g5!**
22. f5xe6	**Lg5xc1**
23. Td1xc1	**Sc4—e3**
24. Sc3xd5!	

Nach 24. Te1 oder 24. Tg1 spielt Schwarz 24. ... Sf6, erobert den Be6 und übt starken Druck aus. Die weiße Dame ist dann vom Spielgeschehen abgeschnitten. Das Qualitätsopfer bildet noch die beste Remischance. Nebenbei stellt Smyslow eine Falle: 24. ... Tc1:? 25. Tc1: Sd5: 26. Td1 und nach 26. ... Se3 27. Td8: Td8: spielt Weiß einfach 28. Kg1.

24. ...	**Se3xf1**
25. Tc1xf1	**Te8—f8**
26. Sd5—f4?!	

Danach neigt sich die Waagschale zu Gunsten Kasparows. Mit 26. Le4 konnte Smyslow auf den weißen Feldern Gegenspiel suchen.

26. ...	**Sg8—e7**
27. Dh3—g4?	

In Zeitnot übersieht Smyslow die starke Antwort Kasparows, die zum Turmtausch und dominierenden Spiel auf den schwarzen Feldern führt. Doch auch 27. Dh5 Dd4! ist günstig für Schwarz. 27. Le4 Dd4 28. Ld3 Db2: 29. Kg2 Tf6! reicht ebenfalls nicht für Weiß.

27. ...	**g7—g5**
28. Dg4—h3	**Tf8—f6**
29. Sf4—d3	**Tf6xf1 +**
30. Lg2xf1	**Kh8—g7**

31. Dh3—g4 Dd8—d5+
32. e2—e4

Blickt die Falle 32. Lg2? Tc1+!.

32. ... Dd5—d4
33. h2—h4 Tf6—f8
34. Lf1—e2 Dd4—e3
35. Kg1—g2

Nach 35. hg5:? h5! ist es sofort aus.

35. ... Se7—g6
36. h4—h5?

Schlecht bleibt die weiße Position nach 36. hg5: hg5: 37. b4. Nach dem Partiezug manövriert sich Weiß in eine Zugzwangstellung.

36. ... Sg6—e7
37. b2—b4 Kg7—h7!
38. Kg2—h2

Oder 38. e5 Kh8! 39. Kh2 Td8.

38. ... Tf8—d8
39. e4—e5 Td8xd3
40. Le2xd3 De3xd3

Weiß gab auf — Die Entscheidung im Finalkampf des Kandi datenturniers war gefallen. Lediglich ein Remis aus den nächsten 4 Partien benötigte Kasparow für den endgültigen Sieg. In der nächsten Partie war es nach 15 Zügen soweit. Smyslow bot selbst das Remis an.
„Über das eigene Spiel zu reden ist leichter. Ich halte diesen Wettkampf für meine beste Leistung. Mir ist gelungen, die Aufgabe zu erfüllen, die ich mir gestellt hatte: keine Partie zu verlieren. Ich hatte einen guten Grund, denn der folgende Wettkampf wird nicht nur bis zu sechs Siegen gespielt, sondern bis zu sechs Niederlagen. Was mein Spiel angeht, so will ich weder unter- noch übertreiben. Der Kampf verlief so, daß

das Übergewicht stets auf meiner Seite war. Ich hatte nicht ein einziges Mal eine schlechte Stellung. Sogar in der zweiten Partie, in der ich bestimmte Schwierigkeiten hatte, stand Smyslow niemals auf Gewinn. Über das Spiel von Smyslow zu sprechen ist mir nicht angenehm, aber ich glaube, daß er den Kampf genügend gut spielte. Ich bin sogar so kühn zu behaupten, daß Smyslow nicht schlechter war als gegen Ribli oder Hübner. Besonders empfand ich die Stärke seines Spiels am Anfang des Wettkampfes, als der Exweltmeister einfach prachtvoll kämpfte. Doch in der zweiten Hälfte gelang mir, wenn ich mich der Sprache von Heeresberichten bedienen darf, ein Übergewicht an Menschen und Material zu erzielen. Menschen, das ist die natürliche Energie der Jugend, und Material, das ist das Übergewicht in der Eröffnungsvorbereitung. Wie dieser Wettkampf zeigte, war meine Eröffnungsvorbereitung schlackenfrei. Im Laufe des Kampfes konnte ich furchtlos die Eröffnungssysteme wechseln."

Großmeister Bagirow äußerte sich zu der Leistung Kasparows im Finalkampf des Kandidatenturniers: „Ich kenne Garri seit seinem siebenten Lebensjahr und konnte deshalb seinen unaufhaltsamen Aufstieg beobachten. Die vorherrschende Meinung, daß Kasparow vor allem Taktiker ist, muß korrigiert werden: Er ist auch im positionellen Kampf äußerst stark. Er konnte Smyslow überspielen nicht nur in den Eröffnungs-Duellen, sondern auch in Endspielen — auf dem Spezialgebiet des Ex-Weltmeisters. Der Wettkampf Karpow — Kasparow wird ein Jahrhundert-Wettkampf!"

V. Eröffnungssysteme

Die Zahl gibt die Nummer der Partie in der Partiesammlung wieder.

Damengambit	
a) Tarrasch-Verteidigung	15, 28, 30, 33, 40
b) Tartakower-Variante	26
c) orthodox mit Lf4	38
d) Cambridge-Springs	37, 39
e) Botwinnik-System	16, 17, 18
f) angenommenes Damengambit	13
Damenindische Verteidigung	
a) 4. a3 bzw. 4. Sc3 Lb7 5. a3	3, 8, 12, 14, 19, 23, 29
b) 4. g3	10, Einleitungspartie
Bogoljubow-Indisch	20
Katalanisch	34, 35
Nimzowitsch-Indisch	6
Grünfeld-Indisch	4, 22
Königsindisch	7, 21, 27, 31
Benoni	9, 24, 25, 36
Sizilianisch	2, 32
Caro-Kann	5
Spanisch	1
Englisch	11

Kleine Schachbücherei

Zu erschwinglichen Preisen wird in dieser Reihe für jeden Schachspieler, Anfänger oder Fortgeschrittenen ein reichhaltiges Angebot an fesselnder Lektüre über verschiedene Themen des „Königlichen Spiels“ geboten.

Band 1 Manfred van Fondern
Tips für Anfänger
Eine Einführung für den Laien

Band 2 Manfred van Fondern
Tips für Fortgeschrittene
Eine Einführung für den Schachspieler in das Turnierspiel

Band 4 **Meisterpartien 1960 bis 1975**
Die schönsten Partien der Jahre 1960 bis 1975 haben der Großmeister H. J. Hecht und der nationale Schiedsrichter Manfred van Fondern mit vielen Kommentaren versehen und zu einem spannenden Bericht zusammengestellt.

Band 5 Manfred van Fondern/Ralph Mallée
Eröffnungen – Offene Spiele
In dem Band „Offene Spiele“ befassen sich die Autoren, darunter ein deutscher Nahschach- und Fernschachmeister, mit allen Eröffnungsvarianten, die nach den einleitenden Zügen 1. e4 e5 denkbar sind. Dabei wird vor allem der „Königin der Eröffnungen“, der Spanischen Partie, allergrößte Aufmerksamkeit gewidmet.

Band 6 Otto Borik
Eröffnungen: Halboffene Spiele
Der Autor des Buches ist Internationaler Meister und mehrfaches Mitglied der deutschen Olympiamannschaft, der in Fachkreisen als exzellenter Eröffnungskenner gilt.

Band 7 Manfred van Fondern/Ulrich Nehmert
Eröffnungen: Geschlossene Spiele
Abgerundet wird die Eröffnungsreihe mit dem Band „Geschlossene Spiele“, der sich mit allen Spielanfängen nach Zügen wie 1. d4, 1. c4, 1. Sf3, 1. f4 u. ä. beschäftigt. Dabei wird das klassische Damengambit genauso gründlich untersucht wie alle „Indischen“ Spielweisen.

Band 9 Hans-Joachim Hecht
Schach- und Turniertaktik
Aus der Praxis für die Praxis geschrieben. Anregungen und Ausführungen eines Großmeisters.

Band 10 Manfred van Fondern
Roman Dzindzichasvilli: Sein Aufstieg zur Weltspitze
Der Globetrotter in Sachen Schach ist durch seinen furiosen Spielstil bekannt, wie es die 35 in dieser Sammlung ausführlich kommentierten Partien nachdrücklich unterstreichen.

Band 11/12 Manfred van Fondern/Peter Kleine
Robert Hübner
60 seiner schönsten Partien
Hier zeichneten die Autoren dieser Partiesammlung ein schachliches Porträt von dem Spieler, der bis dato den Ruf des „stärksten Amateurs der Welt" genoß. Geboten werden seine besten Partien (allesamt kommentiert) seit 1961, seit dem Zeitpunkt also, wo er als 13jähriger zum ersten Male auf sich aufmerksam machte.

Band 13 Vl. Budde/Erich Carl/Peter Kleine
Perlen der Schachspielkunst
60 der größten Schachmeister aller Zeiten – von Philidor 1726–1795, bis Karpow, dem heutigen Weltmeister – werden in 60 Partien vorgestellt.
Das schönste Schach, das je gespielt wurde.
Ein Buch zum Nachspielen. Die Partien werden jedem Schachspieler als Ansporn für sein Spiel dienen.

Band 14 Lothar Nikolaiczuk
Keine Angst vor Endspielen
Die bei fast jedem Lernenden anzutreffende Endspielangst ist dem Autor, der seit vielen Jahren als Schachspiellehrer und -trainer mit der pädagogischen Seite des Spiels vertraut ist, von daher zur Genüge bekannt.

Band 15 Vladimir Budde
Vom Mittelspiel ins Endspiel
In vier Kapiteln werden Partien zu den Komplexen Doppelbauer, Isolierter Damenbauer, Raumvorteil im Bauerngerüst und verteilte Bauernmehrheiten

vorgestellt. Die Schwierigkeiten im Kampf mit ungleichfarbigen Läufern, dem Läuferpaar und in Symmetriestellungen werden in drei weiteren Kapiteln behandelt.

Band 16 Bernd Feustel
Kleines Blitzschachbrevier
Ein Blitzschachspiel – beliebt bei allen Schachfreunden – wird erstmalig in diesem Buch in seiner Eigenständigkeit und Eigengesetzlichkeit dargestellt.

Band 17 Erich Carl
Paul Keres
Ausgewählte Partien 1959–1974 und der Versuch einer Biographie
Großmeister Paul Keres, einer der erfolgreichsten Schachmeister aller Zeiten, gab selbst seine besten Partien von 1931–1958 heraus. Die vorliegende Sammlung schließt lückenlos von 1959 bis zum seinem Tode (1975) an.

Band 18 Günter Lossa
200 Schachrätsel
Kapriolen auf dem Schachbrett

Band 19 Vladimir Budde
Zur Praxis der Turmendspiele
In diesem Buch werden in zehn Lektionen, gegliedert nach drei Schwerpunkten, Bausteine zum Verständnis der Turmendspiele vorgestellt.

Band 21 Lothar Nikolaiczuk
Bauernendspiele
„Der Bauer ist die Seele vom Spiel" hat einst der berühmte Schachmeister Philidor formuliert. Das Buch zeigt, wie schwierig sich selbst der Endkampf gestaltet, wenn alle weiteren Figuren abgetauscht bzw. eliminiert sind.

Weitere Bände in Vorbereitung!

Joachim Beyer Verlag – 8607 Hollfeld